运营进阶

数据化营销实战

大风704 著

電子工業出版社
Publishing House of Electronics Industry
北京•BEIJING

内 容 简 介

本书是对数据化运营在实际工作中的全方位解读。

本书内容主要包括运营工作中使用的工具和方法，并且以 SEM 和 DSP 两类营销工具作为切入点，深入讲解数据分析在推广中的实际运用，以及如何结合 Excel 来做数据分析。

整体来说，这是一本讲解数据运营实操的书籍。

本书讲解了数据化营销的工作思路、执行方法，适用于互联网运营工作的各类工作场景，并且提供大量实战表格，它们均来自于被验证过的实战经验。

本书面向的读者群体：从业 1～3 年的互联网运营及推广人员；准备从事或者想了解运营工作的人员；挖掘运营效率，提升业务成绩的运营从业者。

图书在版编目（CIP）数据

运营进阶：数据化营销实战 / 大风 704 著. —北京：电子工业出版社，2018.2
ISBN 978-7-121-33327-9

Ⅰ. ①运… Ⅱ. ①大… Ⅲ. ①网络营销 Ⅳ.①F713.365.2

中国版本图书馆 CIP 数据核字(2017)第 316115 号

策划编辑：石　倩
责任编辑：李利健　石　倩
印　　刷：三河市双峰印刷装订有限公司
装　　订：三河市双峰印刷装订有限公司
出版发行：电子工业出版社
　　　　　北京市海淀区万寿路 173 信箱　　邮编：100036
开　　本：720×1000　1/16　印张：18.5　字数：354 千字　彩插：9
版　　次：2018 年 2 月第 1 版
印　　次：2018 年 2 月第 1 次印刷
定　　价：59.00 元

凡所购买电子工业出版社图书有缺损问题，请向购买书店调换。若书店售缺，请与本社发行部联系，联系及邮购电话：（010）88254888，88258888。

质量投诉请发邮件至 zlts@phei.com.cn，盗版侵权举报请发邮件至 dbqq@phei.com.cn。

本书咨询联系方式：010-51260888-819，faq@phei.com.cn。

自序

如果你对互联网运营感兴趣，或者刚刚从事本工作，希望有所提高，那么本书是一个很好的选择。它会告诉你，如何从数据的角度对互联网运营工作进行拆解，提高运营能力。其中的运营思维是很多从业人员，甚至管理人员均不具备的。

先介绍一下自己，笔者网名叫大风 704，2007 年开始工作，从 2009 年开始从事互联网运营推广，到 2017 年已经是第 10 个年头。目前就职于某上市公司，负责集团线上的运营工作。

现在流行讲运营，所以用时髦的话来说，大风 704 做过活动运营，以前叫策划，如联系各种公司找资源、找合作；做过用户运营，即拉新、促活；也做过内容运营，就是给网站当编辑、写文章、写评论。严格来说，推广应该算市场部门的工作，但是现在也可以叫运营，笔者也做推广运营，因为准确来说笔者在接触互联网时，最开始做的是竞价推广，因为这个工作做得不错，所以才被领导委派其他工作。

说了这么多，主要是想引出一个问题，运营人员的通病是什么？以前我们说“特色是个筐，什么都往里装”（懂的秒懂，不懂就算了）。这个比喻放在运营这个词上，也非常之贴切。运营是个筐，什么都往里装。

这会造成运营人员处于一种什么状态呢？疲于奔命。招聘信息上写着各种“高大上”的要求，但做的工作实际都是打杂的活儿。这是很多运营人员的心理状态。

这个时候你可以找笔者啊:“亲，就是这样！”为什么？因为笔者也是这样过来的。所谓“打杂”的状态，是刚进入行业的“新人”状态。这种状态不仅存在于“运营”工作，各行各业都是如此。你周围是不是很多这样的人，上班逛某宝，下班赛快跑，又或者会自省会感慨，干货天天有，好像什么都会，实则无方法、无行动。在职场中，后者比前者好一点。上述状态，不仅是新人的专利，也有很多工作多年的老人也是在“新人”状态而不自知。

笔者要说的是，“新人”的“打杂”状态存在于各行各业，如何摆脱，取决于自己。那么该怎么办呢？

下面来谈谈解决方法。

首先，如果你想摆脱某一项工作，远离“打杂”，那么你只需要把这项工作做到公司里的最佳即可（注意，这里说的不是行业最佳，公司最佳即可）。本来就是想远离，你还要我做最佳！为什么这样说呢，拿笔者自己的经历举例，最开始做竞价也是误打误撞。从事这项工作的原因是公司知道笔者大学读会计专业（CPA 过了 3 科），所以在领导的想象中，笔者应该对数据敏感！因此笔者就做了竞价。其实不见得自己有多喜欢这项工作。既然这样了，我也可以一直打杂，有经验的朋友应该知道，竞价也很杂啊。但是我想，反正要做就做呗，尽力就好，也没去想升职加薪。这样从打杂开始，经过一段时间的努力工作，领导竟然觉得此人可以升职。结果是什么呢？当领导让我对团队负责时，我就不用自己去做竞价了。按照这条经验，你只需把业务做到比同事好，就可以远离“打杂”状态。这其实并不难。

第二，个人职业的发展，要以锻炼自己的核心技能为重点。技能是一个学习实践总结的过程。它不是考证，不是划重点，不是老师把你摁在课堂上学。大多数的职场人士用考试、划重点的知识导向性学习方式来对待工作。这种学习是我们从小学到大学一直沿用的，况且我们并不觉得它有什么不好，运用且不自知。而在职场，更应该强调自我导向型学习，学习的目的是为我所用，知识作为学习本身不重要。要为自己的职场发展来学习。运营工作也要有自己的突破口，乐于不断收藏干货实则是无知识结构的状态。你回忆一下自己有多少干货是在收藏夹永远沉没的。

以上是笔者作为过来人给大家的两点建议，看到太多新人在错误的道路上越走越远，实在觉得可惜啊。这也是笔者动笔写本聑的原因之一。从运营的角度来说，我们希望自己做到最好，这样才能升职加薪！但是，如上所述，得到这些其实只需要比公司同级别同事做得好就够了。当然，拥有远大雄心的你，这仅仅是起点。

下面我们从业务角度来讲一讲，前文中我们提到了很多种运营工作。运营是不是就是大家眼中的所谓打杂呢？当然不是。好的运营效果离不开努力工作，更离不开科学的方法。运营工作的计划、分析和改进都离不开对运营数据的解读。本书要讲的内容是运营者们都需要，却不重视的，可以帮助你构建数据化营销的思维和技能。否则你做的运营都是假运营。具体包括哪些内容呢？

在第 1 章数据化营销基础中，主要介绍数据化营销的概念及其特点，并对其使用场景和指标进行基础讲解。

第 2 章和第 3 章以百度统计和 Google Analytics 作为主题。告诉你在分析数据前，要学会用工具监控数据、收集数据，以及如何设置代码和链接，如何收集数据看报告，用什么方法来分析报告。

第 4 章告诉你数据分析的方法有哪些，以及注意事项，并指导你制作网络营销方案、电商活动计划，另外，还提供了多份实用报表，使你具备更高阶的运营能力。

第 5 章和第 6 章以 SEM（竞价广告）和 DSP（信息流广告）作为切入点，深入讲解竞价广告的策略、计划和实操玩法，带你体验网络营销是如何通过数据分析来优化广告投放的。这样的数据思维将会提升你做任何运营工作的能力。

第 7 章主要介绍网络广告着陆页的设计制作，帮助提高营销网页的设计制作能力，以提高页面转化率。

第 8 章会告诉你用 Excel 做数据分析时的常用功能，提高 Excel 的使用效率，并且以案例的形式展现使用 Excel 如何分析数据。

第 9 章会告诉你如何科学地用图表做数据可视化展示。文中列举了工作中的常见问题和解决方案，帮助你避免踩“坑”。

读到这里，笔者非常荣幸与你在文末相遇，因为一般读者从来不看作者自序，何况是最后。我相信能够坚持看完的都是对工作有想法、对自己负责的人。所以，我打算送你点东西，但是现在还没有想好，你可以先加我微信（加的时候告诉我原因，这样才会送）。笔者衷心祝愿你有所收获。

如果你还没购买本书，那么可以先对照目录，调动自己的知识储备问问自己，这本书是否合适。当然，如果书中的内容你都懂了，笔者就不建议购买了。

祝你开心、幸福！

作者：大风 704

目 录

读者服务

轻松注册成为博文视点社区用户（www.broadview.com.cn），扫码直达本书页面。

- **下载资源**：本书如提供示例代码及资源文件，均可在 下载资源 处下载。
- **提交勘误**：您对书中内容的修改意见可在 提交勘误 处提交，若被采纳，将获赠博文视点社区积分（在您购买电子书时，积分可用来抵扣相应金额）。
- **交流互动**：在页面下方 读者评论 处留下您的疑问或观点，与我们和其他读者一同学习交流。

页面入口：http://www.broadview.com.cn/33327

第1章

数据化营销基础

一直以来，商业的发展都离不开数据的指导。在网络普及之前，实体店铺想要得到较为全面的店铺、商圈数据都是比较困难的，例如我们熟知的肯德基、麦当劳这样的快餐巨头，它们在店面规划的过程中，会对城市商圈、聚客点的分布进行周密统计，其中就涉及大量的数据搜集和分析工作（从商业原理上来说，实体店和商业网站的经营本质上是一致的，实体商圈如同网络营销的渠道，人流的汇集程度就如同我们定义的UV）。对于实体店铺来说，这些数据很长时间以来都是“人肉”统计为主。很多商家缺乏专业的分析人员，就出现了由第三方咨询公司来承担分析报告制作工作的情况。由于数据的获得成本较高，因此制约了实体店铺对数据的利用。

随着网络经济的持续发展，大量数据得以更经济、更便捷地被获得，为我们利用数据改进业务提供了基础。特别是在电子商务、网络产品方面，数据的利用非常广泛。从营销层面来说，数据使得营销目的更加明确，由于数据可追踪、可回溯、可优化的特点，直接作用到业务各节点，从而造就了以数据为核心的营销闭环，这样使得运营者可以便捷地以数据为核心收集资料、分析数据，从而优化营销流程、提升营销效果。

本章主要介绍数据化营销的概念及其特点，帮助运营者构建数据化营销本能，并对数据化营销的分析方法、使用场景进行讲解。

1.1 数据化营销基础及常用概念

1.1.1 何为数据化营销

1. 数据化营销

数据化营销是指用科学的方法对收集来的运营数据、推广数据进行分析，通过对数据的分析研究，提取有用信息进而形成结论，帮助运营人员做出判断，提高运营效率。

一般来说，经营出色的实体店铺，都运用了数据化营销的思维。例如很多服装店铺会对每年的畅销款式、销售数据进行统计整理，用以预计下一年度的畅销款式，并辅助选款。但是这还远没有达到数据化营销的效果。

数据化营销可以帮助网站建立立体的数据模型，从推广、运营、交易、用户等全流程环节优化。以推广为例，从推广平台、渠道质量、流量分析，到用户偏好、属性、行为分析等帮助企业打造强势效果营销。

2. 数据化营销步骤

数据化营销的步骤如图 1-1 所示。

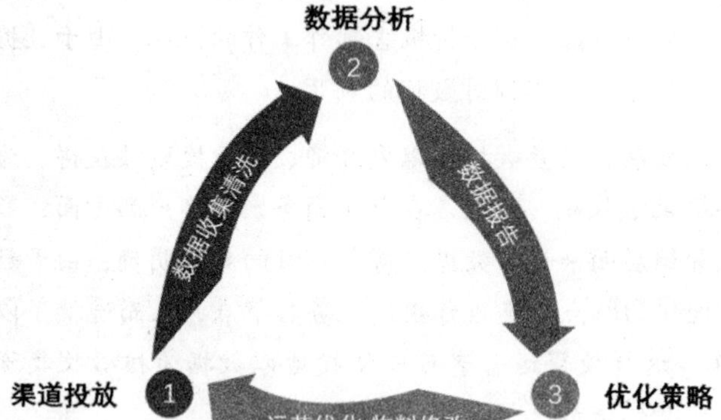

图 1-1

第一步：收集数据

所谓“巧妇难为无米炊”，在做数据分析之前，需对数据进行收集整理。

（1）推广数据

SEM、DSP、微信、微博、新媒体等推广数据是数据化营销的重点方向。并且要了解渠道特点、流量质量、展现量、点击率、渠道转化率等。

（2）运营数据

运营数据更多是由站内数据组成，如交易、访客、流量来源、全站转化率、活动、促销数据等。

（3）用户数据

用户数据包括注册会员数、新老访客占比、用户属性等。

这些数据的收集可以通过数据埋点、第三方统计工具（百度统计、Gooogle Analytics 等）获得。

第二步：数据分析

下面这些情况你遇到过吗？

很多新人对数据分析的认识或许是这样的，从百度统计获取统计代码之后，放入网站首页。然后，就没有然后了。以后也就看看网站的流量、访客情况。上级需要时就把数据导出整理一番。

还有一些朋友，刚开始接触数据会觉得很新鲜，一段时间后，又会感到面对庞杂的数据无从下手。

或者上级要求提升 ROI，但是却不知道 ROI 该如何提升，是优化点击率？还是优化转化率？正确的优化切入点在哪里？

以上这些状况的发生，核心在于你不具备数据的本能，数据的本能会告诉你，做数据化营销一定要有目的地去分析，并且运用合理的步骤，使用科学的方法分析。否则就如无头苍蝇乱撞。

本书将帮助你建立数据的本能，合理分析数据，形成优化方向，输出合格的报告。

第三步：广告投放

完成数据分析后，根据数据分析的结论。调整推广方向、改进操作思路、优化广告物料，重新进行广告投放。

同时注意搜集广告投放中获得的数据，实时分析改进。

数据化营销是一个长期的工作，也是一个循序渐进的过程，需要运营推广人员根据市场环境的变化长期跟踪和优化。

1.1.2 构建数据化营销本能

前面也提到了数据化营销的本能，那么数据化营销本能会从哪些方面帮助你呢？

1. 有明确的分析思路和目的

做数据化营销一定要以目标为导向，面对数据时，要明确本次分析的目的是什么。通过分析希望达到什么样的效果。

例如某电商网站，做了一次“五一”节的促销活动，但是结果销售额却不及上一年的 50%。那么本次分析的目标，就是今年活动销售额大幅降低的原因。没有目标的数据分析是假分析，最多只能算是数据统计。

2. 有完善的数据体系

做数据化营销必须要有体系的概念，所谓牵一发而动全身。从一维度到多维度转变，如果将运营推广过程看成是赛车，自己是这台车的车手，倘若车子开不动了，则会有多种原因，也许是没油，也许是轮胎坏了，也许是发动机故障。这就需要你整体观察和考量。

网站的运营和推广涉及很多维度的数据。但是我们可以遵循从个体到整体、从宏观到微观、从现在到过去、从过去到将来等维度进行数据分析。在后面的章节将会详细讲解。

3. 科学地分析数据

回到前面的例子，本次活动的销售额不及上一年的 50%。你需要以什么样的思路去拆解和分析数据呢？

数据化本能会教你学会对比的本能，从渠道、趋势、横纵向发展的角度去分析。

孤零零的数据是没有意义的。在今后的数据分析中，不管是何种数据，你会发现对比分析是最基本也是最重要的分析思维。看下面的例子，如图 1-2 所示。

这是 2015—2017 年的销售额数据，如果只看 2017 年 900 万元的销售额，那它只是一个数字而已。但是如果从整体趋势看，我们可以发现，2017 年的销售额比上年下降才是重点。

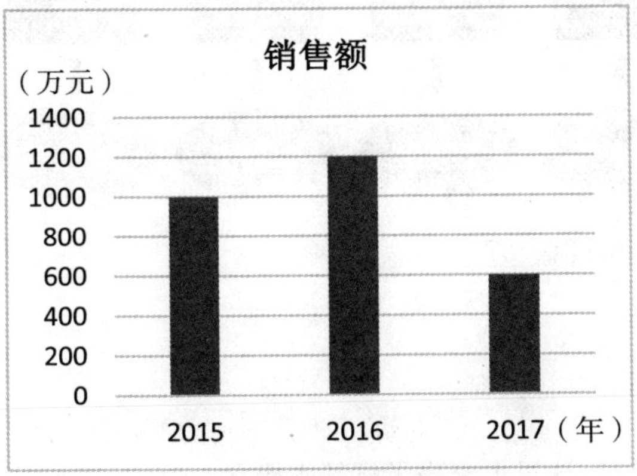

图 1-2

除了对比，还要学会拆分数据。继承上例，2017 年销售额 900 万元。看公式：

销售额=转化率×流量×客单价

900=1.5%×10000×6（模拟数据）

900 万元的销售额是由以上 3 个数据形成的，即转化率、流量和客单价，进而可以逐个分析。如果销售额大幅下跌是由于流量的大幅下降造成的，那么分析重点就是流量下跌的原因。

4．科学地展示数据

完成数据分析工作之后，你要学会如何将统计数据表格可视化，以及如何撰写数据化营销报告。

本书将告诉你，数据表格可视化的核心内涵和操作，以及报告撰写的要点和范例。

1.2　数据化营销经常用哪些数据

如图 1-3 所示，以电商业务为例（电商业务相对比较广泛），展示了其上下游业务形成的业务数据体系。

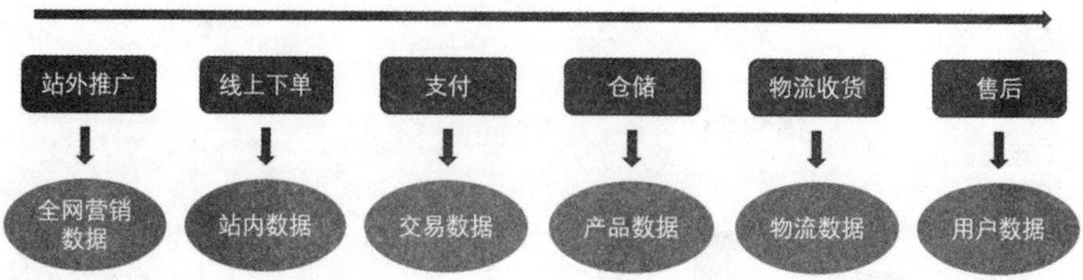

图 1-3

1.2.1 网络营销数据

1. SEM 数据

SEM 推广会在后面章节详细介绍，这里大家先了解基本概念。

SEM（Search Engine Marketing，搜索引擎营销）是基于搜索引擎平台的网络营销，利用人们对搜索引擎的依赖和使用习惯，在人们检索信息时将信息传递给目标用户。搜索引擎营销的基本思想是让用户发现信息，并通过点击进入网页，进一步了解所需要的信息。

企业通过搜索引擎付费推广，让用户可以直接与企业进行交流、了解、实现交易。国内的 SEM 营销主要集中在百度、神马、360 等。

（1）搜索引擎营销的基本过程

① 企业在网站上以网页形式发布信息；

② 将发布的网页信息投放到搜索引擎网站；

③ 用户利用关键词进行搜索；

④ 搜索结果中展示相关的信息及其链接 URL；

⑤ 用户对检索结果的判断选择有兴趣的信息并点击 URL 进入企业发布信息；

⑥ 用户浏览企业网站；

⑦ 实现转化。

（2）SEM 的数据维度

SEM 的推广一般分为账户、计划、单元、关键词 4 个层级。

- 账户层级：费用信息（总费用、日费用等）、转化信息（成交）、账户地域信息

（推广覆盖区域）。

- 计划层级：计划状态（推广中、暂停）、投放时间（按周、日细分到各时段控制）、投放方式。
- 单元层级：单元状态、投放设备、关键词信息、创意展现样式、人群属性定位。
- 关键词层级：关键词状态、关键词匹配方式、关键词质量得分。

（3）投放过程

第一步：针对投放产品了解用户群体　（例如 18～25 岁的女性群体）。

第二步：模拟目标群体的搜索习惯，例如会用什么词搜索、会访问哪些竞品网站等。

第三步：分析目标用户关注产品的哪些特性（如品牌、价格、性能、服务等），分析竞品的优劣。

第四步：账户规划。

第五步：关键词的选择。

第六步：撰写有吸引力的广告文案，制作广告页面。

第七步：网络广告投放。

第八步：效果评估分析。

2．CPS 数据

CPS（Cost Per Sale），直译过来是以实际销售产品数量来换算广告刊登金额。按照广告点击之后产生的实际销售付给广告站点提成费用。销售分成是提前确认好的，渠道完成推广即可得到相应的佣金。

对于大多数广告主来说，更多的是使用第三方平台来投放，例如百度联盟、腾讯联盟等。

3．社会化媒体数据

随着新媒体的崛起，大量企业开始投放新媒体广告，如微信公众号、微博均属于这一类。

社会化媒体的数据维度要关注以下几个方面。

- 投放渠道属性：渠道的用户构成、地理位置、行业定位、排名；
- 内容：关注话题、转发、分享、点赞；

- 用户属性：人群（如男、女、中年人）、兴趣标签（如生活、美妆、科技）、活跃度等。

4．SEO 数据

SEO（Search Engine Optimization，搜索引擎优化）是指在了解搜索引擎自然排名机制的基础之上，对网站进行内外部的调整优化，改进网站在搜索引擎中关键词的自然排名，获得更多的展现量，吸引目标客户访问网站，从而达到互联网营销的目的。

需要重点关注的数据信息有如下几个。

（1）网站权重：是指搜索引擎给网站赋予一定的权重值，是对网站的评估。权重越高，在搜索引擎排名越好。同时能够进一步提高整站流量和网站信任度。所以提高网站权重具有相当重要的意义。市面上主流的网站权重评分包括 Google、百度、360。下面我们来分别了解。

- Google 权重：主要以 PR（PageRank）值来评级，指 Google 用于表示网页的等级及重要性，是判断网站好坏的标准之一。PR 值级别从 0 到 9，越高说明网页越受欢迎。
- 百度权重：百度权重是一些站长工具平台推出的针对网站关键词排名预计带来的流量为依据，给网站划分的 0 至 9 级的标准。需要注意的是，百度官方是明确不承认百度权重的。
- 360 权重：360 搜索引擎同样是站长工具给出的，根据网站的关键词在 360 搜索引擎的排名情况计算出的权重。

如图 1-4 所示。

图 1-4

（2）反链数：指从它方网站导入到本方网站的链接数量。反链对网站优化来说是比较重要的。除了重视数量的提高外，更要关注反链质量的提高。

（3）出站链接：是从本方网站链接出去，到它方网站的链接。出站链接会传递权重，所以许多运营人员会比较排斥，像图 1-4 中的网站，出站链接为 1。但是高质量的出站链接也会被搜索引擎计算相关性，对自己网站的排名有好的影响。所以要综合考虑。

（4）站内链接：也叫内链，是本方网站下页面之间的相互链接。站内链接可传递权重，促进网站的搜索引擎排名，提高蜘蛛的爬行效率，增加网站收录。

5. EDM 数据

EDM 营销（E-mail Direct Marketing）即 E-mail 营销、电子邮件营销。企业向目标客户发送 EDM 邮件，建立同目标顾客的沟通渠道，向其直接传达相关信息，用来促进销售。

需要重点关注如下几个方面：

发送时间、发送区域、发送量、到达量、打开量、点击量、退订量。

6. 重点关注指标

- 曝光量：通俗地说，就是网页页面（带着广告）被浏览的次数，又称为广告展示量。它是衡量广告效果的初级指标。不过广告曝光量并不代表广告一定会被用户看到，而是意味着广告被页面加载展示出来，技术上来说就是广告被跟踪代码加载的次数，每加载一次就产生了一次广告曝光。
- 点击量

点击量是指某一段时间内某个或者某些关键词广告被点击的次数，是针对网络广告推广等被点击的量词。

- 点击率

点击率常用 CTR 表示，公式为：

点击率=点击量/曝光量

经常有读者对点击率和点击量的区分不够明确，这里注意，点击率是效率指标，而点击量是数量指标。在站外广告投放中，点击率反映了本次广告对用户的吸引程度。能够反映广告的制作水准、广告渠道是否匹配等事项。正常情况下，点击率越高越好。

- 注册转化率：

注册转化率=注册数/总 UV 数

注册转化率一般是以会员导向的网站最常用的转化指标。

- 下载转化率：

下载转化率=下载访问量/总访问

对于那些提供下载服务的网站，是重要的衡量指标。如果是一般性网站，下载用户都是较高的意向型用户。

- 加入购物车转化率：

加入购物车转化率=加入购物车访客数/总访客数

用户完成产品页面浏览后，意向用户都会加入购物车，用户在这里确认产品数量、价格等信息。

- 购物车转化率：

购物车转化率=提交订单的访客数/加入购物车的访客数

它是衡量购物车内订单的转化效果的重要指标。

- 下单转化率：

下单转化率=下单买家数/总访客数

即来访客户转化为下单买家的比例，下单转化率是判断转化效果的重要指标，帮助我们判断产品对买家的吸引力。

- 支付转化率：

支付转化率=支付买家数/总访客数

即来访客户转化为支付买家的比例，对电商型网站而言，产品的最终成交以支付为重要节点，支付转化率是我们最为看重的转化率指标。该指标会用来衡量站内运营、站外广告投放效果。

1.2.2 流量数据

1. 流量来源数据

一般来说，流量来源数据即指所有站外流量来源的信息，包括各渠道、媒介、活动、搜索引擎、社交媒体、其他来源等。

2. 访客数据

指所有访客信息的数据。包括来访客户的特征、兴趣、访问设备、浏览器、访问时间、间隔、活跃度、购买频次等。

3. 网站数据

站内所有页面、产品、流转的数据。

4. 转化数据

这里重点说明一下转化，后面会经常提到。转化，也叫作转化目标页面或目标页面，指商家希望访客在网站上完成的任务，比如注册、下订单、付款等。就是潜在客户完成一次推广商户期望的行动。

转化可以定义成以下任意一种行为：

（1）在网站上停留了一定的时间；

（2）浏览了网站上的特定页面，如注册页面、联系我们页面等；

（3）在网站上注册或提交订单；

（4）通过网站留言或网站在线即时通信工具进行咨询；

（5）通过电话进行咨询；

（6）上门访问、咨询、洽谈；

（7）实际付款（特别是对于电子商务类网站而言）。

重点关注指标如下所示。

- PV：Page View，即页面浏览量。用户每 1 次对网站中的每个网页访问均被记录 1 次。用户对同一页面的多次访问，则访问量累计。PV 与站外曝光量是一致的，但是 PV 一般只用来衡量站内曝光。
- UV：Unique Visitor，是指通过互联网访问、浏览这个网页的自然人。UV 是衡量用户数量的重要指标。
- IP 是指独立用户/独立访客。代表访问某个站点或点击某条新闻的不同 IP 地址的人数，独立 IP 只记录第一次进入网站的具有独立 IP 的访问者。

IP 和 UV 的区别如下。

独立 IP 访问者提供了一定时间内不同观众数量的统计指标，而没有反映出网站的全面活动。比如拨号上网，拨一次号都自动分配一个 IP，这样你进入了本站，那就算一个 IP；如果断线了而没清理 Cookie，之后又拨了一次号，又自动分配到一个 IP，你再进入本站，又会统计到一个 IP，但是 UV（独立访客）没有变，因为两次都是你进入了本站。

a. UV 大于 IP

这种情况就是在网吧、学校、公司等，公用相同 IP 的场所中有不同的用户，或者多种不同浏览器访问你的网站，那么 UV 数会大于 IP 数。

b. UV 小于 IP

在家庭中大多数电脑使用 ADSL 拨号上网，所以同一个用户在家里不同时间访问你的网站时，IP 可能会不同，因为它会根据时间变动 IP，即动态的 IP 地址，但是实际访客数唯一，便会出现 UV 数小于 IP 数的情况。

- 到达率：

到达率=到达量/点击量

到达率广泛应用于网络广告，它是指浏览者从点击广告链接到达网站平台，并完全打开的比例。

到达率越高，用户流失则越少。到达率较低可能是因为用户质量较差，页面加载速度太慢，使得用户在页面还没有完全打开的情况下就关闭了页面。

- 新老访问占比：

新访客：在一天的独立访客中，历史第一次访问网站的访客数。

老访客：今日之前有过访问，且今日再次访问的访客，记为老访客。

新访客访问比=新访客访问量/总访问量

- 跳出率：

跳出率=跳出的次数/投放页面总访问次数

跳出率指用户来到你的网站，仅浏览了一个页面就离开的访问次数与所有访问次数的百分比。跳出率的高低是网站运营分析的一个重要指标，用于评估网站的用户体验，指导网站以及页面的改善。

跳出率经常用于广告分析，跳出率越高就说明广告或者网站本身对访问者的吸引力很低，广告投放出现问题，需要进行优化。

网站停留时间：访问者在网站上停留的时间。

页面停留时间：访问者在某个页面或者某页面组停留的时间。

停留时间有时候并不代表用户真的停留在网站上面浏览，用户有可能打开多个浏览器，又或者打开网页之后做别的事去了。停留时间的长短也需要根据具体业务分析，并不是越长越好，一般来说，标准化的业务流程，相对来说停留时间会短。社交论坛性质的网站停留时间则会更长。

- 退出率：

退出率=用户从该页退出的页面访问数/该页的页面总访问数

当该页为访客此次访问网站的最后一页时，该页面即为此次独立访问的退出页面，统计为有一次退出。比如，某页综合浏览量是 100 次，从这个页面离开本站的次数是 6 次，则该页的退出率是 6%。

- 访问深度：

访问深度=PV/访问量

访问深度就是用户在一次浏览你的网站的过程中浏览了你的网站的页数，又称为人均页面浏览量。它是查看用户访问质量的重要指标，用户对内容越感兴趣，访问深度值则越大。但是过高的访问深度也有可能使用户迷失在网站中，找不到自己需要的信息。

1.2.3　运营数据

每一个电商网站或者互联网产品，因为其定位、产品、用户的不同，运营情况也千差万别。但是总体来说，我们会从活动管理、内容管理、用户维护、销售转化 4 个方面的运营数据来判断网站的基本运营情况。

- 活动管理：通过策划各类事件、活动、主题内容等形式提升曝光度、用户活跃度，或者带来销售及转化效果的提升。
- 内容管理：网络的日常维护，如新闻资讯、广告的编辑、更新等。
- 用户维护：围绕用户展开的用户关系管理，产品设计、体验优化等。
- 销售转化：围绕产品展开的促销，不同类型产品的销售转化等。

这里要注意的是，不同企业对网站运营的工作范围界定有所差异，需要结合不同业务形态来做具体的细分。

网站运营数据要重点关注两个方向。

1．部门间的协调分析

运营在这一过程中侧重于整体的协调和资源的分配，在做数据分析时侧重于以下维度：日常与活动期间的流量情况，尤其是流量高峰期间出现的网站并发；在整个销售流程中，不同环节之前的配合是否按照预期完成。如预估引入的流量、转化数据与真实的差距比对；里程碑事件的关键影响，重点分析哪个环节对运营全局有关键性的影响。

2．运营节奏分析

所谓运营节奏，包括了活动规划、排期、项目的策划把控和衔接落地推动等情况。一般来说，流量越大，内容越多，运营并行项目亦越多，如何通过时间、事件、活动等因素，调动用户注意力，刺激用户完成购买和转化。

1.2.4　商品仓储数据

1．商品的分类方法

商品数据分析的基础是先做好商品分类，商品按价格可以分为高价位商品、中价位商品、低价位商品；按利润可以分为高毛利、低毛利、零毛利、负毛利商品；按生命周期可以分为导入期、成长期、成熟期、衰退期商品。

一般用得最为普遍的是将所有商品划为重点商品和非重点商品，划分标准在于销售额占比，具体占比数据可以根据业务实际情况划分。也有商家会将商品划分为 3 类：畅销商品、平销商品、滞销商品。实际划分方法可以根据自己的业务调整，例如商品比较多的情况就需要更加细致地分析。

2．商品价格带分析

价格分析在运营中占据重要地位，这里笔者着重介绍商品的价格带分析，它有助于帮助我们建立商品价格的全局体系。

（1）价格带宽度

价格带宽度是指价格带中最高价和最低价之差。例如 A 品牌的手机，最贵的 4000 元，最便宜的 1000 元，价格带的宽度则为 3000 元。

（2）价格带深度

价格带深度指价格带中的 SKU 数。例如 A 品牌的价格带深度为 6，表示有 6 款型号的手机供用户选择。

（3）价格区

价格区指在价格带中最容易让用户接受度的某一价格区间。商家应该在确定了商品的价格区之后，在该点附近提供更多可选的产品，增强竞争力，该策略特别适合综合型平台。

价格带分析的目的就通过分析达到科学管理商品采购、定价、上架，最终影响用户购买。

3．商品库存分析

电商型企业主要用到下面的商品库存指标：

折扣率=商品实际金额/商品标准零售金额

折扣率直接影响商品利润水平。需要不断追踪，分析其处于正常水平。

货龄=货品年龄

除了食品等有保质期的商品按生产日期开始计算外，大部分如鞋子、衣帽等没有保质期的产品，货龄是按照实际上新日期开始计算的。货龄可以作为商品价格调整的依据，库存多货龄大的商品就是清库存的首选目标。

动销率=有销售商品 SKU 数/在线销售 SKU 数

动销率属于追踪管理指标，一般来说，动销率越低，说明该期间内存在一定比例的滞销。产生的原因可能是同质同类品种过多，进货品种的结构有问题。或者该类商品的淘汰力度不够、与购进不成比例、该类商品的促销策略需要调整等。

需要注意的是，动销率越高不一定越好，动销率等于 100%也不一定就是正常，在实际工作中要结合数据，透过表面找到问题的实质。

品类结构占比=某品类销售额/总销售额

品类结构占比能够快速了解平台的重点销售品类。

正价销售占比=正价商品销售额/总销售额

特价销售占比=特价商品销售额/总销售额

正价销售占比高，企业利润越高。特价销售占比越高，说明销售更多依赖促销打折。

5大畅销占比=前5大销售额商品/总销售额

5大库存占比=前5大在库商品/总库存

你可以根据实际业务情况，列出主要的商品，前3、前5、前8均可。畅销占比越大说明商品销售越集中，随之风险也更大。如果某一款畅销商品出现问题，则会拖累平台整体业绩。库存占比可以帮助你查看库存的整体趋势。前者按销售额来计算，后者则按库存来计算。

退货率=退货单数/总订单数

退货相对于销售数据有一定的滞后性，订单在被客户收货后2周之内都可能发生相应的退货行为。

4．仓储数据

（1）入库数据

采购入库、退货入库、（时间、入库类型）、供应商信息（交货批次、制单日期、经手人）、商品信息、进货价、数量、金额、破损。

（2）出库数据

出库类型（报废、销售、退回、编码）、商品信息、出货价格、数量、客户信息、用户名、联系电话、地址、仓库编码、货架编码等。

（3）调拨数据

单据编码、调出仓库、调入仓库、制单员、复核人员、关联配送信息、商品信息、编码、名称、批次、金额、数量、单价。

（4）仓库基础数据

仓库基础数据指仓库的静态数据，包括商品信息、编码、条形码、名称、规格参数、进货价、批次、品牌、供应商、仓库信息、仓库标号、库位编号、名称、联系人员、电话等。供应商信息包括供应商编码、供货批次、联系信息。商品库存信息包括商品数量、名称、编码、库存金额、库存时间等。

5. 物流数据

（1）订单数据：订单编号、发货时间、快递重量、收货人信息、姓名、电话、地址。配送方式、费用。

（2）客户数据：地址、电话、姓名。

（3）配送数据：配送区域、区域物流费用、配送时间、物流公司。

1.2.5　用户数据

1. 用户生命周期

一个电商平台网站常用的客户生命周期聚类分组，是对全量会员按照一定规则进行区隔分组的。一般将用户生命周期分为 4 阶段：考察期、发展期、成熟期、衰退期。

- 考察期（新用户），用户关系的探索和试验阶段。客户会与平台发生信息交叉，从传统电商业务来看，用户下订单才算是成为会员。吸引新客户 / 拉新是该阶段的工作重点。
- 发展期，关系的快速发展阶段。平台需要不断提供高水平的客户服务，赢得客户满意，巩固和加强考察期建立的客户信任，培育客户忠诚度。沉淀客户，刺激客户再次购买是该阶段的工作重点。
- 成熟期，关系发展的最高阶段。该阶段的客户价值最高，对企业的贡献度最大，需要给客户持续提供超过其期望的价值，维护客户忠诚度。客户忠诚度维护是该阶段的工作重心。
- 衰退期，关系发生逆转的阶段。面对客户的衰退 / 流失需要充分挖掘客户价值的潜力，尽可能降低客户流失给企业带来的不良影响，改进企业的产品和服务。留住客户是该阶段的工作重点。

基于当前的互联网环境，客户的生命周期概念可以更广泛些，可以定义为：客户从第一次信息留痕到最后一次信息留痕的全过程为客户的生命周期。只要这个用户来过，直到平台消亡或用户彻底流失，才算是生命周期的终结。

用户生命周期的定义及各阶段界定可以根据实际需要来设定，不应该固守传统概念，对考察期用户（新用户），营销的目标任务应该是拉新吸粉；对发展期用户，营销的目标任务应该是沉淀拓展；对成熟期用户，营销的目标任务应该是客户忠诚度培养；对衰退期用户，营销的目标任务应该是挽留维护，给予用户足够可以留下的理由。

2. 用户贡献价值

用户价值的体现在于能够为企业不断地提供利润。企业会想尽一切办法吸引用户，并且尽可能提高用户的忠诚度。高忠诚度的用户表现为有较高的价格接受度，愿意向周围人群分享推荐企业产品。当然，用户价值不仅只看用户忠诚度，还要观察是否为高购买力人群。

用户价值一般从下面几个角度来评估：

（1）购买频率

购买频率越高的用户忠诚度越高，运营人员要不断采取方法提高用户的购买频率，复购率越低，证明企业在产品、平台、用户体验等方面均需优化。

（2）购买金额

购买金额越大的用户应该得到平台更多的资源。同时结合购买频率来看，金额大、频率高的用户是平台需要重点照顾的核心用户。

（3）最大单笔购买金额

某个时间段内的最大单笔购买金额，可以用来判断用户的购买力的水平。

（4）特价商品占比

这里的特价商品占比指用户的总销售额中，特别商品所占的比例，它从侧面反映了用户的价格敏感度。

（5）高单价占比

高单价占比指用户的总销售额中，高单价商品所占的比例，比重越高，用户的价格容忍度也更高。

购买频率代表了用户的忠诚度；购买金额和最大单笔购买金额代表了用户的购买力水平；特价商品占比和高单价商品占比反映了用户的价格容忍度水平。综合起来可以立体地描绘用户价值画像。

第2章

百度统计

我们都知道，数据是了解网站运营和营销状况的基础，但数据从何而来，并且如何运用数据，很多人一知半解。本章开始介绍百度统计工具，相较于国内大多数统计分析工具，百度的技术也更加成熟和先进，特别是在稳定性方面能够较好地保证数据安全。

百度统计是目前市面上使用范围最广的流量统计工具之一，整体上具有稳定、快速、免费、用户体验较好等优点。目前百度统计的功能从注重流量数量，到更注重对流量质量和访客行为进行分析，通过多维度和指标的统计展示，能够帮助运营人员更加全面地对网站流量、用户、产品进行优化。

下面来介绍一下百度统计账户管理及安装。

2.1 账户管理

2.1.1 百度统计账户类型

百度统计的账户类型分为站长版和推广版两大类型。

站长版账户面向全部注册用户，在百度统计官网直接注册即可。同时，如果已有联盟、司南等账号，也可以使用该账号直接登录。

推广版账户主要针对百度推广和网盟客户，与百度推广无缝结合，可提供百度推广最细粒度（关键词）的监控数据及报告。推广客户在百度统计首页使用推广账号登录即可。

1. 账户、站点、报告间的关系

- 账户

账户是整个结构中的最高层级，对应唯一的ID。

- 站点

站点是想要统计分析的网站，一个账户可以添加多个站点。一个站点对应一段系统生成的固定的跟踪代码，其中包含一个唯一的siteid（站点ID），可以理解为当每次创建一个新站点时，会为其生成一个指定的身份证号。因此，如果删除一个站点，再创建一个相同名字的站点，其对应ID也是不同的。

百度统计浏览数据是以站点为维度收集的，因此需要将对应正确站点的代码安装到网站的全部页面中。

- 报告

百度统计中的大部分报告都是针对某一站点为对象查看的，因此查看报告时，需要选择正确的站点。 站点删除后，其报告的历史数据无法再恢复。

2. 百度统计介绍

百度统计是百度推出的一款免费的专业网站流量分析工具，能够告诉用户访客是如何找到并浏览用户网站的、在网站上做了些什么等，有了这些信息，可以帮助用户改善访客在用户的网站上的使用体验，不断提升网站的运营效率。

百度统计提供了多种报告，能够跟踪访客的行为路径。最重要的是百度统计集成百度推广数据，有助于及时精准地了解百度推广的效果。这对于做百度 SEM、DSP的推广者是一大福音，另外其服务也比较稳定。

2.1.2 百度统计的原理

百度统计账户按要求开通即可。这里笔者讲一下其跟踪原理，以便读者加深理解。

1. 跟踪原理

使用百度统计工具跟踪网站的流量，需要在网站的每一个网页中加入百度统计的JavaScript代码。统计代码可以在创建站点时获取，一个站点对应一个代码跟踪ID。

当用户浏览网站的某一个页面时，这段 JavaScript 代码就会被执行，将所收集到

的访问参数发送到百度统计的服务器，百度统计根据跟踪 ID 对数据进行归类处理，然后展示到相应 ID 的站点统计报告里。正确安装统计代码后，一般 20 分钟左右，即可查看到统计数据。因此要想统计完整的访问流量，必须在网站的每一个页面中都安装正确 ID 的百度统计代码。

当在账户中创建网站时，生成的 JavaScript 代码带有唯一的跟踪 ID，与本账户的当前站点相对应，也就是说代码跟踪 ID 由“账户+站点”决定，以下情况生成的跟踪 ID 均不同：

- 在不同的账户下，创建域名相同的网站，生成的代码跟踪 ID 不同。
- 在同一个账户下，创建多个域名相同的网站，生成的代码跟踪 ID 不同。
- 在同一个账户下，删除网站后重新添加，生成的代码跟踪 ID 会变。

2. 代码类型

百度统计提供多种数据收集代码，读者可根据需求选择最合适的代码类型，代码类型有如下几种。

- **异步分析代码（推荐）**：此代码以异步加载形式进行加载，使用该代码能够大幅提升网站的打开速度，也可提升统计数据的准确性。不管是 PC 站点还是移动站点，百度都推荐安装异步代码。
- **同步分析代码**：此代码以同步形式进行加载，支持使用“统计图标”查看统计数据（系统图标是指在网站的网页中增加一个图标，可以直接单击此“统计图标”进入百度统计。该功能主要服务于使用老版同步代码的用户）。
- **WAP 站分析代码**：对于面向低端手机的 WAP 站（不支持 JavaScript）使用此代码，其他移动站点使用异步分析代码。
- **高级定制代码**：百度统计开放平台提供的 JS-API 代码，使用前需要先安装前面介绍的基本统计分析代码。

2.1.3　百度统计的安装

1. 代码获取

步骤 1：登录百度统计，如图 2-1 所示。

步骤 2：输入监控网站主域名并且确认协议。单击菜单栏中的“管理”→“网站列表”，单击“新增网站”，如图 2-2 所示。

图 2-1

输入网站域名信息，这里输入：www.baidu.com，单击“确定”按钮，如图 2-3 所示。

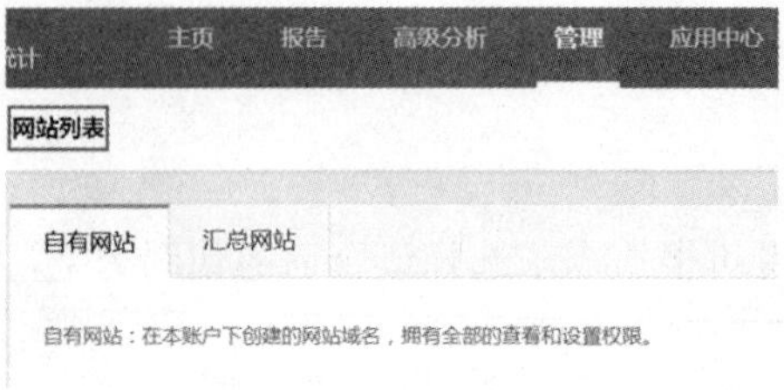

图 2-2　　　　图 2-3

步骤 3：添加网站域名信息后，在“网站列表”框，单击“获取代码”，如图 2-4 所示。

图 2-4

弹出代码框，如图 2-5 所示。

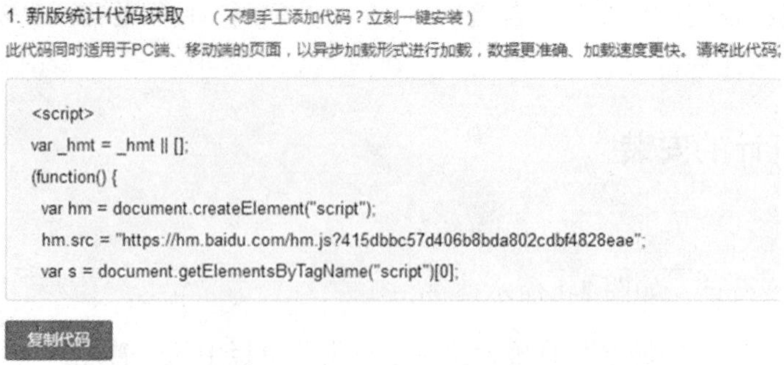

图 2-5

复制代码后，添加到网站全部页面的</head>标签前。可以在 header.htm 类似的页头模板页面中安装，以达到“一处安装、全站皆有”的效果。如需在 JS 文件中调用统计分析代码，请直接去掉以<script type="text/javascript">与</script>首尾的代码后，放入 JS 文件中即可。如果代码安装正确，一般 20 分钟后，可以查看网站分析数据。

以上展示的是百度基础代码的获取操作，主要统计访客来源行为属性。此外，百度还有定制分析代码、电商分析代码、事件分析代码等，读者可根据业务需求定制。

复制代码后，按照安装说明将代码添加到网站中。如添加代码，可以在获取框的右下角选择，可以选择的代码有高级定制代码、订单分析代码、低端 WAP 代码，如图 2-6 所示。

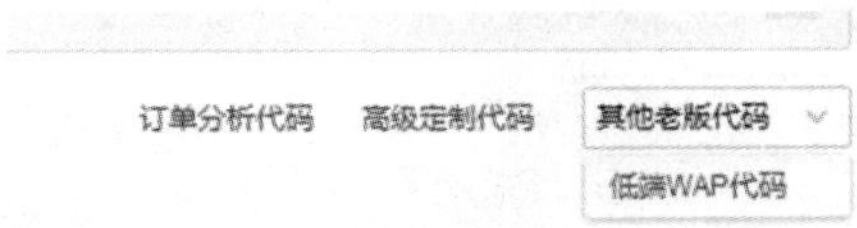

图 2-6

2. 代码安装

代码安装分为手动安装和自动安装两种方法，运营人员可以找相关技术人员帮忙设置。

- 手动安装

直接将复制的代码添至网站页面的</body>标签前，如果有安装其他统计软件，最好将百度统计代码放在之前。不要对代码有任何编辑操作，因为随意编辑代码会导致代码无法成功执行，可能影响到网站页面的显示。

- 自动安装

如果不能进行手动安装，也可以选择自动安装。单击“一键安装”按钮，如图 2-7 所示。弹出页面如图 2-8 所示。

添加 FTP 地址、用户名、密码后，单击链接即可。建议读者尽量选择手工添加代码，这样能避免出现其他错误。

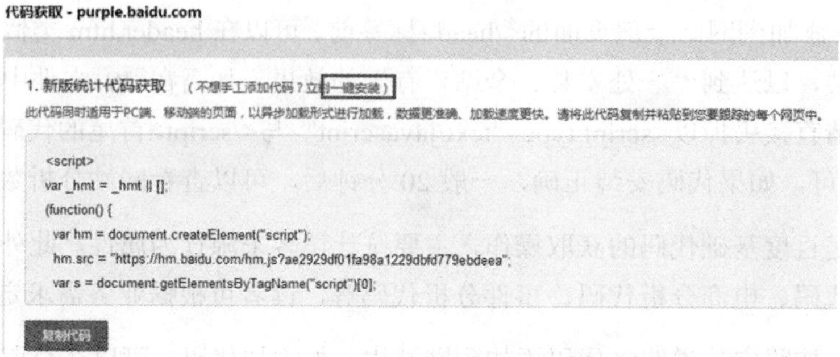

图 2-7

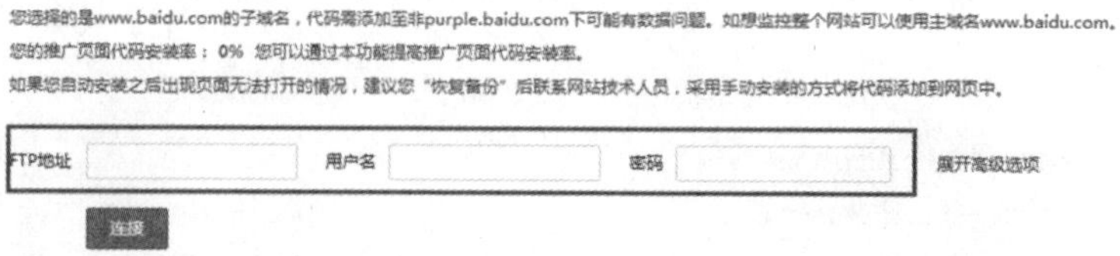

图 2-8

代码检查

代码安装正确与否直接关系到网站数据的精准，所以检查代码是安装的重要环节。

- 自动检查

第一种：可在“管理”→“网站列表”下，查看代码安装状态报告，如图 2-9 和图 2-10 所示。

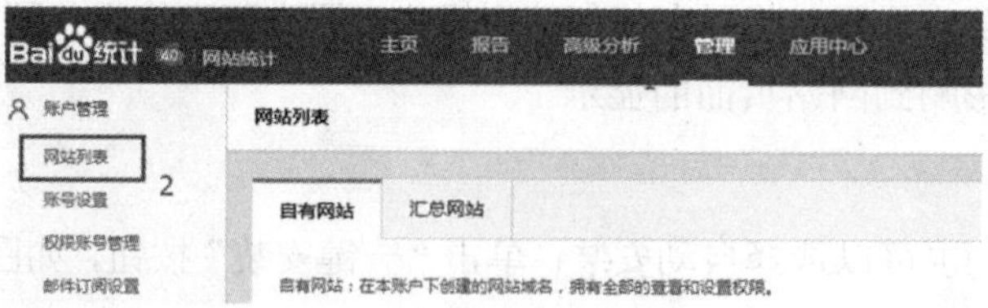

图 2-9

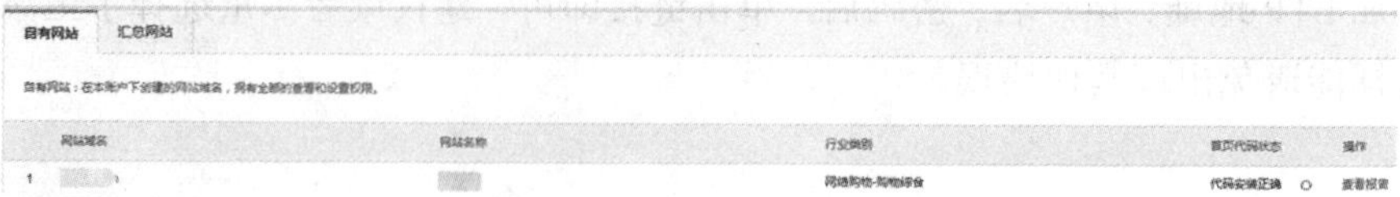

图 2-10

第二种：单击“代码安装检查”，选择好页面后，单击“开始检查”按钮，如图

2-11 所示。

图 2-11

首页代码检查包括如下几种状态。

① 代码安装正确：首页代码安装正确。

② 未检测到代码：提示信息（该页面无任何百度统计代码请求，请按要求安装代码）。说明网站首页未安装统计代码，或者统计代码内容格式错误，请人工检查确认。

③ 代码安装错误：提示信息（该代码页面安装错误）。说明该站页面代码安装错误，请确认后安装正确代码。

④ 无法完成检查：请确认网站服务器网络环境，重新尝试。

⑤ 未发起检查：代码状态是未发起检查，可单击“刷新”，发起检查后变为上述 4 种状态之一。

⑥ 代码检查超时：可能是站点服务器响应速度较慢，无法完成检查。请尝试修复该问题后刷新状态。

- 手动检查

很多情况下代码出现问题，自动检查工具往往无法成功检查全部页面。这样就要手动检查代码。这里不作为本书重点，可咨询技术人员。

- 推广代码的检查

对推广账户而言，在网站的推广 URL 安装代码是为了准确跟踪百度推广点击带来的访问数据。如果推广 URL 没有安装代码，那么百度统计将无法知道访问用户来源于哪个广告，此部分流量不会被归为推广来源。百度统计已自动检查推广 URL 的代码安装率，安装状态可以在“网站列表”中查看。

3. 添加多个网站到百度统计

运营人员往往不止管理一个网站，百度统计拥有多站点管理功能，最多可以添加30个站点。

登录百度统计，选择“管理”→“网站列表”，单击“新增网站”按钮，如图2-12所示。

图2-12

弹出如图2-13所示界面。

（1）输入网站域名，注意格式一定要正确。

（2）输入网站首页的网址。

（3）单击“确定”按钮后，页面将自动跳转至“获取代码”页面。

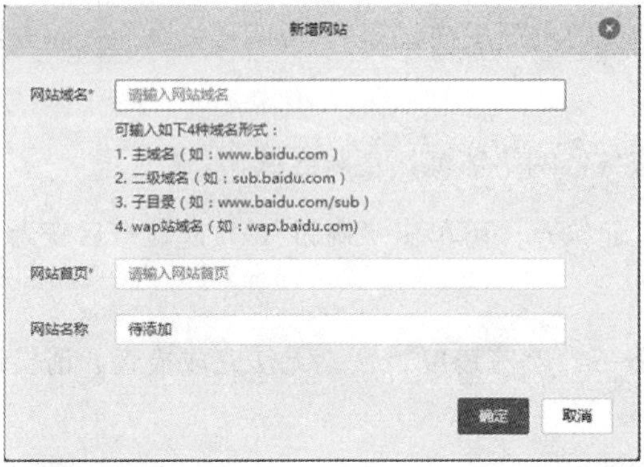

图2-13

网站有多个域名怎么创建站点

工作中这样的情况很常见，即一个网站对应多个域名，如123.com和121.com，域名不一样，指向页面均一样。那么，这样的域名怎样创建站点，解决方案如下：

（1）首先将其中的123.com作为主域名，以此域名建立站点。

（2）将获取的代码安装在两个域名中的所有网页上。

（3）通过设置跨域跟踪，可以将多个域名网站的访问数据统计到一个账户的站点下，在此站点中查看多个域名的汇总数据。

（4）如果还希望查看单独域名下的访问数据，可以在受访域名报告中查看，或者设置子目录查看。

从百度统计暂停或删除站点

当网站运营人员不再需要统计某个站点的数据时，可以从百度统计中暂停或删除该站点。

在“管理”→“网站列表”中，页面右侧“更多设置”处可以对指定站点进行暂停数据统计，以及删除站点操作，如图 2-14 所示。

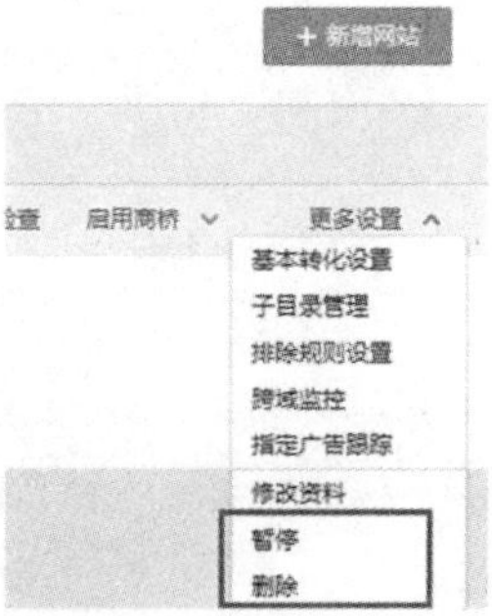

图 2-14

暂停后，百度统计将不会再收集站点的数据产出分析报表，直至重新启用。如果删除了站点，该网站的所有历史数据将被清空且无法恢复。

2.2　百度统计的数据挖掘

百度统计主要提供 8 个类别的数据报告，以供运营人员收集和分析数据，如图 2-15 所示。

网站概况：网站整体流量，如转化次数、跳出率、IP 数、访客数、浏览量等，还包括各分类报告的重点数据，如访客、页面等。

百度推广报告：百度推广报告只在开通了百度推广的账户中显示。内容包括百度各推广的报表数据，如搜索、网盟等。

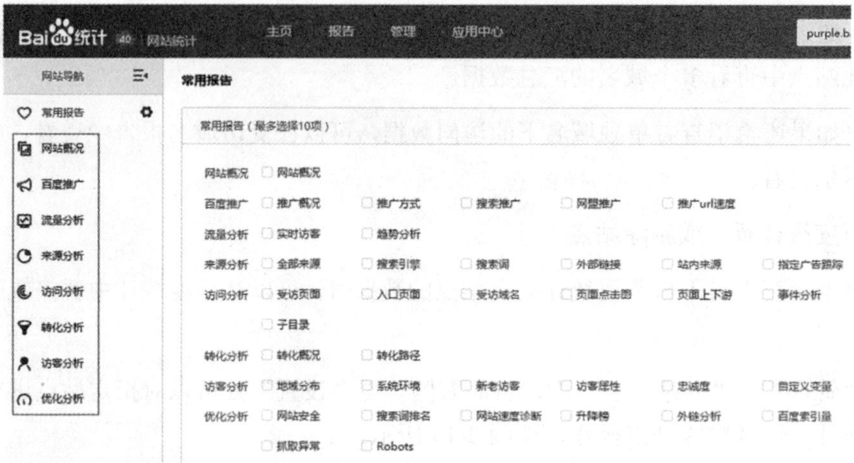

图 2-15

流量分析：网站来了多少人、整体趋势如何。

来源分析：访客从哪里来、有什么特点。

访问分析：访客在各级页面的行为是怎样的。

转化分析：网站转化路径、概况等。

访客分析：访客什么样、有什么特点。

优化分析：搜索引擎优化。

下面我们开始对其中的重点报告进行讲解。

2.2.1 网站流量：流量分析报告

通过流量分析能够预估流量走势，网站流量高则说明受用户欢迎。网站流量的变化直接反映网站的发展趋势是前进还是下降，或者是处于平稳期。有些网站能吸引很多用户访问。但是，通过流量分析发现，用户停留的时间都非常短，重复访问用户不多，用户平均浏览的页面也少，这样的网站用户黏度不够，有流量但是没有忠实的用户。如果不采取有效的运营措施，很难具有长期发展的后劲。

影响流量的因素主要有如下几种。

- 是否做推广，效果如何

网站搭建是产品运营第一步，推广、营销、优化是后续的重点环节。如果没有做推广，网站则很难快速聚集流量，所谓“酒好也怕巷子深”。

- 网站内容

网站吸引访客，通常由网站的内容和结构决定，有效改善网站的内容，提供有价值的信息，能吸引访客在网站停留更长的时间，浏览更多的页面。

- 用户体验

网站的用户与实体店的顾客在商业逻辑上是一致的，有同类别的网站看起来舒服、操作更简单、内容更实用、可用性更强，用户就不会来你的网站。一个网站如果留不住用户，就不会有好发展。要想留住用户，势必就要做好用户体验。

- 市场环境

市场受整个经济大环境的影响而变动，不同行业也会因其市场特点出现波动，甚至变革。这些都能从流量上体现。

常用的流量分析报告包括实时访客分析和趋势分析报告（见图 2-16）。下面分别讲解。

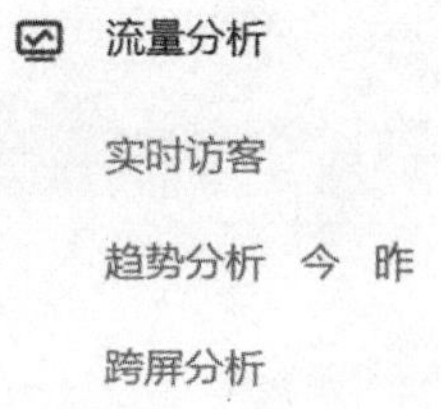

图 2-16

1. 实时访客分析

实时访客分析能提供最近访问网站的 5000 条访客信息，了解实时的访客行为，报告可以提供（见图 2-17～图 2-21）：

（1）实时访客的访客信息如下。

① 网站的实时在线人数、最近 30 分钟的到访趋势。

② 访客所属、源 IP、是否为新访客。

③ 访问来源渠道（百度各推广渠道、外部链接、直接访问）、搜索来源的搜索词、推广关键词等。

④ 访问轨迹：入口页面、离开页面、到访时间、离开时间、每一个页面的打开顺序及打开时间。

⑤ 访客忠诚度：共查看了多少页面、上一次访问时间、当天访问频次。

⑥ 操作系统、网络服务商、浏览器、语言环境、屏幕分辨率、屏幕颜色、Flash 版本、是否支持 Cookie、是否支持 Java 等属性。

图 2-17

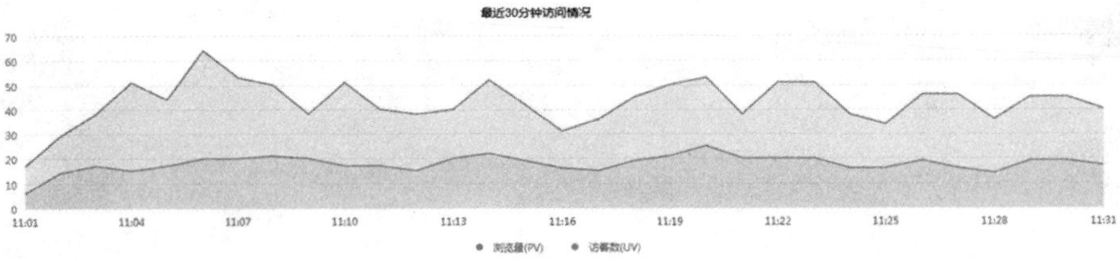

图 2-18

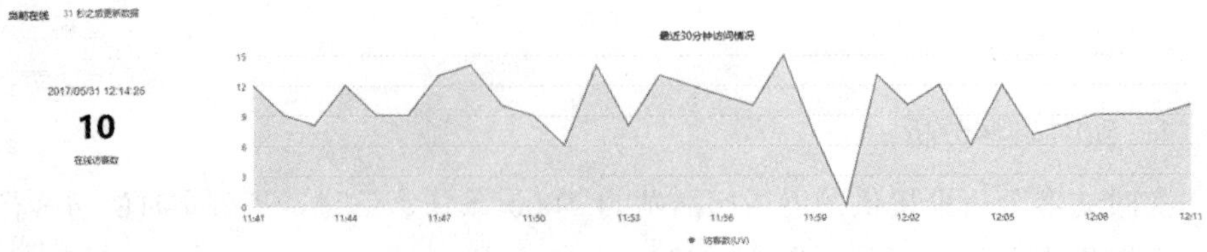

图 2-19

图 2-20

图 2-21

（2）筛选特定类型的访客

可从来源、设备、地域、时间、新老访客、访问频次、访问深度、访问时长等维度，筛选出某一类的访客（见图 2-22）。

具体如下。

- 访客过滤：新老访客、访问频次、访问深度、访问时长；
- 来源过滤：搜索来源、外部链接、直接访问；
- 设备过滤：PC 端、移动端；
- 地域过滤；
- 时间条件。

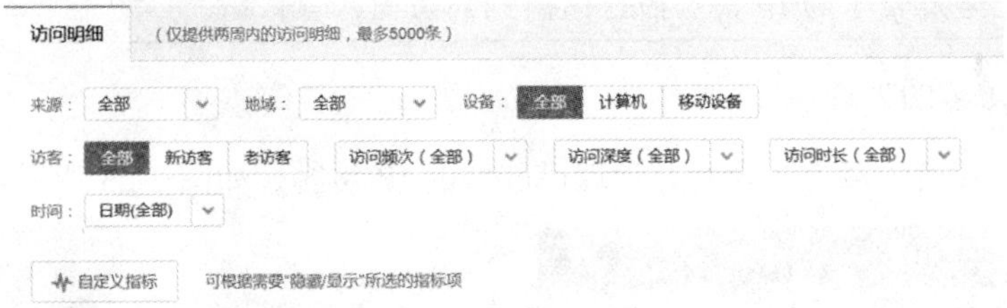

图 2-22

例如，需要了解新老访客在访问时长和访问深度上的区别，就可以直接选择不同的报表查看，同时也能了解不同来源访客的分布情况。倘若你需要来源分布的详细数据，笔者建议你直接到来源报表查看，因为实时访问报表“仅提供两周内的访问明细，最多 5000 条”。该报表最大价值不在于完整性，而在于其能实时地反映访客数据。假设你正在开展推广活动，需要了解当前的用户访问情况，它可以很好地帮助你。

（3）对异常访客/IP 进行广告屏蔽

经常做推广投放的读者会比较了解，商家经常会有一些异常的 IP/访客点击网站的广告，如同行、水军、推销、攻击等给网站带来无效的花费。对于这种情况，我们可以采用屏蔽功能，使得网站的搜索广告不对这些 IP/访客展示，节省无效的费用。

百度统计的屏蔽功能仅支持推广账号，屏蔽的入口在实时访客报告中。可以在实时访客报告中直接屏蔽这些异常访客或 IP，使被屏蔽的 IP/访客无法看到网站的搜索广告结果。

TIPS：

① 屏蔽功能只针对因搜索推广而带来的访客，如果是非搜索推广带来的访客，那么将不会显示屏蔽功能。

② 通过访问 IP 屏蔽功能，只能屏蔽 PC 端的访问 IP，不能屏蔽移动端的访问 IP。

③ 在百度统计屏蔽的 IP/访客将同步至商盾的策略屏蔽 IP/访客库中，商盾策略屏蔽上限：IP100 个、访客 300 个，到达上限后的屏蔽会自动将最早屏蔽的 IP/访客删除。

④ 设置推广屏蔽后，百度推广广告将不对屏蔽的 IP/访客展现，但该 IP/访客仍然可以通过自然搜索、直接访问或保存历史链接等方式访问网站。这也就是为什么已经屏蔽了的 IP 仍然能访问网站的原因。

（4）已屏蔽 IP 访客的处理

我们可直接到“管理”菜单，查看并管理已屏蔽的 IP/访客，如图 2-23 所示。

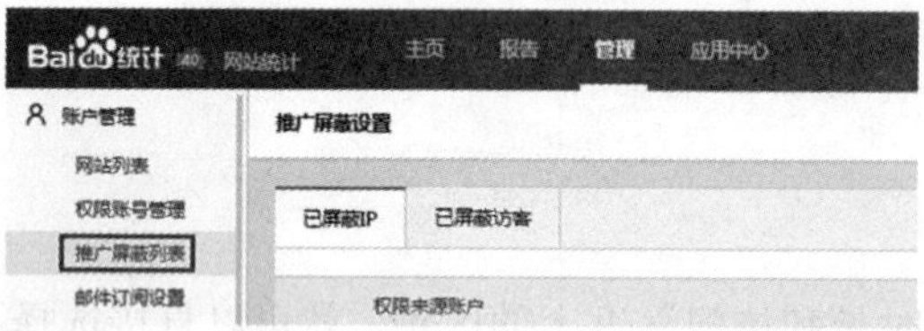

图 2-23

访客屏蔽功能与百度商盾屏蔽工具共享一个屏蔽库，IP 上限为 100 个，访客上限为 300 个。超过上限后，自动解除最早屏蔽的 IP/访客，屏蔽时效长。同时，对于存在多账户授权管理的账户，可以同时对其他授权账户进行屏蔽。

百度统计可以将搜索点击我们推广信息的访客进行身份标识，也可以通过判断访客访问网站的行为，对其进行身份标记，便于后续的屏蔽管理。

系统推送的身份标识目前有 4 种——水军、推销、同行、软件攻击，分别是以下的含义：

- 同行：可能会对广告进行恶意点击，以消耗广告费；
- 推销：推销会在网上搜索我们的网站，然后点击广告进入网页，进行推销，并不能带来有效的客户；
- 水军：受雇佣专门以点击他人广告来赚取费用；
- 软件攻击：使用软件模拟正常人，对广告进行点击，可以更换 IP 等。

百度统计也支持由运营人员对身份进行编辑。

（5）访问 IP 与访客标识码的区别

在“实时访客”→“访问明细”栏中，我们可以看到访问 IP 和访问标识码两栏。很多人不能了解其中的区别（见图 2-24）。

- 访客标识码：是百度统计根据访客的访问设备、系统环境、Cookie 等参数生成的一个用于识别唯一访客的标记。
- 访问 IP：一般来说当使用自动拨号连接时，网络会自动分配给电脑一个网络 IP 地址。一个网络地址，可能有很多电脑在共用。比如一所学校，可能只有一个 IP 地址，但不同宿舍有很多台电脑均共用此 IP 地址。

访问IP	访客标识码
118.250.64.108	1716934994162088561
58.246.94.14	1888540456051213810
14.145.234.243	1866537442059934561
116.196.118.199	2063569607998428193
52.80.31.160	1890772485970114810
222.86.46.37	2218931133360304340

图 2-24

IP 相对访客标识码来说，范围更广一些。访客标识码是针对某一台电脑，但是 IP 则有可能是一个局域网。只要计算机信息没有变，那么对应的访客标识码就不会改变。另外，如果计算机是拨号上网，则 IP 地址也会变化。

TIPS： 网络 IP 和本地 IP 区别

本地 IP 可能是路由器自动分配给电脑的 IP，也可能是自己设置的 IP 地址。这样可以区分不同计算机之间的 IP，防止局域网内计算机 IP 地址冲突。

网络 IP 是指本地网络（局域网）接入互联网由服务商分配的固定 IP 或动态 IP，一般拨号都是动态 IP。百度统计的访问 IP 是指网络 IP。

2. 趋势分析报告

无论是运营部门还是产品部门，分析网站不仅要了解各种维度的基础指标数据，更要了解网站流量的波动趋势，用户量的变化幅度，各个指标的同比、环比等。

通过趋势分析，可以了解每天网站在哪个时段的访问量比较高，以用作设置推广时段的参考。例如：如果在某个时段网站的被访问次数非常高，可以尽量提升在这个时段的推广排名，以获取更多的访客；如果在某个时段没有进行推广，但是网站存在流量，说明在这个时段潜在客户仍在关注网站，利用这个时段进行推广，将有机会获得更多的客户。

可以了解所选时间段的流量趋势，掌握网站流量的长期规律，制定合适的推广策略，也可用于了解各种业务活动的效果，进而更好地提升网站推广效果，带来更大的收益。

百度统计的趋势分析报告提供基于时间序列的数据趋势分析，可选择任意两段时间的数据进行比较，可以依据网站实际业务指定基准线、划定时间范围、选择观察指标的变化情况。时间维度的查看方式有按小时、按天、按周、按月。如图 2-25 所示。

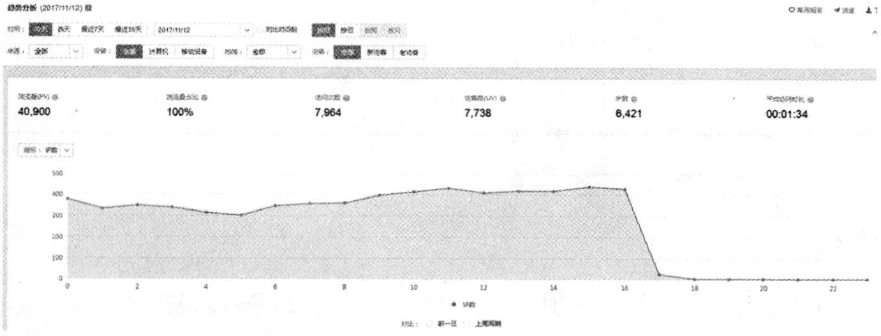

图 2-25

趋势分析报告提供如下功能：

（1）统计指标

系统默认指标为浏览量（PV）、访客数（UV）、IP 数、跳出率、平均访问时长（见图 2-26）。可以根据需要，在“自定义指标”中选择（见图 2-27），最多可以选 6 项，具体包括以下几个方面。

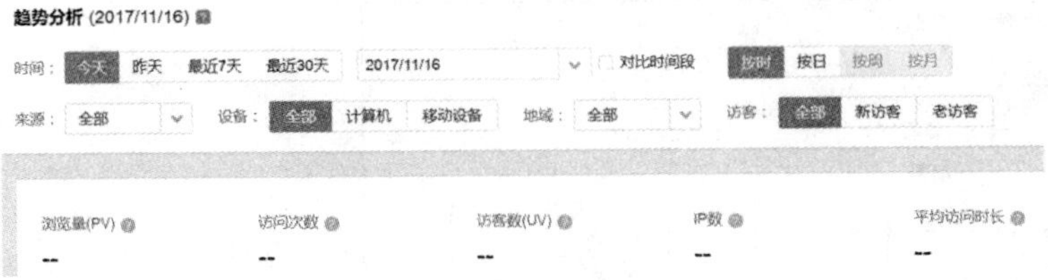

图 2-26

- 网站基础指标：浏览量（PV）、浏览量占比、访问次数、访客数（UV）、新访客数、新访客数比率、IP 数；
- 网站质量指标：跳出率、平均访问时长、平均访问页数；
- 转化指标：转化次数、转化率。

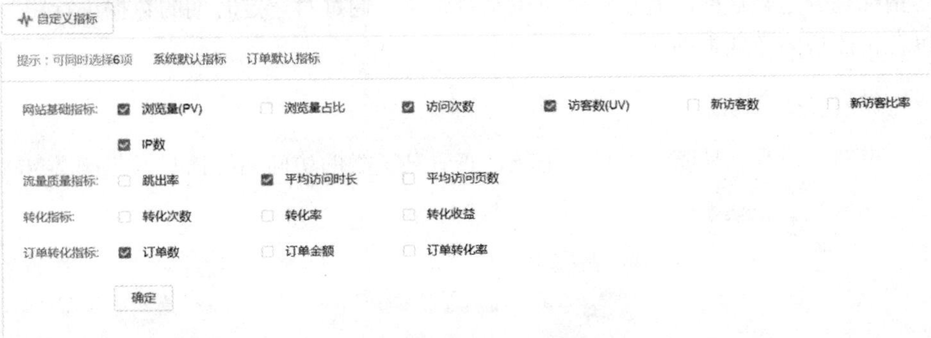

图 2-27

（2）趋势曲线如图 2-28 所示。

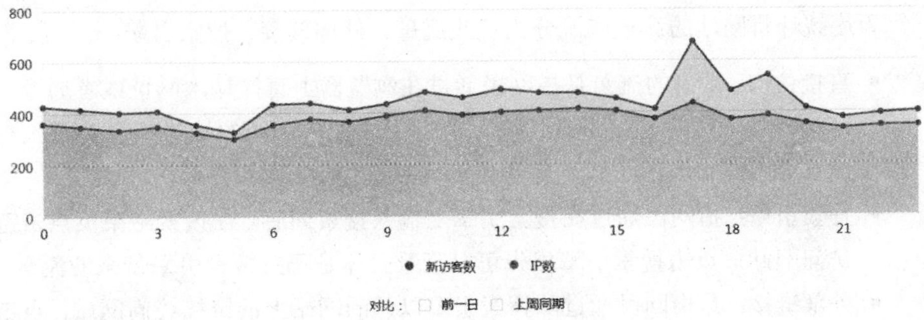

图 2-28

可以自定义趋势曲线内容，如图 2-29 所示。

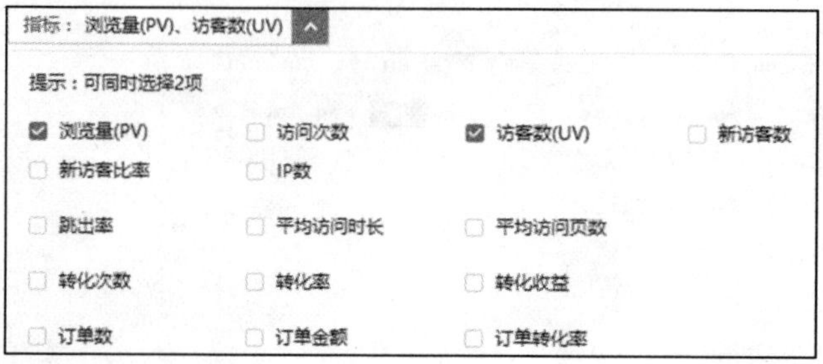

图 2-29

与此同时，还可以与前一日或者是上周同期进行对比分析。

通过对比日、周、月的各类数据，可以对比活动效果是否明显，流量、转化等核心指标是否达到目标，流量波动范围是否正常。通过对一定时期的数据进行跟踪，可以分析流量的预期走向等。

（3）筛选查看

可筛选访客、来源、设备、地域，查看某一类的访问明细信息（见图 2-30）。

图 2-30

2.2.2 访客从哪里来：来源分析报告

百度统计将网站的流量来源分为直接流量、外部链接、搜索引擎。

- 直接访问：带来的流量是指网民通过在浏览器上直接输入网址或者通过点击收藏的网站地址对网站进行访问。所有无法知道来源的流量都会被归入直接访问。
- 搜索引擎：指网民通过在搜索引擎上输入搜索词后，在搜索结果页点击链接并访问网站，点击搜索引擎报告可以查看具体是哪些搜索引擎带来的流量。
- 外部链接：是指网民通过除搜索引擎以外的网站上的链接访问网站，点击外部链接报告可以查看具体是哪些网站带来的流量。

1．全部来源报告

通过来源分析报告可以了解网站上流量的来源分布情况，主要包括直接访问、搜索引擎和外部链接等，帮助我们分析哪些来源带来了更多有效访客，从而合理规划网络推广渠道。

全部来源主要包括直接访问、搜索引擎、搜索词、外部链接、站内访问、指定广告跟踪等。

来源分析报告可以从不同的维度提供更详细的数据来源分析，下面详细介绍一下。

（1）统计指标

在各种来源方式的下方会有若干数据指标的数据显示，系统默认指标为浏览量（PV）、访客数（UV）、IP 数、跳出率、平均访问时长，如图 2-31 所示。

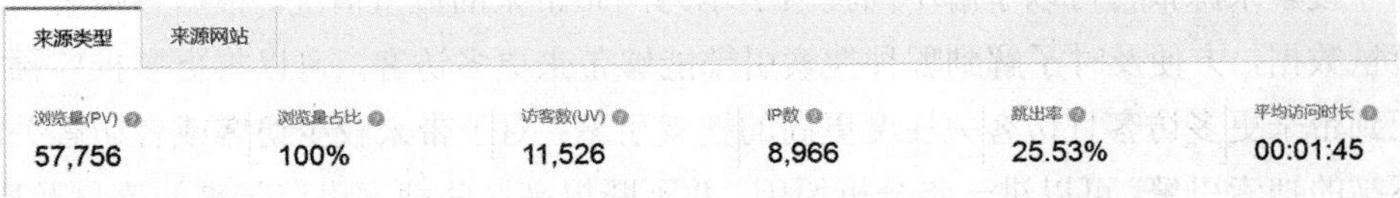

图 2-31

也可以根据自己的实际需要进行自定义设置，最多可以选 6 项，具体包括以下几个方面（见图 2-32）。

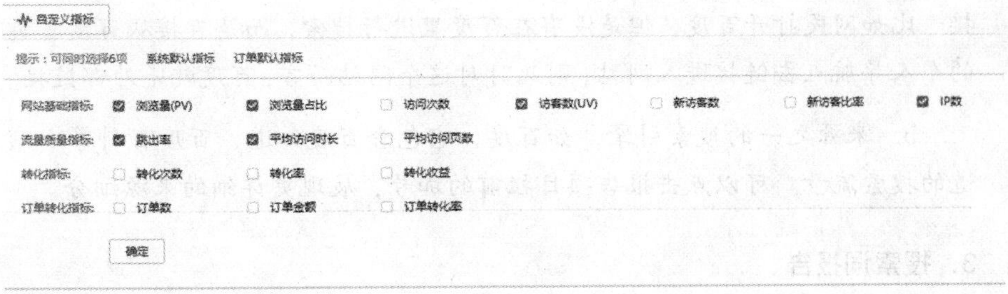

图 2-32

- 网站基础指标：浏览量（PV）、浏览量占比、访问次数、访客数（UV）、新访客数、新访客数比率、IP 数。
- 流量质量指标：跳出率、平均访问时长、平均访问页数。
- 转化指标：转化次数、转化率。

- 订单转化指标：订单数、订单金额、订单转化率。

（2）筛选查看

可筛选访客、设备等，查看某一类的用户访问明细信息。

如访客过滤：新访客、老访客；设备过滤：计算机、移动设备；也可以查看对比时间段的数据情况。如图 2-33 所示。

图 2-33

2. 搜索来源报告

搜索来源报告可以了解不同搜索引擎为网站带来的流量情况。根据各搜索引擎的流量数据，方便及时了解到哪种搜索引擎能够带来更多访客，可以将更多推广预算分配到带来更多访客且访客关注度更高的搜索引擎；对于带来较少访客或者访客关注度不高的搜索引擎，可以进一步分析原因，并不断提高这些搜索引擎带来的流量及质量，以避免因盲目地降低推广预算导致潜在客户流失。

TIPS：

a. 搜索引擎的流量是必须有搜索词的，无搜索词的流量则归为外部链接。比如网民打开百度，但是没有在百度里进行搜索，而是直接从百度首页的个人导航点击链接进入网站，则此时对这个网站而言，百度就是外部链接。

b. 来源之一的搜索引擎，如百度，它包含百度知道、百度百科等小频道的搜索流量。可以点击报告项目栏前的加号，展现更详细的来源细分。

3. 搜索词报告

搜索词报告提供了访客在各搜索引擎上使用的搜索词以及这些搜索词给网站带来的流量情况。可以得到以下信息：

- 访客通常是通过哪些搜索词找到的网站。
- 哪些搜索词可以给网站带来更多的访客。
- 哪些搜索词给网站带来的访客成为客户的可能性更高。

● 访客更关注哪些业务内容。

（1）这些信息均可以作为推广账户提交关键词或者设置出价的参考依据。通过报告中的搜索词，可以及时了解网民在不同阶段关注的主要信息，并可以根据这些信息制定内容和服务策略。查看关键词历史数据如图 2-34 所示。

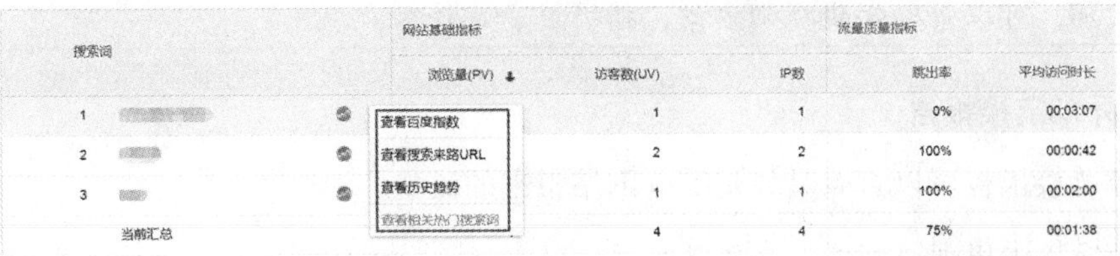

搜索词	网站基础指标		流量质量指标		
	浏览量(PV)	访客数(UV)	IP数	跳出率	平均访问时长
1		1	1	0%	00:03:07
2		2	2	100%	00:00:42
3		1	1	100%	00:02:00
当前汇总		4	4	75%	00:01:38

图 2-34

（2）查看相关热门搜索词，如图 2-35 所示。有助于拓展关键词，了解相关需求。

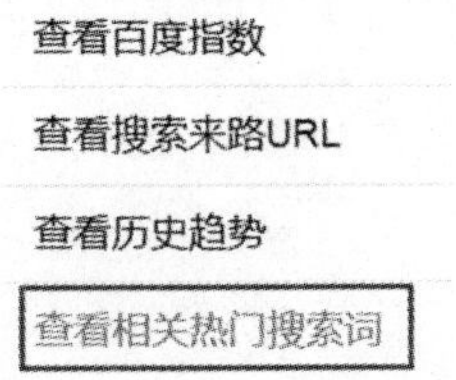

图 2-35

（3）搜索来路 URL

搜索来路 URL 可以查看一个搜索词在搜索引擎中的原始搜索页面（点击链接查看），还可以知道这是在第几页的搜索结果，帮助快速了解用户搜索情境，如图 2-36 所示。

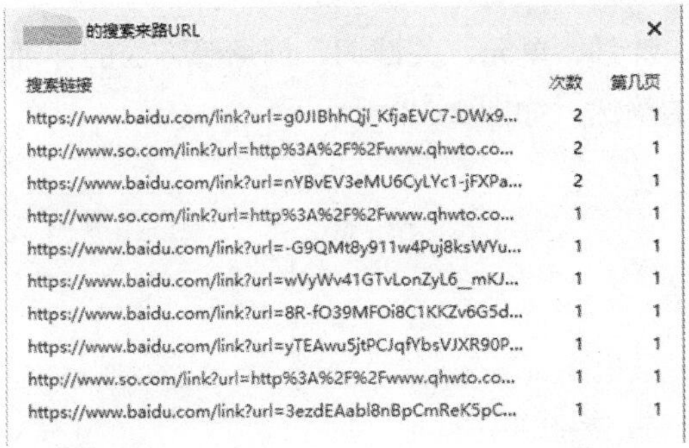

的搜索来路URL ×

搜索链接	次数	第几页
https://www.baidu.com/link?url=g0JIBhhQjl_KfjaEVC7-DWx9...	2	1
http://www.so.com/link?url=http%3A%2F%2Fwww.qhwto.co...	2	1
https://www.baidu.com/link?url=nYBvEV3eMU6CyLYc1-jFXPa...	2	1
http://www.so.com/link?url=http%3A%2F%2Fwww.qhwto.co...	1	1
https://www.baidu.com/link?url=-G9QMt8y911w4Puj8ksWYu...	1	1
https://www.baidu.com/link?url=wVyWv41GTvLonZyL6_mKJ...	1	1
https://www.baidu.com/link?url=8R-fO39MFOi8C1KKZv6G5d...	1	1
https://www.baidu.com/link?url=yTEAwu5jtPCJqfYbsVJXR90P...	1	1
http://www.so.com/link?url=http%3A%2F%2Fwww.qhwto.co...	1	1
https://www.baidu.com/link?url=3ezdEAabl8nBpCmReK5pC...	1	1

图 2-36

TIPS：搜索词和关键词的区别

搜索词是指访客为找到需要的信息在搜索框中输入的词语；关键词是指我们在百度推广账户中购买的词语，以便访客在搜索引擎中输入与关键词相同或相近的搜索词时搜索结果页能够展现推广的网站信息。及时了解网民的搜索词，可以帮助优化提词方案，捕捉更多目标客户。

4．外部链接报告

外部链接报告可以查看具体是哪些网站带来的流量。

外部链接中出现“其他”的主要原因是日志记录已达到数据库上限。报告中的每条记录都会存储在固定大小的数据库中，当到达此限制，同时又未获取完整的流量数据时，百度统计便会将多余的记录统一放入“其他”中（见图 2-37）。

外部链接	网站基础指标			流量质量指标	
	浏览量(PV)	访客数(UV)	IP数	跳出率	平均访问时长
+ 1	486	131	134	17.56%	00:02:18
+ 2	96	5	2	30%	00:17:25

图 2-37

5．指定广告跟踪报告

指定广告跟踪将提供各种媒介推广为网站带来的数据。通过对各种媒介推广给网站带来的流量对比，可以了解哪种媒介推广能够给网站带来较多的流量，哪种媒介推广给网站带来的流量质量较高。基于各种媒介推广带来的不同流量及流量质量，可以进一步比较分析在各种媒介上的关键词和创意，了解哪些关键词和创意更能够吸引访客，哪些关键词和创意还需要进一步优化以及如何优化等。

指定广告跟踪报告可以提供来源、计划、单元、关键词、创意等方面的详细数据展示，并提供时间、访客、地域维度的筛选，如图 2-38 所示。

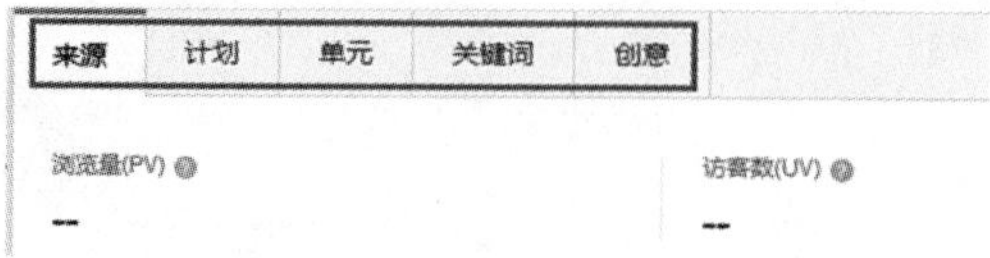

图 2-38

2.2.3　访客分析

访客分析可以告诉我们到达网站的访客都是谁，有什么特点。它从访客地域、系统环境、新老访客、忠诚度等维度，为运营人员描绘用户画像，提供了更多的数据支持。访客分析包括地域分布、系统环境、新老访客、访客属性、忠诚度等（见图 2-39），下面我们对常用报表进行说明。

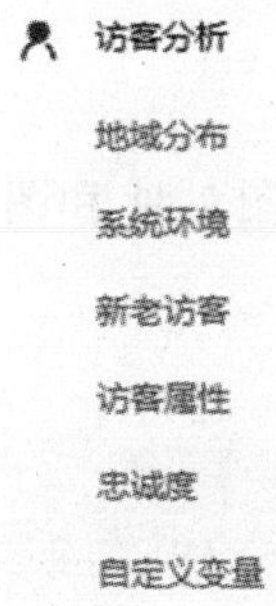

图 2-39

1. 新老访客分析

老访客对网站有相对较高的黏度，是为网站带来价值的忠诚用户；而新用户则是推动网站运营和业务发展的动力。如果把网站比作一个人，那网站的老访客是留存血液，新访客则是新鲜血液；必须在大部分血液留存的基础上有新鲜血液不断补充，人才能成长壮大。网站的健康发展模式是老访客不断回访，新访客不断增加。所以要分析老访客来确定网站的现有流量基础是否稳固，分析新用户来衡量网站的当前发展趋势是否良好。

在网站运营健康的情况下，老访客的数量一般是稳定增长的，所以对老访客的分析要针对老访客数量的同比比较，一方面是由于季节等周期性因素的影响，同比的变化趋势更客观，更有说服力；另一方面，某些时段的推广活动会吸引大批新访客来到网站稀释老访客所占总访客数的比例，所以要看绝对数量。如果老访客比较稳定，那么就可以根据新访客比例的变化趋势分析某段时间的推广效果。

在一天的独立访客中，历史上第一次访问网站的访客记为新访客；今日之前有过访问，且今日再次访问的访客，记为老访客。新老访客分析能告诉我们网站的访客构成以及不同渠道带来的访客情况，新老访客关注的差异对比。单击“访客分析”→“新老访客”，如图 2-40 所示。

图 2-40

并且提供访问来源 TOP5 和入口页面 TOP5 的新老访客对比，如图 2-41 和图 2-42 所示。

访问来源网站 TOP 5

排名	来源网站	浏览量(PV)
1	直接访问	431
2	http://　　eibo.com	29
3	http://www.c　　.com	1
4	http://　　.qq.com	1
5	http://www.　　.mobi	1

图 2-41

访问入口页 TOP 5

排名	入口页链接	访问次数
1	https://www.　　.com	296
2	http://l　　t:8080	2
3	http://　　aidu.com/referrer	1

图 2-42

2. 访客属性分析

访客属性分析可以有针对性地制定内容和推广方案。比如某个网站的用户年龄比例超过互联网平均值，那么说明这个网站是更吸引此年龄段的人，即该网站的目标受众为此年龄阶段的访客，应该针对此年龄阶段进行内容引导。通过此报告还能发现新的目标人群，例如一家婴幼儿用品店，原来制定的目标人群是 20~29 岁的年轻夫妇，通过报告发现 50~59 岁的老年人占比也较高，通过进一步调查，发现较多爷爷奶奶或外公外婆在照顾小孩，帮家里买婴幼儿用品，那么网站就应该对这个年龄阶段的目标人群提供有针对性的内容和推广创意。

百度统计通过对网站页面的监测，分析访客的行为，刻画出访客属性。访客属性报告有助于了解访客的性别、年龄、职业和学历的分布情况，寻找网站的核心用户群体。单击“访客分析”→“访客属性”，可查看用户的性别比例（见图 2-43）、年龄分布（见图 2-44）、学历分布（见图 2-45）等。

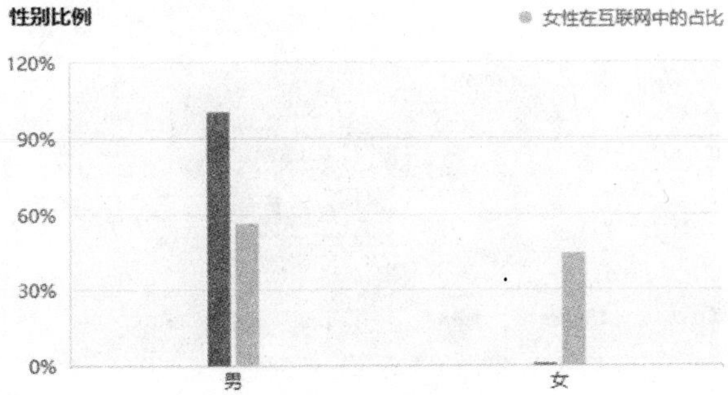

图 2-43

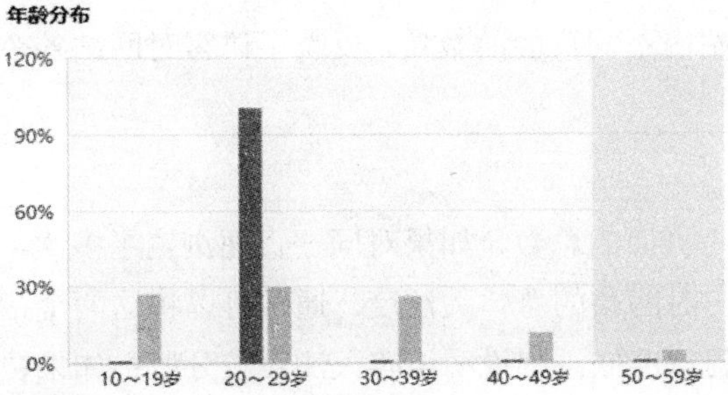

图 2-44

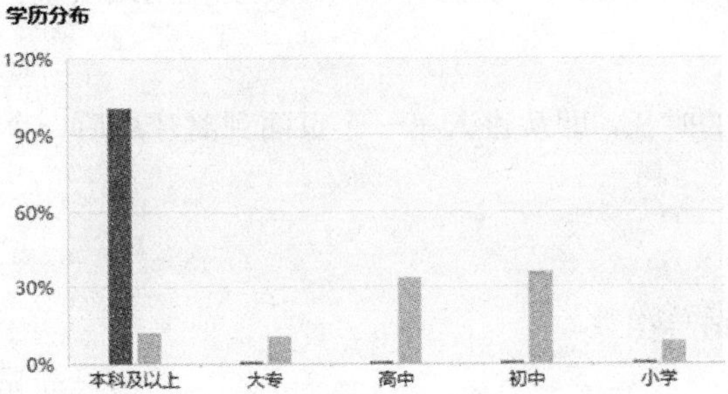

图 2-45

3. 访客忠诚度分析

忠诚度报告体现了访客对网站的访问深度及访问频次情况，更好地了解访客对网站的黏性，尤其在对网站内容进行修改后，可以通过该报告了解到网站吸引力是否有所提升。可以从访问页数、访问深度、访问时长、上次访问时间和访问频次多个维度进行分析。单击“忠诚度”，弹出页面如图 2-46 所示。

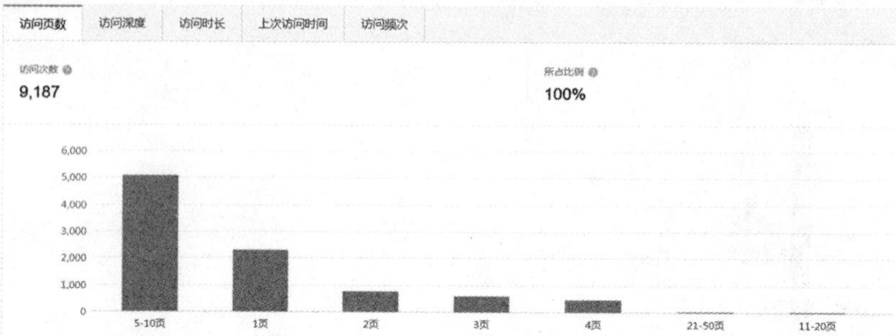

图 2-46

- 访问深度

指访客在一次访问中浏览了网站内不同页面的数量，反映了访客对网站各个页面的关注程度。

- 访问页数

指访客在一次访问中浏览网站内页面的总数，如果对同一页面浏览了多次，访问页数也计多次，访问页数反映了访客对网站的总体关注度。通常可以将这两个指标结合起来看，如果访问页数高，但访问深度低，则说明访客关注点较分散；如果访问页数低，但访问深度高，则说明访客集中关注网站上的少数页面。建议结合受访页面报告及页面上下游报告，定位访客行为具体原因，从而有针对性地优化网站质量。

- 访问时长

访客每次在网站上访问所停留的时长，即从进入第一个页面到离开最后一个页面的时长。

- 访问频次

访客一天内在网站上的访问会话总次数。

- 上次访问时间

访客最近一次访问与上一次访问的时间间隔。

访客忠诚度报告反映了访客对网站的喜欢程度。通常，访客忠诚度可能受以下一些因素影响。

（1）网站内容：丰富的网站内容和内容展现形式通常能够激发访客的兴趣并且提升访客对网站的信任度，如果网站内容单一，则无法吸引访客继续关注。

（2）网站结构：每个访客进入网站后都有自己所关注的内容，如果网站缺乏清晰的导航，访客通常会因为不能迅速找到需要的内容而离开。

（3）推广介绍信息与实际网站内容的一致性：很多访客通常是看到推介信息而进入网站的，但如果访客进入网站后实际看到的信息与预期不符，可能会马上放弃对网站的继续访问。

对于任何网站而言，有两个方向是一致的：保留忠诚用户，减少流失用户。基于上面的用户忠诚度评价体系来扩展，即：

分析忠诚用户的行为特征，努力满足他们的需求，提高他们的满意度；从最近访问时间的指标数据及用户忠诚度变化趋势中发现一些可能正在流失的用户，分析他们流失的可能原因，并试图挽留流失用户；比较忠诚用户和流失用户在指标数值上的差异，寻找哪些指标的差距导致了用户忠诚度的降低，优化网站在这些方面的表现。

5. 访客地域分析

百度统计将根据访客的 IP 及百度高精度更新的 IP 地域划分来判断访客所属地域。地域分布提供了各个地域给网站带来的流量数据，这些数据可以帮助我们合理地分配各地域的推广预算和有针对性地制定业务推广策略，单击“地域分布”，如图 2-47 所示。

	省份	访客数(UV)	占比
1	北京	3,783	32.71%
2	福建	1,038	8.97%
3	山东	893	7.72%
4	四川	841	7.27%
5	江苏	644	5.57%
6	广东	534	4.62%
7	安徽	496	4.29%
8	湖南	469	4.05%
9	贵州	449	3.88%
10	其余地区	2,420	20.92%

图 2-47

对于已经进行了推广的地域，要及时了解在该地域的推广策略是否带来了足够的访客，以及这些访客对网站内容是否足够感兴趣，借助这些信息可以进一步评估在该地域的推广方案的合理性，并且不断调整与优化。

对于尚未进行推广的地域，如果存在流量，则说明这些地域有访客访问网站，可以抓住时机在这些地域进行推广，以便及时获得更多商机。

地域分布报告会记录网站的所有访问情况，和百度推广平台中设置的分地域没有必然联系。百度推广平台中设置的地域仅表示推广出现的地域。例如：如果在百度推广平台的分地域设置中仅勾选了北京地区，那么推广创意等仅会出现在北京地区。但是，如果有上海的网民，直接在浏览器中输入域名来访问网站，那么地域分布报告中也会包含该访客的流量，且所属地域为上海。

6．系统环境分析

系统环境报告提供了访客在浏览网站时使用的各系统环境及相应的流量数据。包括浏览器、操作系统、屏幕分辨率、屏幕颜色、Flash 版本、是否支持 Java、语言环境、是否支持 Cookie、网络服务提供商等。单击“系统环境”，如图 2-48 所示。

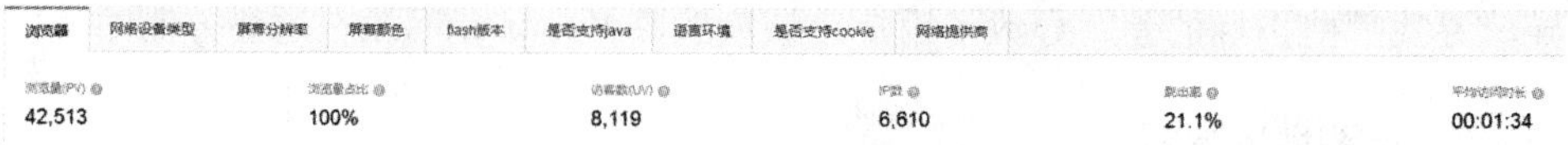

图 2-48

通过这个报告，可以获得以下一些信息：

（1）访客在浏览网站时经常使用的是什么系统环境。

（2）使用什么系统环境的访客在网站上停留的时间更长或者访问的页面更多。

（3）哪种系统环境之前还没有考虑过。

获得这些信息后，可以更多地从技术功能方面去优化网站，从而进一步提升网站的吸引力及易用性，带来更高的访客转化率。

2.2.4　访问分析观察转化路径

访问分析报告包括受访页面、入口页面、受访域名、页面点击图、页面点击图、页面上下游游、事件分析、子目录，如图 2-49 所示。

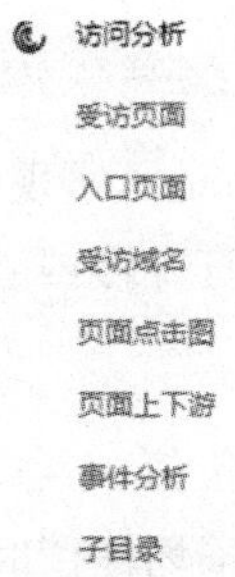

图 2-49

1．受访页面分析

受访页面报告提供了访客对网站内各个页面的访问情况数据。报告如图 2-50 所示。

图 2-50

通过报告，可以了解以下内容。

（1）访客进入网站后通常首要访问和次要访问的页面是哪些。

这些页面是访客形成对网站第一印象的重要页面，对于访客是否继续关注的网站，以及最终是否选择产品或服务起着决定性的作用。可以从界面美观性、操作方便性、内容专业性等多方面提升这些页面质量，以促使访客保持对网站的继续关注。

（2）访客进入网站后对哪些页面最关心或者最感兴趣。

通过这些页面，可以了解访客在网站上最关注的内容，并根据这些内容，及时更新或调整页面信息与布局，以促进访客尽快转化成为客户。

（3）访客浏览各个页面的停留时间一般是多久。

通过页面停留时间，可以了解页面是否足够吸引访客。同时，也可以将停留时间作为页面设计的参考因素，以便让访客在有限的访问时间内尽可能获取更多的价值信息，进一步实现推广目的。

（4）访客经常会在哪些页面离开网站。

除了一些特殊页面（如：结账完成、注册完成页面等）的退出率高是正常现象外，其他页面的退出率高，则说明页面可能存在一定的问题，例如：页面打开慢或者页面显示出错等。对退出率高的页面要及时明确原因。

页面分析报告提供访客对网站各个页面的访问情况，重点从页面价值、入口页和退出页进行分析。页面价值分析：重点从浏览量、贡献下游浏览量和平均停留时长分析；入口页分析：重点从浏览量和入口页次数分析；退出页分析：重点对浏览量、退出页次数和退出率分析。

2．入口页面分析

入口页面，也称为着陆页（landing page），是从外部（访客点击站外广告、搜索结果页链接或者其他网站上的链接）访问到网站的第一个入口，即每个访问的第一个受访页面。在入口页面报告中，重点从流量质量、新访客和转化三个维度进行分析。其中，流量质量分析重点包括：访问次数、访客数、跳出率、平均访问时长、平均访问页数和贡献浏览量；新访客分析重点包括：新访客数及其比率；转化分析重点包括：转化次数和转化率。单击“访问分析”→“入口页面”，如图 2-51 所示。

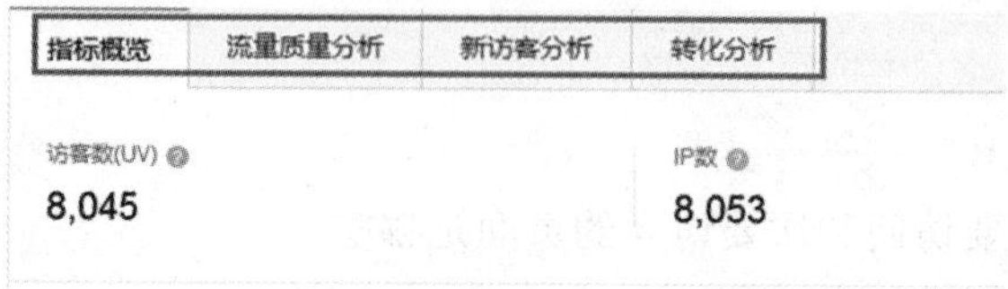

图 2-51

3．入口页面转化分析

网络推广，大家最关心的就是推广的转化了。经过某个入口页的转化越多，说明这个入口页越有利于转化，越匹配它的推广来源流量。怎么分析访问入口报告里的转化数据呢？

下面先看下指标有哪些（见图 2-52）：

图 2-52

- 访问次数

从该入口进入的访客在网站上的访问次数。

- 转化次数

从该入口进入的访客到达转化目标页面次数，越高则该入口对网站转化贡献越大。

- 转化率

是该入口进入的转化次数同访问次数的比率，越高则该入口进入的转化效率越高。

案例：假如你的网站有 A、B、C 三个页面，现在要在站外投放广告推广 C，即访客到达网站 C 就定义为一次转化。站外广告一个是 a，一个是 b，分别放在不同网站的广告位上。其中，点击站外广告 a 跳转到网站的页面 A，站外广告 b 跳转到页面 B。这样，页面 A 相对于站外广告 a 是它的入口页；同样，B 是站外广告 b 的入口页。通过访问入口报告中 A、B 页面的转化指标，就能看出到达页面 C 完成转化的贡献，假设页面 A 和广告 a 搭配的转化比较好，则从 A 入口页开始的访问次数和 PV 高，说明这个页面用户浏览多，可以通过数量这个维度考量；另外，A 进入的转化次数比较多说明更多地转化到 C 页面。那我们就不难理解 A 页面的转化率了，这个比率高，说明从该入口页来的流量大部分都转化 C 页面成功。

如何优化访问入口页帮助转化呢？

（1）增加推广来源和入口页的内容匹配度

入口页内容是什么、怎么放，取决于保证对推广来源上的内容感兴趣的访客依然感兴趣。访客点击推广的广告或者链接后心里都会有个预期，不能离这个偏差太大，访客看到的内容不是他想要的自然就要离开。所以，在内容上推广来源和入口页的内容匹配紧密会减少访客流失的可能性。

（2）优化入口页面设计和内容

入口页面设计和内容在很大程度上会影响访客是否继续浏览，或者怎么浏览，到达最后的转化页才是我们的目的。对于 PV 较大的页面，推荐使用百度统计热力图（页面点击图）功能，可以一目了然地看到访客是不是如你所愿的点击。

（3）提升入口页到转化页之间的易用性

访客成功抵达入口页只是转化开始的第一步，在业务流程和页面设计上要优化，让访客更方便快捷地从入口页到转化页：

- 填写的表单/购物车，不要让访客烦心。表单长度不要太长，购物车的形式要简单；避免过于复杂的表单及苛刻的必填字段等。
- 每个环节的内容要有助于访客完成转化。标题颜色、大小、字体等醒目，提醒访客当前的转化进度；每个环节都使用醒目的链接或者按键，以此告诉访客需要怎么做才能进入下一步直至转化成功；访客无法转化成功时要提示其可以开始进入其他的转化流程。
- 转化的内容及促销。图片要吸引用户眼球和思维，优秀的产品图片能增加客户购买的冲动与欲望；文字要有吸引力。
- 转化页面的可信度。加入权威见证、案例说明、机构质量保证等内容；引导客户进行评论，特别是使用产品后的正面评价等。

4．入口页面流量质量分析

入口页面是网站第一个被访问的页面，对后续访问的影响很重要，甚至是决定性的作用。这就如同第一印象，决定了好感度。因此我们需要找出对访客最有吸引力的入口页，分析原因，优化提升入口页。怎么分析访问入口报告里的流量质量相关数据呢？单击“流量分析”，如图 2-53 所示。

图 2-53

- 跳出率：评估访客对网站的第一印象，跳出率越高则说明看过入口页后选择离开的访客越多。
- 平均访问时长：从该入口进入的访客平均每次访问在网站上的停留时间越长说明其关注时间越长。
- 平均访问页数：是从该入口进入的访客平均每次访问浏览的页面数量，越高说明其关注的页数越多。

案例：假如你的网站有 A、B 两个入口页面，本身主题类似。通过访问入口报告中的吸引力指标，就能判断哪个入口页比较有吸引力：如果在数量上进入 A 入口页开始的访问访客平均访问时长较长，则平均访问页数较多；在效率维度上，跳出率较低，则 A 入口页可能对访客更有吸引力。

5. 新访客分析

访客都是通过入口页进入网站的，尤其，入口页是新访客对网站的第一印象，新访客最多的入口页面值得重点分析。怎么分析访问入口报告里的新访客数据呢？

我们先看下和新访客相关的指标有哪些，如图 2-54 所示。

图 2-54

- 访客数（UV）：一天之内从该入口进入网站的独立访客数（以 Cookie 为依据），一天内同一访客多次访问只计算 1 次。
- 新访客数：从该入口进入的独立访客中，历史首次访问网站的访客数。
- 新访客比率：从入口抵达的访客中有多少是新访客，越高说明新访客对此入口越有兴趣。

案例：假如网站有 A 和 B 两个页面。站外广告一个是 a，一个是 b，分别放在不同网站的广告位上。其中，点击站外广告 a 跳转到网站的 A 页面，站外广告 b 跳转到 B 页面。通过分析报告中 A、B 页面的新访客指标，就能看出新访客对哪个类型的广告感兴趣，假设新访客对页面 A 的广告感兴趣。那么，在数量上点击广告 a 查看页面 A 的新访客数高；在比率上新访客比率较高。

如前所述，网站的基本目标有两点，即保持老用户和拓展新用户，所以要在保持老用户的数量稳定增长的前提下，提升新用户所占比例。首先要注意观察入口页新访客比较多，找到新访客多的原因，然后把经验拓展到其他推广上。比如因广告 a 而访问入口页面 A 的访客很多，可能因为广告 a 的文字或者图片对新用户更有吸引力，或者是广告 a 所在的网站目标客户更多。

6. 热力图及其设置

热力图以颜色变化展现访客在页面上的点击分布情况，在热力图中，红色表示用户点击密集，橙色次之，绿色表示点击较少。

热力图的运用：

（1）监控无效点击

热力图可以监控访客在页面上的无效点击，例如有的图片上没有链接，但用户点击很多。这很可能说明，用户以为这个位置是链接，但实际点击却没有，这样的误点击对用户体验不友好，可以在这样的位置增加链接，满足用户需要。

（2）寻找最佳推荐位

热点区域的周围，是用户关注度最高的位置，看用户关注的页面版块区域是什么，也可以把重点信息放置在该位置。

（3）判断用户兴趣

百度统计热力图精确到每个像素，哪个链接被点击多一目了然，可以有针对性地优化点击焦点。

设置步骤：

第一步：单击“新增点击图”按钮，如图 2-55 所示。

图 2-55

TIPS：

① 最多可以设置 10 个点击图；

② 热力图和链接点击图只能查看昨天之前的数据，提供最近 30 天的查询功能。

第二步：命名、输入要分析的页面 URL，选择网站在浏览器中的显示，如图 2-56 所示。

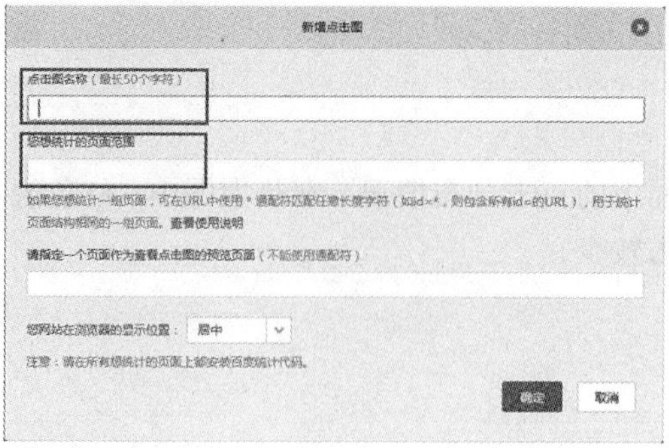

图 2-56

第三步：设置监控的一组页面（非必须的步骤，需要的时候使用）。如果希望分析一组页面上的用户点击行为，可以用通配符*，设置监控页面。

比如：在监控范围内输入：http://a.com?id=*

即表示分析所有以 http://a.com?id= 开头的 URL 页面。

TIPS：

① 设置一组页面的样式应该类似，分析才有意义；

② 不能对全站都做通配分析；

③ 不能和其他点击图的监控范围重叠；

④ 所有想统计的页面上都要安装百度统计代码。

第四步：在点击图的列表中，点击查看链接，即可进入查看点击图（见图 2-57）。

	点击图名称	页面范围	预览页面	状态	创建日期	操作
1	[redacted]	https://www[redacted]zt...	https://www.[redacted]...	统计中	2017-06-13	查看点击图 编辑 暂停 删除

图 2-57

列表中的其他信息列：名称、分析 URL、监控范围 URL（如果未设置监控一组 URL，则与分析 URL 相同）、创建日期、状态。

7．页面上下游分析

我们一般在页面上下游报告中设置特定的页面，监控该页面的流量来源及去向情况，及时了解经过指定页面的访客行为，即访客通过哪些页面进入指定页面，又从指定页面到达哪些页面，从而改善页面结构，提高网站质量。

页面上下游报告提供了指定页面的上下游访问数据。通过这个报告，可以获得：

（1）哪些页面给指定页面带去了较多的流量以及这些页面的具体流量情况。

（2）指定页面给哪些页面带去了较多的流量以及这些页面的具体流量情况。

通过这些信息，可以了解指定页面的访客行为规律，从而了解访客的关注点及访问习惯。另外，如果在指定页面设定了目标，那么还可以通过这些目标的转化情况去衡量访客在指定页面的行为路径的合理性。最终，根据获取的这些信息，可以有根据地改善指定页面与其他页面之间的层次关系，从而让访客获得更好的使用体验。

如何设置页面上下游

在报告页面中单击“添加监控页”，输入需要监控上下游情况的页面 URL。最多可以设置 20 个监控页。如图 2-58 所示。

图 2-58

必须在设置页面及其可能的上下游页面安装统计代码，最好是网站的全部页面都安装。

如何使用上下游报告

如果监控页面和上下游页面的代码均安装正确，设置完成 20 分钟之后，就可以开始监控用户的浏览行为了。如图 2-59 所示，左侧栏为上游页面，右侧栏为下游页面。

案例：当我们发现关键词报告中转化率过低，同时抵达率较高时，表示大多数人点击了广告并成功抵达了网站，这时候抵达率不存在问题，再查看关键词报告中的跳出率，如果跳出率低，表示大多数访客留在了网站上继续访问页面，说明跳出率不存在问题，这时如果转化路径不大于两页时，可查看推广页面的上下游报告，当转化路径大于两页时，可查看推广页面的转化路径报告。从而进一步找出原因，分析优化。

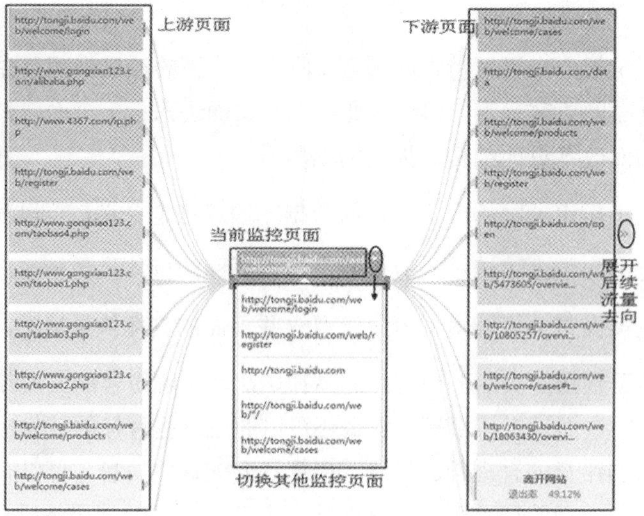

图 2-59

8．事件分析

事件是网页内部某个可以点击的交互元素。如下载、移动广告点击、小工具、Flash元素、AJAX 嵌入式元素及视频播放等。事件的设置需要技术人员跟进参与。

通过事件分析报告，分析网站的访客点击情况，了解网站访客对于网站不同内容的点击情况，了解访客的点击习惯，更好地优化网站。如图 2-60 所示。

图 2-60

- 事件跟踪（trackevent）包括类型、操作、标签 3 个维度，以及事件总数、唯一事件访客数、事件价值、平均价值 4 个数据指标，事件分析支持一维、二维、三维的组合及维度组合的数据指标计算。
- 事件总数：操作发生的次数。
- 唯一访客事件数：一个用户进行一次操作记录一次唯一访客事件数，但同一个用户多次点击同一个按钮不重复计算。

9．子目录分析

我们可以将一系列有相同特征的页面设置为子目录，以了解网站各个子目录的综合地位以及每个子目录的详细数据信息，从而科学分配资源。

子目录适合某些特定条件下使用：

（1）网站结构复杂，页面非常多。

（2）网站本身有频道划分，每个频道都针对不同产品、服务或内容。

（3）希望针对网站中的某些页面单独分析数据。

设置后即可单独查看该子目录的统计数据。

平均访问频次（=访问次数/访客数）越高，表示对用户的黏性高；通过对访客数、访问频次、访问时长三个指标的交叉分析，可得出不同规模的子目录对用户的黏性；某个页面具有较大的访客数，但访问频次和访问时长都较低，则说明需加强子目录的内容建设。

2.2.5 提高竞争力：转化分析报告

1. 什么是转化

转化是指用户在网站上完成的某项可以给网站带来收益的活动，当用户达成一次设定的目标时，即算作完成一次转化。提高转化率是提高 ROI 的最快方法。

2. 常见的转化类型

本书中会多次提到转化这个概念，常见的转化目标举例如下：

（1）在网站上停留了一定的时间；

（2）浏览了网站上的特定页面，如注册页面、“联系我们”页面等；

（3）在网站上注册或提交订单；

（4）通过网站留言或网站在线即时通信工具进行咨询；

（5）通过电话进行咨询；

（6）上门访问、咨询、洽谈；

（7）实际付款、成交（特别是对于电子商务类网站而言）。

百度统计可监控的转化类型包括页面转化、事件转化、时长转化、页数转化。

各转化类型需要根据业务设置，可在“管理”→“基本转化”中设置，如图 2-61 所示。

图 2-61

下一节将会对页面转化设置进行讲解，其他转化设置步骤可与技术人员沟通，这里不做过多介绍。

设置好转化目标后，可以在“转化概况”报告中查看转化数据，也可以在趋势、来源、推广等其他报告中查看细分维度的转化数据。

3. 路径转化漏斗

路径是指访客在抵达设置的目标页面前所经过的一系列中间页面，转化即指潜在客户完成一次我们期望的行动。有助于我们直观地查看访问者是如何到达（或没有到达）设置的目标的，从而可以对有异常的转换步骤展开分析。通过对转化路径的跟踪，可以了解访客对转化各个步骤的访问情况。

例如，网站注册通常会包含以下几个步骤：

（1）阅读网站相关协议；

（2）填写注册基本信息；

（3）提交注册信息。

如果将注册成功页面设置为目标页面，则可以将步骤（1）、步骤（2）和步骤（3）显示的页面均设置为该目标的中间页面，而所有这些中间页面构成了引导客户进入目标页面的路径。

转化路径报告提供了访客在目标的各个步骤上的访问行为数据。通过这个报告，可以获得以下一些信息：

进入网站的访客中究竟有多少有可能成为客户；在进入某个转化目标后，通常在哪些步骤访客放弃了继续访问；目标或路径页面是否足够吸引访客（根据平均停留时间分析）。

通过以上这些信息，我们可以了解转化路径中哪个页面的访客流失率最大，从而有针对性地改善转化路径页面的质量，以提升网站转化率。

路径设置步骤如下所示。

步骤 1：单击“管理”→“基本转化设置”，如图 2-62 所示。

图 2-62

步骤 2：单击“添加页面转化”按钮，如图 2-63 所示。

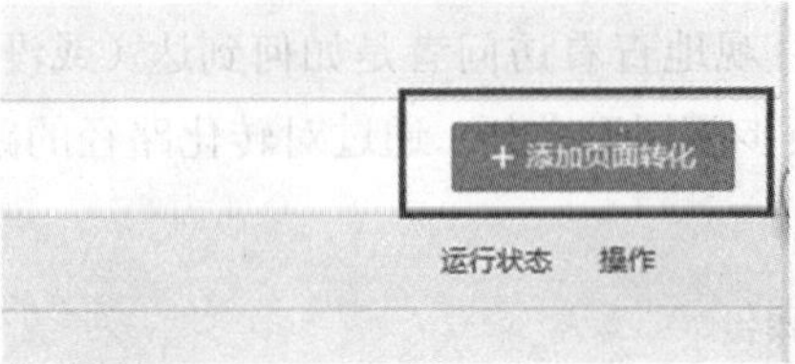

图 2-63

步骤 3：弹出“新增页面转化目标窗口”，这里“目标名词”填写注册目标，“转化类型”勾选“注册”，并粘贴目标网站。“记录方式”选项默认访问次数，“转化收益”可不填，下一步填写转化路径。如图 2-64 所示。

TIPS：

目标网站可以是单个页面，也可以是一组页面，可以用*代替这组 ID。例如页面 www.baidu.com/item/000123，页面 ID 是 000123，假设所有这组页面均为目标页面则将 ID 部分用*表示，可以填写为 www.baidu.com/item/*2，记录方式选项默认访问次数，可避免对转化页刷新导致转化次数虚高。

图 2-64

步骤 4：单击“转化路径”，弹出“转化率路径”窗口，填写路径名词，并将转化路径页面网址粘贴到空栏并命名，如果有多个中间环节，可选择“添加路径”，以增加转化中间环节，如图 2-65 所示。

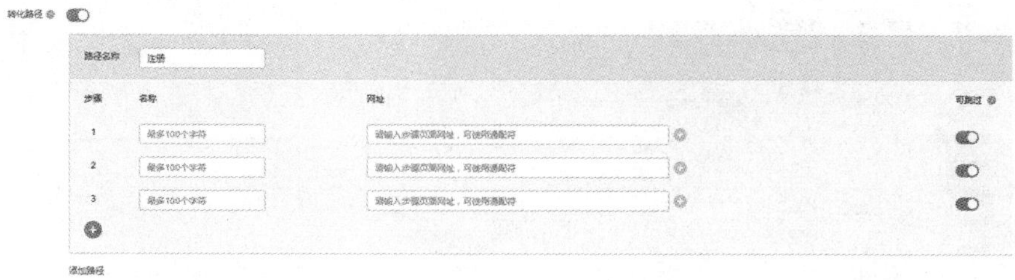

图 2-65

设置明确的目标可以让我们及时了解网站预期目标与实际效果的差异，进而有针对性地改善推广方案与网站质量。

如果网站结构复杂，且存在多个路径可到达同一个目标，这种情况建议为不同路径设置同一个目标，这样可以获取更全面的转化数据，也可以比较不同路径的转化效果，从而不断改进与优化网站。

2.2.6 优化分析报告

优化分析报告主要从网络安全、技术层面为网站提供优化建议，用以下 4 大维度综合评价网站。

（1）实时安全：当前未修复的安全问题，根据安全威胁、安全漏洞和恶意内容的检出数量和等级进行评价。该维度占整体评分的 40%。

（2）历史安全：分析最近 30 天的安全问题检出，代表网站的易感染以及网站管理者对网站安全问题的响应情况。根据安全问题的检出种类、数量、安全时间和安全问题响应时间进行评价。该维度占整体评分的 20%。

（3）网站环境：分析网站所使用建站组件、网络环境，对网站安全防御能力进行评估。该维度检出为加分项，对能提高安全防御能力的检出项进行加分，占整体评分的 20%。

（4）攻击风险：大数据分析预测网站被攻击的风险。根据黑客渗透、网络攻击、集中性风险等对网站被攻击渗透的风险进行预测和评价，该维度占整体评分的 20%。

技术层面不作为本书的重点内容，运营人员可以从网页抓取、搜索词排名、网速诊断、外链分析、流量升降等角度查看数据报告。该类别除了对基本面的把握，还可以重点关注搜索词排名分析，如图 2-66 所示。

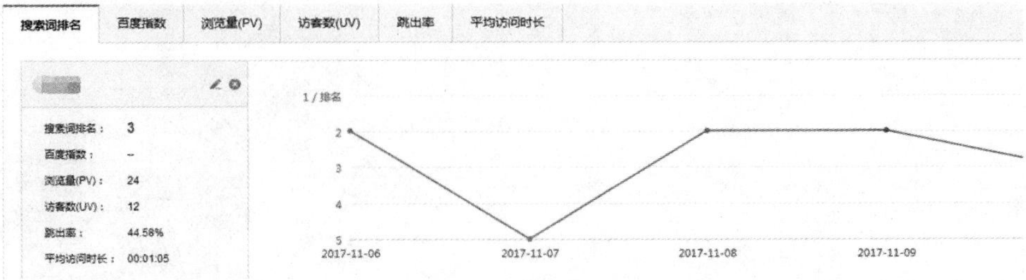

图 2-66

我们可以在系统设置需要跟踪的搜索词，帮助我们了解网站指定搜索词的百度搜索排名和指数。

第3章

Google Analytics

Google Analytics 是一款非常优秀的网站分析工具。除了对流量进行分析外，还可以在用户行为、产品优化上发挥重要作用。第 2 章讲了百度统计，从名字来讲就可以对它们有所区分，百度统计最开始的功能均是从流量数据统计出发，当然，随着百度技术的发展，它的功能也越来越完善，能够帮助我们对网站数据进行分析。这也是为什么笔者在本书中用一个章节介绍了百度统计，未来它会越来越完善。Google Analytics 的优势主要体现在高级细分功能，可以自定义维度、指标，自由组合出各种需要的报告。过滤器可以自由设置，过滤各类数据。在转化分析方面，Google Analytics 的转化路径分析，做得更加完善，功能更加强大；百度统计也提供了转化路径分析功能，但还非常简单。

Google Analytics 的劣势在于即使其功能强于百度统计，但因其稳定性不够，所以数据完整性和即时性会受影响，而且高级功能的部署比较复杂，使用起来也必须翻墙。

百度统计的优势在于用户体验更加符合中国人的使用习惯，能够提供更多本地化的细节数据，例如 Google Analytics 提供的数据往往有 24～48 个小时的延迟，虽然引入了新的实时服务，但该功能仅限于固定时间段的固定维度和指标，无法提供全站实时数据支持。数据延迟较高意味着数据辅助支持作用时效性较差，尤其在企业有重大动作（比如大促）时无法支持，而百度统计的实时数据报告基本上可以帮助运营人员掌握实时数据。百度统计的热力点击图和链接点击图功能也可以对页面被点击的情况提供详细数据。对于有做百度推广的企业，结合百度统计做数据分析，也会更加精准。

讲到这里，恐怕会有读者感到很纠结，我们到底该如何选用统计分析工具。其实大可不必烦恼，在实际工作当中，我们一般会用多种统计工具对网站的数据进行分析，核心是看业务需求。

3.1 Google Analytics 基础

3.1.1 安装

Google Analytics 统计代码部署的步骤如下所示。

步骤 1：登录 Google Analytics 账户，打开“管理”，选择“.js 跟踪信息”→“跟踪代码”，如图 3-1 所示。

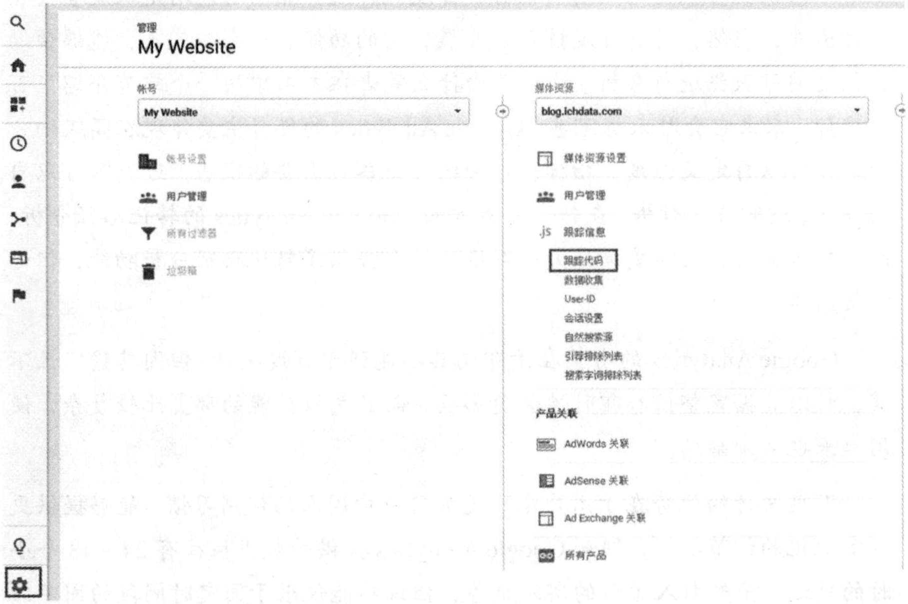

图 3-1

步骤 2：弹出跟踪代码窗口，复制图 3-2 中的代码并粘贴到需要跟踪的每个网页当中。粘贴位置在</head>或者</body>前面都可以。安装完成后请测试代码安装的完成情况，避免遗漏或安装错误的情况出现。

图 3-2

3.1.2 Google Analytics 报告常用指标介绍

区别于百度统计等分析工具，Google Analytics 报表中的数据指标会有些许不同，例如 Google Analytics 没有 IP 概念，取代 IP 的是访问者。笔者将会对一些重点概念进行讲解，同时对一些常用易混淆的指标做重点复习，希望能够加深大家的理解（见图 3-3）。

网页浏览量	唯一身份浏览量	平均页面停留时间	进入次数	跳出率	退出百分比	网页价值
244 占总数的百分比: 100.00% (244)	201 占总数的百分比: 100.00% (201)	00:01:31 平均浏览次数: 00:01:31 (0.00%)	138 占总数的百分比: 100.00% (138)	76.09% 平均浏览次数: 76.09% (0.00%)	56.56% 平均浏览次数: 56.56% (0.00%)	US$0.00 占总数的百分比: 0.00% (US$0.00)

图 3-3

- **用户数（访问者）**：是指一个站点被多少台电脑访问过，以用户电脑 Cookie 作为统计依据。
- **会话（访问次数）**：Google Analytics 把访次叫会话，是浏览器和网站在一段时期内的交互，无任何动作停留 30 分钟则结束访问。在 Google Analytics 中，会话的同义词通常是访问，对应英文中的 session 和 visit。会话代表一段时间内用户与网站的一系列互动。sessions（注意是复数 Google Analytics）里的基础指标，用来度量用户与网站产生互动这类情况的多少，许多重要的计算指标都是基于 sessions 得到的，如跳出率（bounce rate）。

下面举例来说明上述含义。

用户 A 在 12:30 点击广告来到着陆页，于 12:35 结束离开了网站。那么在 12:00~12:35 这段时间里，用户 A 产生了一次会话。

会话的过期机制

接着上面的例子，如果用户 A 傍晚又来到了着陆页，那么是否会计算为一次新的会话呢？答案是肯定的。也就是说，用户 A 中午那次会话在傍晚时不再持续，即已经过期。在 Google Analytics 里，促使会话过期可能是以下原因，以下举三个例子分别说明：

（1）用户 B 23:50 来到网站，直到第二天 00:02 才离开。

当时间变为第二天 00:00 时，用户 B 在前一天的这次会话就已经被结束了，并且在第二天 00:00 开启了一次新的会话。原来的会话依然属于第一天，新的会话属于第二天。

（2）用户 C 15:00 来到网站，15:02 产生了一个事件行为，之后不再活跃。

30 分钟之后，即 15:32 时，用户 C 的会话就已经被结束了。从 15:32 开始，该用户如果再来到网站就会被认为是一次新的会话。

（3）用户 D 在 16:00 通过付费搜索来到网站，16:10 又通过自然搜索来到网站。

因为 16:10，用户的来源从付费搜索变成自然搜索，那么在 16:10，付费搜索带来的会话就已经被结束了，并开启了一次自然搜索带来的会话。

案例：

你现在正进入商城的首页，看到一个全场 5 折的活动，点击进去，然后打开需要的产品。此时朋友突然找你，打扰时间超过了 30 分钟，然后你继续浏览商品页面。如图 3-4 所示，访次和浏览量应该怎么算呢？

因为超过了 30 分钟，所以访问次数（会话数）是 2，浏览了 3 个页面，所以浏览量是 3。

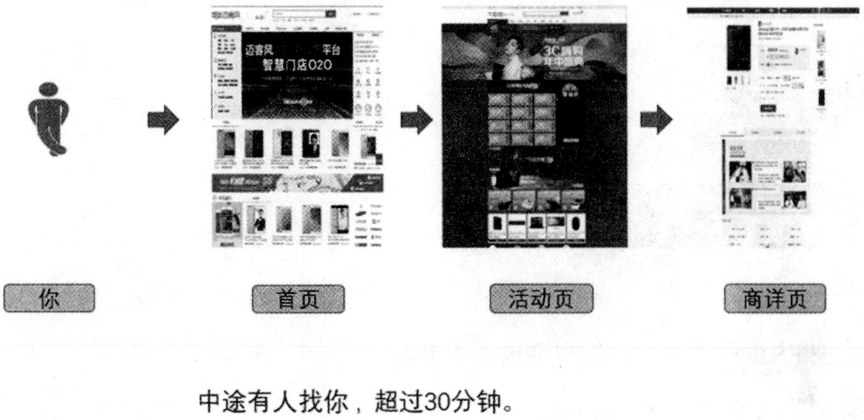

图 3-4

案例：

我们都知道了访问者是以 Cookie 作为计算依据的，在访问者初次进入网站时，Google Analytics 会给出访问者 ID 和初次访问时间戳，它可以基本确定这是否为同一个访问者。要注意的是，当我们清理了电脑的 Cookie 以后，因为你的 Cookie 记录里没有访问记录，这时 Google Analytics 会认为你是一个新访问者。

如图 3-5 所示，假设你在白天浏览了 A、B 两个页面，晚上浏览了 A、B、C 三个页面，数据应该怎么算？

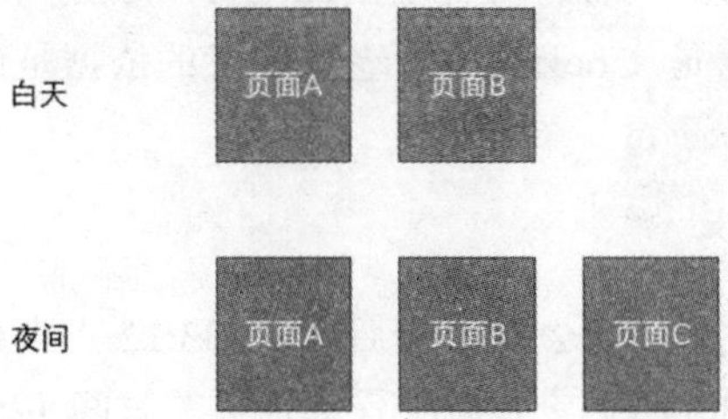

图 3-5

这里访客是 1，访问次数是 2 次，浏览量是 5 次。一个访问者可以有多个访问次数，一个访次可以有多个浏览量（见图 3-6）。

浏览量 PV（Page View）：指某站点总共被浏览多少个页面，它是重复累计的，同一个页面被重复浏览也被计入 PV。

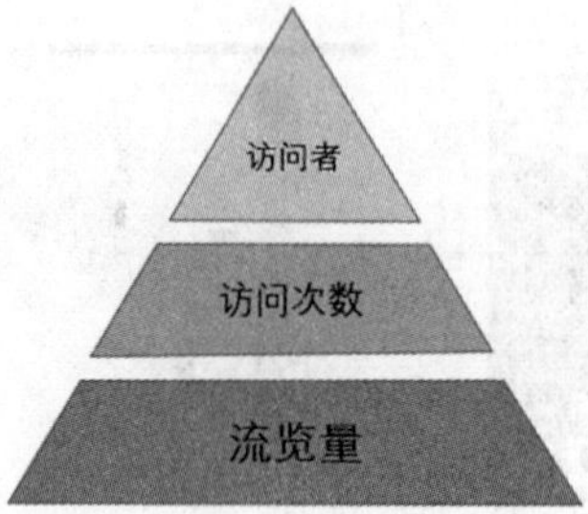

图 3-6

如果按 F5 键刷新一次，则也会被计入 PV。

网页浏览量和唯一身份浏览量

浏览量是浏览总量，单页的重复浏览也计入；唯一身份浏览量是某一个页面的浏览访次去重。

这样，上面讲到的例子中页面 A、B、C 的网页浏览量和唯一浏览量如下。

页面 A：浏览量为 2；唯一浏览量为 1

页面 B：浏览量为 2；唯一浏览量为 1

页面 C：浏览量为 1；唯一浏览量为 1

注意区分新访问者和回访者

新访问者，就是第一次访问你网站的用户，而回访者是指已经访问过你网站的用户，判断用户是新访问者还是回访者的依据是 Cookies。新老访问者的依据是访次，而不是访客。

页面停留时间如图 3-7 所示。

当 A 访客登入商城浏览首页时，登入时间是 12:30，然后在 12:33:12 点击进入了商品详情页。这时首页的停留时间就是用 12:33:12 减去初次登录首页的时间 12:30（访问详情页的时间–访问首页的时间=首页停留时间）。得到停留时间是 3 分 12 秒。这时有人会问商品详情页的停留时间是多长，要注意这里商品详情页的停留时间无法计算，因为在商详页后访客直接退出关闭了页面。

如果访客只访问了一个页面就退出了，怎么计算访客的停留时间呢？这样的情况系统也是无法为其计算停留时间的。

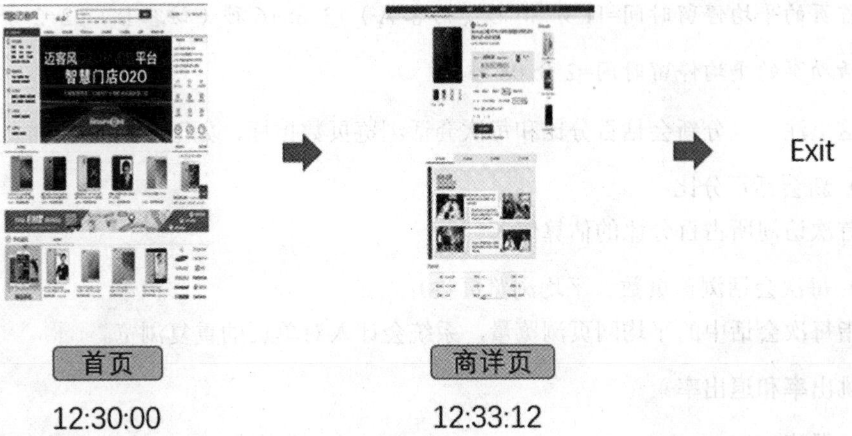

图 3-7

平均页面停留时间是指用户浏览某个指定网页、屏幕或是某组网页、屏幕所用的平均时间，如图 3-8 所示。

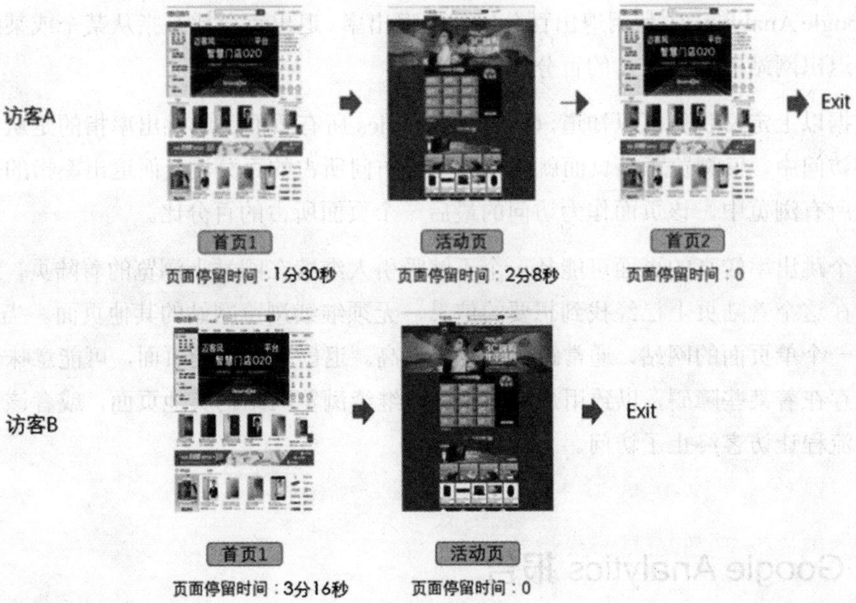

图 3-8

图 3-8 中，访客 A 浏览首页、活动页后，返回首页，之后退出。访客 B 浏览首页、活动页后退出。

首页的平均停留时间=[1 分 30 秒（访客 A）+3 分 16 秒（访客 B）]/2=2 分 23 秒

活动页的平均停留时间=2 分 08 秒

这里注意区分新会话百分比和每次会话浏览页数指标，如下所示。

- 新会话百分比：

首次访问所占百分比的估算值。

- 每次会话浏览页数（平均浏览页数）：

指每次会话中的平均网页浏览量，系统会计入对单页的重复浏览。

跳出率和退出率

- 跳出率：

跳出率指单页访问次数（即访问者从入口页离开网站而未与网页互动的访问次数）所占的百分比。

- 退出率：

Google Analytics 中使用退出百分比代表退出率。退出百分比是指从某个或某组特定网页退出网站的次数所占的百分比。

根据以上定义我们可以知道，Google Analytics 所有页面下的跳出率指的是从该页进入的访问中，仅浏览了该页面就离开网站的访问所占的百分比，而退出率指的是该页面的所有浏览中，该页面作为访问的最后一个页面所占的百分比。

一个跳出率较高的页面可能是一个不够吸引人继续在网站上浏览的着陆页，或者访问者在这个着陆页上已经找到想要的信息，无须继续浏览网站的其他页面。当然，如果是一个单页面的网站，通常跳出率也会很高。退出率较高的页面，可能意味着该页面上存在着某些障碍，以致用户不能顺利地继续浏览网站的其他页面，或者该页面的某个流程让访客终止了访问。

3.2 Google Analytics 报告

3.2.1 Google Analytics 的维度和指标

如图 3-9 所示为一个 Google Analytics 页面。

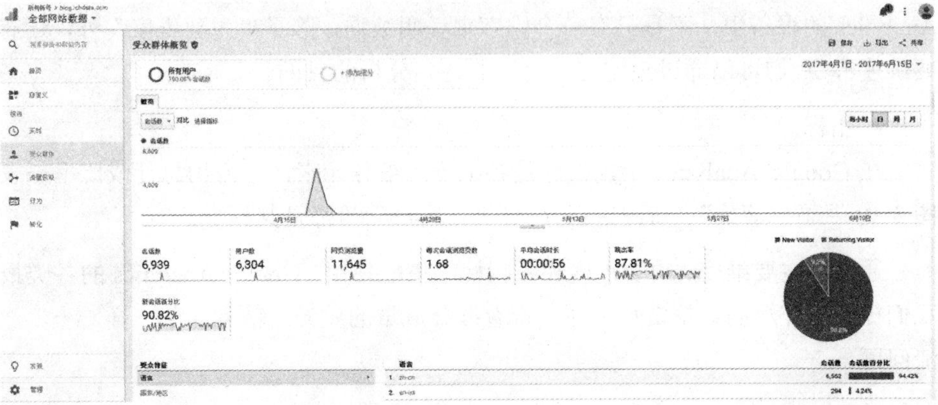

图 3-9

大家在学习了百度统计之后，再看 Google Analytics 的界面就不会觉得很陌生了。它主要包括 5 大常用报告，那实时报告、受众群体报告、流量获取报告、行为报告、转化报告。

维度和指标

本节笔者为大家重点讲解常用报告，在进入报告讲解之前，我们先熟悉两个概念，报告的维度和指标。面对各类 Google Analytics 报表，查看详细数据，就要先懂得什么是维度和指标，它们在报表中无所不在，可以说整个 Google Analytics 报表都是由“维度”和“指标”组成的。使用维度和指标就能组织报表，划分我们要的资料，如图 3-10 所示。

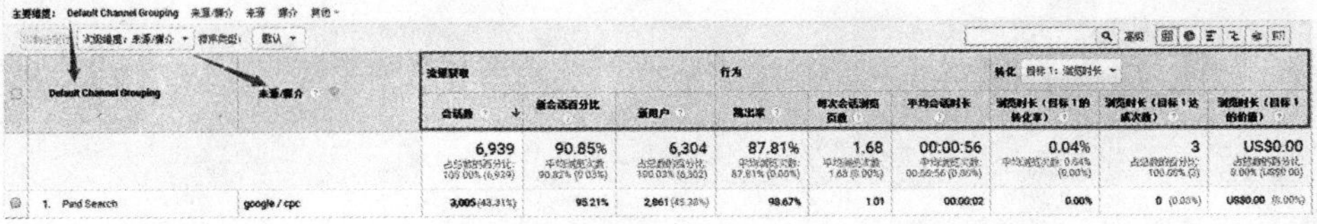

图 3-10

- 维度：

维度在物理和哲学上是指独立的时空坐标数目。在 Google Analytics 中用于表示某一项目数据的属性特征，例如来源维度，可以是不同的网站；地理维度，可以是西安、北京、南京等。浏览器、浏览量、页面都可以是 Google Analytics 的维度。维度会显示在所有报表中，但会因为报表不同而产生差异。通过图 3-10，可以知道 Google

Analytics 的报告中，不是只有一个维度来说明数据，除了“主要维度”外，还有“次要维度”，我们可以通过设定交叉对比，达到分析的目的。

- 指标：

在 Google Analytics 中，指标是各维度的细分元素，一般用总计或比率来表达。图 3-10 中“会话数”“新回话百分比”“新用户”等都是其指标。

通过对主要维度、次要维度和各指标的搭配使用，Google Analytics 的各类报表为我们提供了详尽的数据资料。便于查看细分流量的差异，像剥洋葱一样，一步一步理清问题。

3.2.2 流量获取：所有流量报告

1. 所有流量报告

所有流量报告位置如图 3-11 所示。

流量获取报告主要告诉运营人员各类流量来源数据，依据网站流量的来源类型来分解数据、组织报告。可以根据来源，对比流量趋势与网站的效果，理解哪些流量来源的流量质量比较高。单击“流量获取”→“所有流量”→“渠道”，如图 3-12 所示。

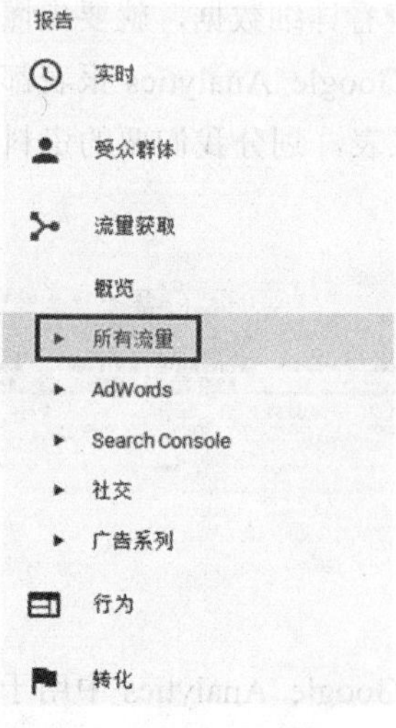

图 3-11

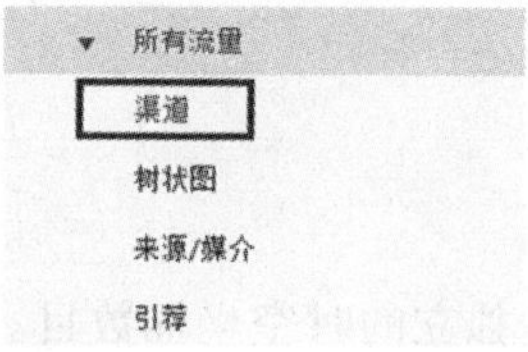

图 3-12

弹出渠道报告，如图 3-13 所示，这是流量渠道来源报告。

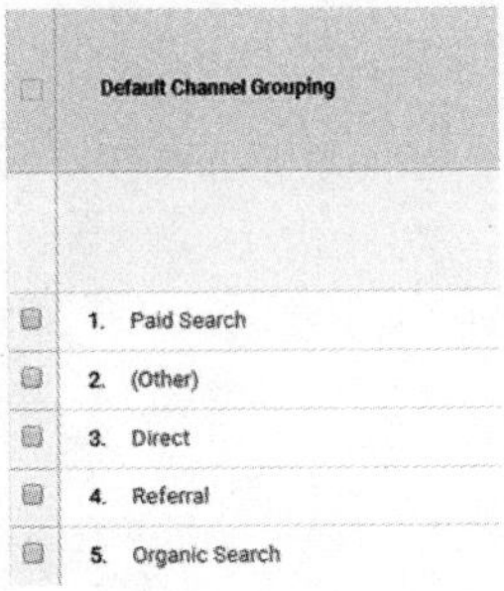

Default Channel Grouping
1. Paid Search
2. (Other)
3. Direct
4. Referral
5. Organic Search

图 3-13

左侧的英文单词分别代表什么，如下所示。

- Search：表示搜索来源。
- Paid Search：表示付费搜索。
- Organic Search：表示自然搜索，即免费搜索。
- Direct：表示直接访问，比如用户直接在浏览器输入网址访问，或者用户直接点击收藏夹里的网址进行访问，都会被记为直接访问。
- Referral：表示引荐来源。例如我推荐你使用了某个产品，我就是引荐人（referral）。而在网络营销中，referral 是指那些给我的网站带来了流量的其他网站，通常这些网站上会有我们网站的链接。
- Other：表示其他来源。
- Social：通过社交平台转到网站的流量。

我们可以单击“来源”和“媒介”，切换查看流量的具体来源。这里我们单击“来源”，可以看到最大流量来源是 Google，其次是头条，如图 3-14 所示。

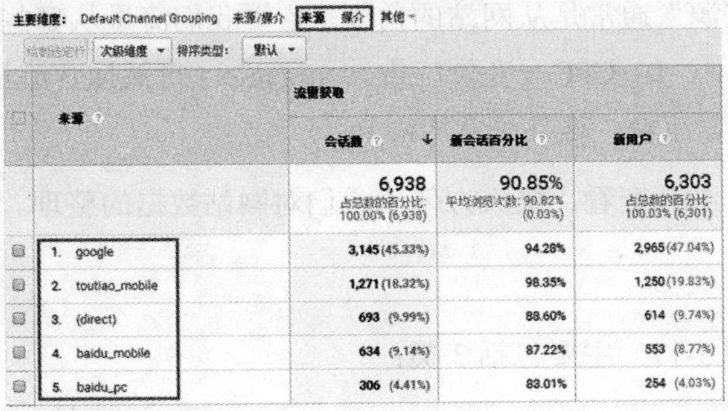

主要维度： Default Channel Grouping　来源/媒介　来源　媒介　其他

次级维度　排序类型：默认

来源	流量获取		
	会话数	新会话百分比	新用户
	6,938 占总数的百分比: 100.00% (6,938)	90.85% 平均浏览次数: 90.82% (0.03%)	6,303 占总数的百分比: 100.03% (6,301)
1. google	3,145 (45.33%)	94.28%	2,965 (47.04%)
2. toutiao_mobile	1,271 (18.32%)	98.35%	1,250 (19.83%)
3. (direct)	693 (9.99%)	88.60%	614 (9.74%)
4. baidu_mobile	634 (9.14%)	87.22%	553 (8.77%)
5. baidu_pc	306 (4.41%)	83.01%	254 (4.03%)

图 3-14

如果我们单击“媒介”，可以看到最大的流量来源是 CPC 广告，如图 3-15 所示。

主要维度： Default Channel Grouping 来源/媒介 来源 **媒介** 其他

绘制选定行 次级维度 排序类型： 默认

媒介	流量获取 会话数 ↓	新会话百分比	新用户
	6,938 占总数的百分比：100.00% (6,938)	90.85% 平均浏览次数：90.82% (0.03%)	6,303 占总数的百分比：100.03% (6,301)
1. cpc	4,055 (58.45%)	93.02%	3,772 (59.84%)
2. adsense	1,584 (22.83%)	95.77%	1,517 (24.07%)
3. (none)	693 (9.99%)	88.60%	614 (9.74%)

图 3-15

单击“CPC”，选择“来源”，可以看到具体是哪些付费流量来源，如图 3-16 所示。

主要维度： 媒介 **来源**

绘制选定行 次级维度 排序类型： 默认

来源	流量获取 会话数 ↓	新会话百分比	新用户
	4,055 占总数的百分比：58.45% (6,938)	93.02% 平均浏览次数：90.82% (2.42%)	3,772 占总数的百分比：59.86% (6,301)
1. google	3,005 (74.11%)	95.21%	2,861 (75.85%)
2. baidu_mobile	595 (14.67%)	89.75%	534 (14.16%)
3. baidu_pc	278 (6.86%)	85.25%	237 (6.28%)
4. 360_pc	54 (1.33%)	64.81%	35 (0.93%)
5. shenma_mobile	46 (1.13%)	76.09%	35 (0.93%)
6. sogou_pc	43 (1.06%)	100.00%	43 (1.14%)
7. sogou_mobile	28 (0.69%)	78.57%	22 (0.58%)
8. 360_mobile	6 (0.15%)	83.33%	5 (0.13%)

图 3-16

需要注意的是，这里的“来源”通常是从网站的角度，告诉我们流量从哪些网站过来。“媒介”是来源的常规类别，如 CPC（竞价广告）、organic（自然搜索流量）、direct（直接流量）、referral（引荐流量）这几个常用媒介。

报表中的每一类都可以进行细分查看，极大方便了我们对网站数据的整理。

2. 流量来源报告指标

流量来源报告的指标（见图 3-17）主要包括 3 类：

来源	流量获取			行为			转化 目标 1：浏览时长		
	会话数 ↓	新会话百分比	新用户	跳出率	每次会话浏览页数	平均会话时长	浏览时长（目标 1 的转化率）	浏览时长（目标 1 达成次数）	浏览时长（目标 1 的价值）

图 3-17

- 流量获取：会话数、新会话百分比、新用户。
- 行为：跳出率、每次会话浏览页数、平均会话时长。
- 转化。

前两类相信读者已经不再陌生，这里不再赘言。我们重点讲述第 3 类：转化。

如图 3-18 所示“转化”选择“所有目标”：

- 目标转化率：表示所有个别目标转化率的总和。
- 目标达成次数：表示转化的总次数。
- 目标价值：指网站上的目标转化所产生的总价值。计算方式为目标转化次数乘以我们为各目标指定的价值。

这里除了对总的转化生成数据外，同时也可以对个别转化目标生成数据，如图 3-19 所示，笔者设置了一个时长的转化目标，即在网站上浏览超过一定的时间，记为一次转化。

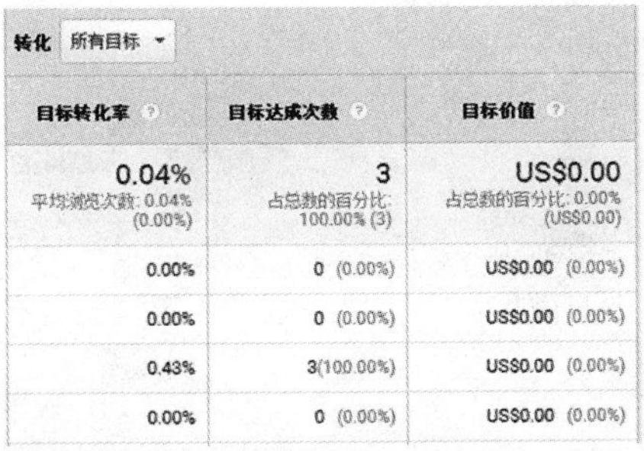

图 3-18

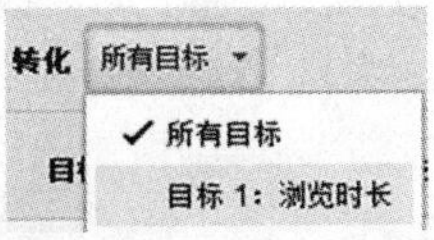

图 3-19

选择“目标 1”，如图 3-20 所示。可以马上得到目标 1 的转化数据，包括转化率、转化次数、转化价值（根据需求填写，这里笔者并没有填）。

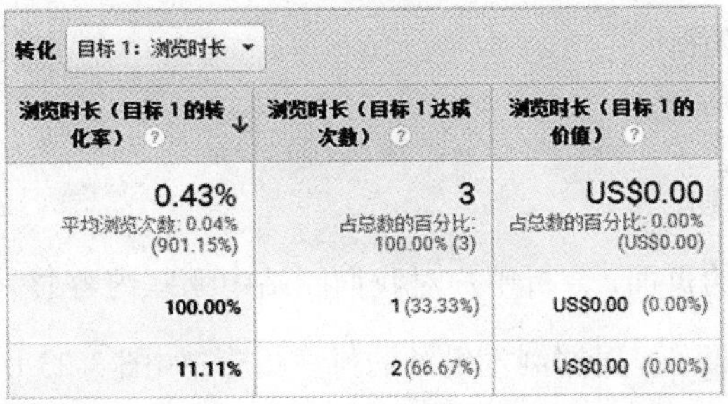

图 3-20

3. 广告系列报告

“所有广告系列”是指所有我们设置了监测链接的广告都会在这里的汇总报告。“所有流量”里面也会有广告系列报告的数据。位置如图 3-21 所示。

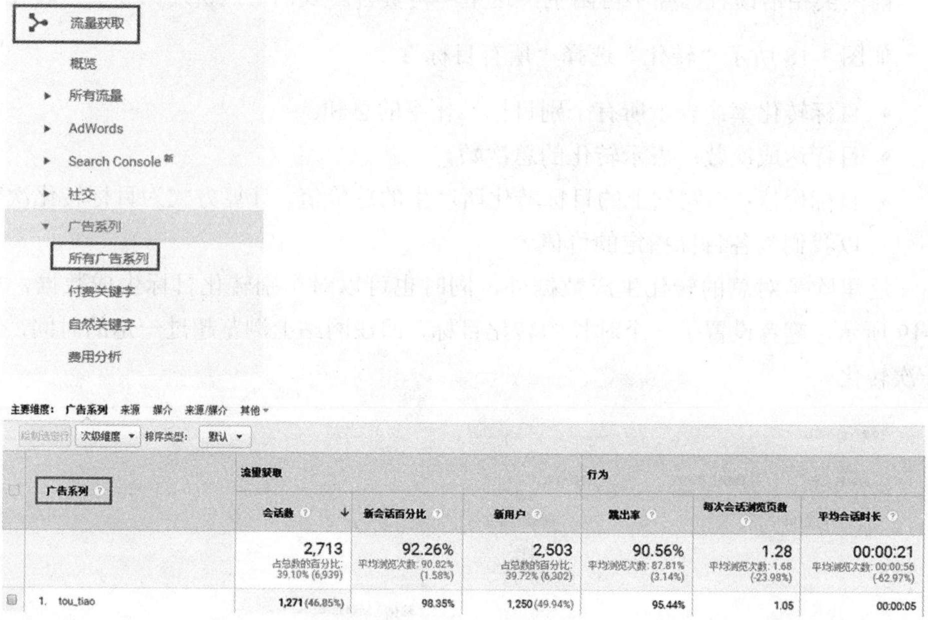

图 3-21

“所有广告系列”的主要维度是“广告系列”，这里的“广告系列”名称是指设置的监测链接的名称。所以广告名称的编写要合理规划，方便对广告数据的查看。

3.2.3 行为：网站内容报告

网站内容报告的位置如图 3-22 所示。

1. 所有页面报告

用所有页面报告回答 5 个常见问题：

（1）查看哪些页面是浏览量最大的页面，分析用户对我们网站中哪些内容感兴趣。

所有页面报告是所有被浏览过的页面，根据浏览量做的排序报告，如图 3-23 所示。

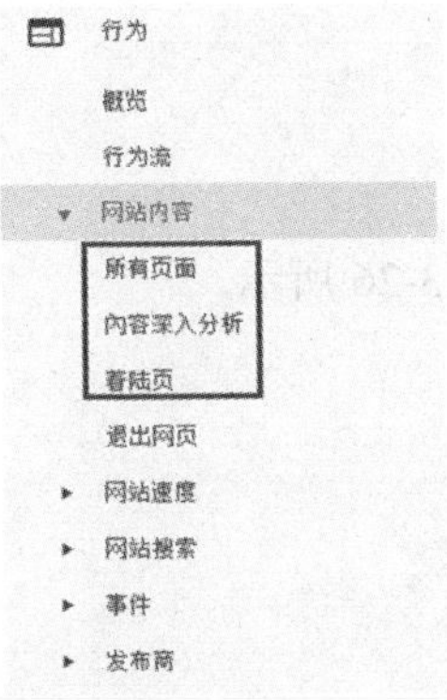

图 3-22

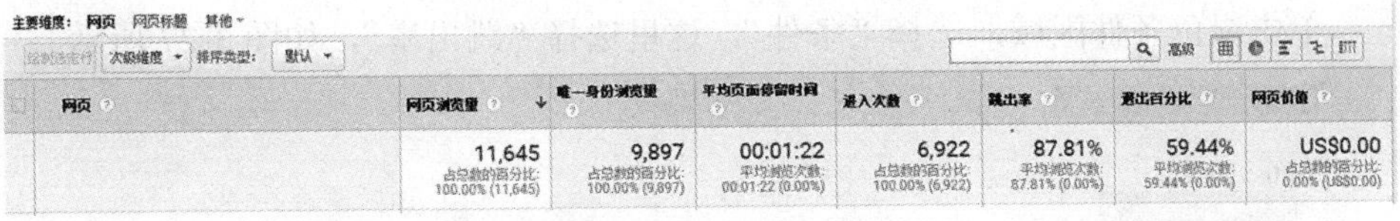

图 3-23

可以从这里看到网站各页面的浏览量数据，这样的数据百度统计也有很多。

（2）如何按照标题或者其他维度查看报告。

默认是按链接分类网页，你也可以选择标题，如图 3-24 所示。

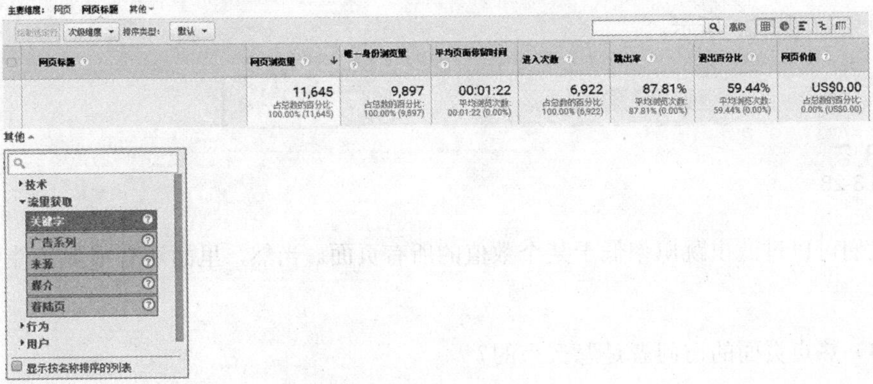

图 3-24

（3）利用过滤器找出你想要的那部分内容的流量。

在报表右侧，单击“高级”，如图 3-25 所示。

图 3-25

弹出“过滤器设置”框，可以对细分条件做过滤，如图 3-26 所示。

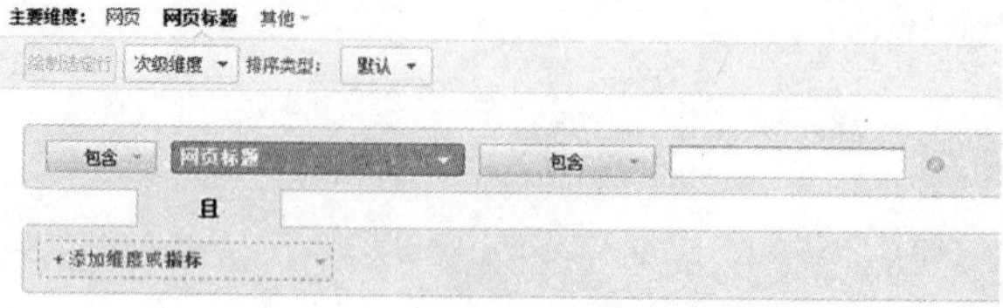

图 3-26

单击绿色条件区域，选择“条件”，这里选择“跳出率”，如图 3-27 所示。

图 3-27

效果如图 3-28 所示。

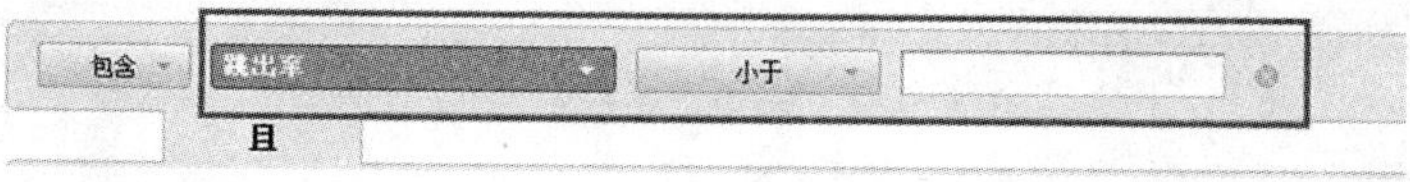

图 3-28

我们可以过滤出跳出率低于某个数值的所有页面。当然，里面还有很多条件可以选择。

（4）热点页面的访问者是怎么来的？

如果我们要查看热点页面的流量来源，从区域、来源、媒介、设备这些细分维度整理数据，该怎么看呢？

直接在“次级维度”修改即可，如图 3-29 所示。

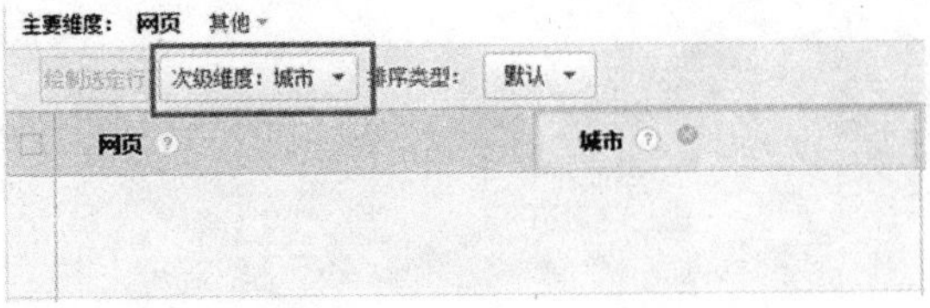

图 3-29

次级维度可以分为城市、来源、媒介，如图 3-30~图 3-32 所示。

图 3-30

图 3-31

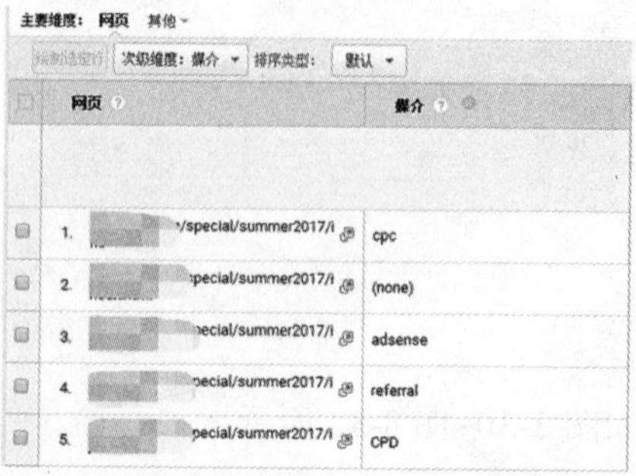

图 3-32

（5）用户从哪里来，到哪里去？

下面我们解决的是很多重要页面如何关注用户是从哪里来，去到哪里的问题。

在“所有页面”窗口，单击网页 URL，如图 3-33 所示。

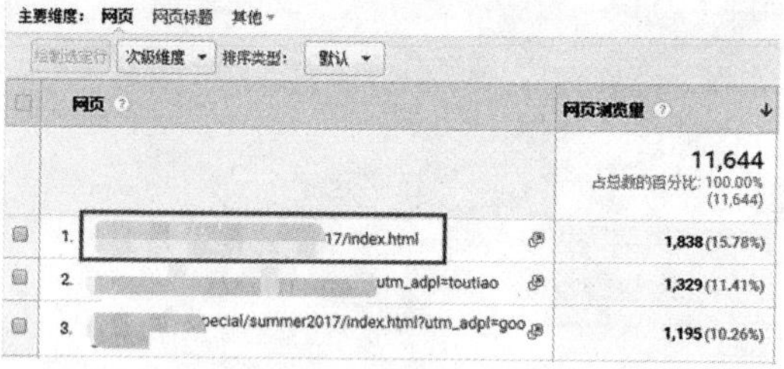

图 3-33

单击“导航摘要”标签，如图 3-34 所示。

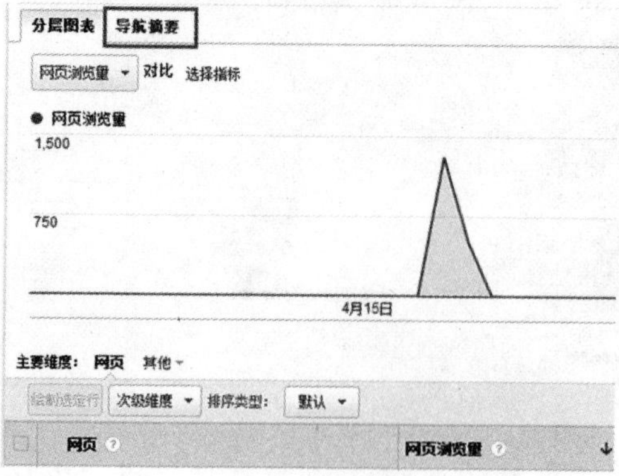

图 3-34

弹出“导航摘要”窗口，如图 3-35 所示。

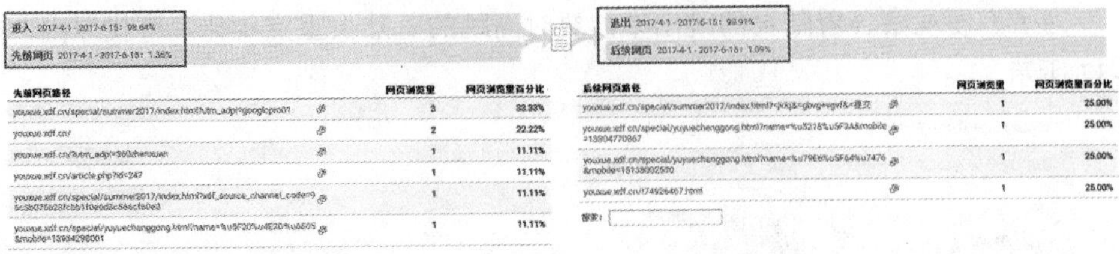

图 3-35

可以看到该页面直接访问占比 58.86%，先前页面登入占比 41.14%，直接退出占比 34.43%，后续网页占比 65.57%，并且报告呈现流入网页和流出网页的流量排序，方便运营人员整理汇总。

2．内容深入分析报告及用途

什么是内容深入分析报告呢？是依据 URL 路径的级别进行细分，将同一个级别下的网页数据汇总的报告。它的对象可以是网站中的一个页面、一类页面或者是一个完整的流程。比如：我们将网站按“首页/分类页/栏目页”划分，以京东商城为例，我们可以划分为“京东首页/手机专题页/手机配件页”。

内容深入分析可以告诉我们首页所有的流量分流情况，具体到每一个分类页的流量，比如手机、电脑、母婴各类目。单击分类页后，也可以显示各级栏目页的流量情况。

3．着陆页报告及用途

（1）分析目标从哪些页面接触网站

首先我们可以得到所有着陆页数据汇总，如图 3-36 所示。

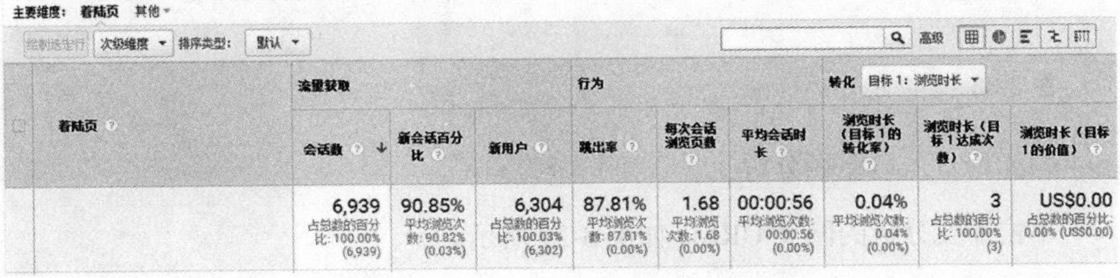

图 3-36

（2）对着陆页跳出率进行优化

为了方便观察各着陆页的跳出率，要对高跳的着陆页重点优化，查找原因，如图 3-37 所示。

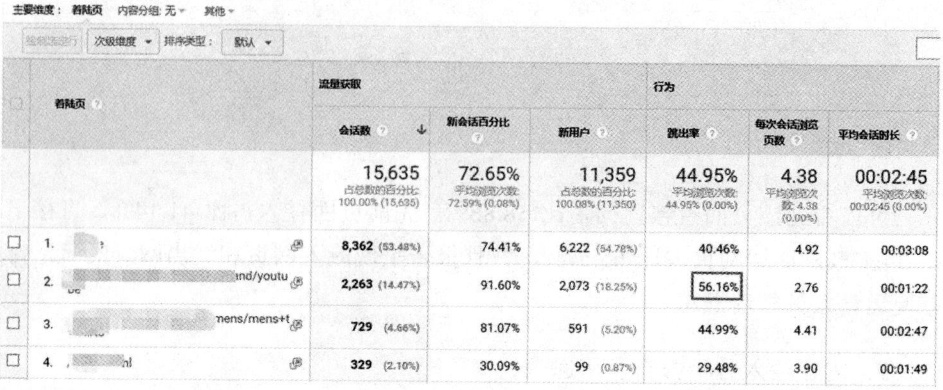

主要维度：着陆页 内容分组: 无 其他

次级维度 排序类型： 默认

着陆页	流量获取：会话数	新会话百分比	新用户	行为：跳出率	每次会话浏览页数	平均会话时长
	15,635 占总数的百分比: 100.00% (15,635)	72.65% 平均浏览次数: 72.59% (0.08%)	11,359 占总数的百分比: 100.08% (11,350)	44.95% 平均浏览次数: 44.95% (0.00%)	4.38 平均浏览次数: 4.38 (0.00%)	00:02:45 平均浏览次数: 00:02:45 (0.00%)
1.	8,362 (53.48%)	74.41%	6,222 (54.78%)	40.46%	4.92	00:03:08
2. nd/youtube	2,263 (14.47%)	91.60%	2,073 (18.25%)	56.16%	2.76	00:01:22
3. mens/mens+t	729 (4.66%)	81.07%	591 (5.20%)	44.99%	4.41	00:02:47
4. nl	329 (2.10%)	30.09%	99 (0.87%)	29.48%	3.90	00:01:49

图 3-37

（3）考虑优化访问深度

某些着陆页访客访问深度较差，是什么原因？是流量不够精准，还是着陆页设置有问题，如图 3-38 所示。

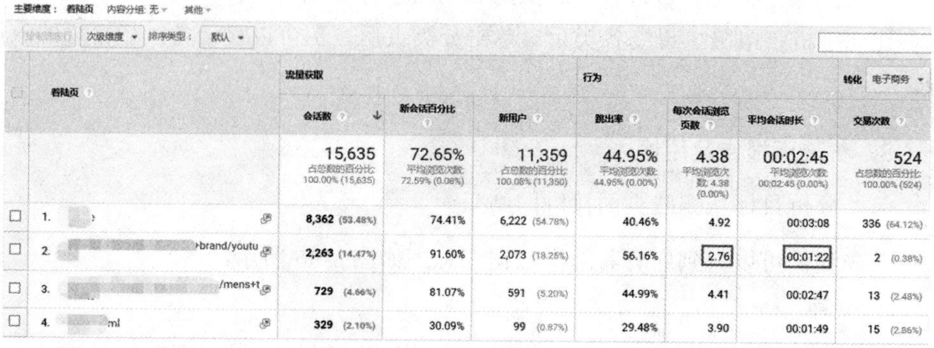

主要维度：着陆页 内容分组: 无 其他

次级维度 排序类型： 默认

着陆页	流量获取：会话数	新会话百分比	新用户	行为：跳出率	每次会话浏览页数	平均会话时长	转化 电子商务：交易次数
	15,635 占总数的百分比: 100.00% (15,635)	72.65% 平均浏览次数: 72.59% (0.08%)	11,359 占总数的百分比: 100.08% (11,350)	44.95% 平均浏览次数: 44.95% (0.00%)	4.38 平均浏览次数: 4.38 (0.00%)	00:02:45 平均浏览次数: 00:02:45 (0.00%)	524 占总数的百分比: 100.00% (524)
1.	8,362 (53.48%)	74.41%	6,222 (54.78%)	40.46%	4.92	00:03:08	336 (64.12%)
2. +brand/youtu	2,263 (14.47%)	91.60%	2,073 (18.25%)	56.16%	2.76	00:01:22	2 (0.38%)
3. /mens+t	729 (4.66%)	81.07%	591 (5.20%)	44.99%	4.41	00:02:47	13 (2.48%)
4. ml	329 (2.10%)	30.09%	99 (0.87%)	29.48%	3.90	00:01:49	15 (2.86%)

图 3-38

（4）用户入口路径分析

单击需要分析的网页 URL，如图 3-39 所示。

图 3-39

在弹出窗口，单击“入口路径”标签，如图 3-40 所示。

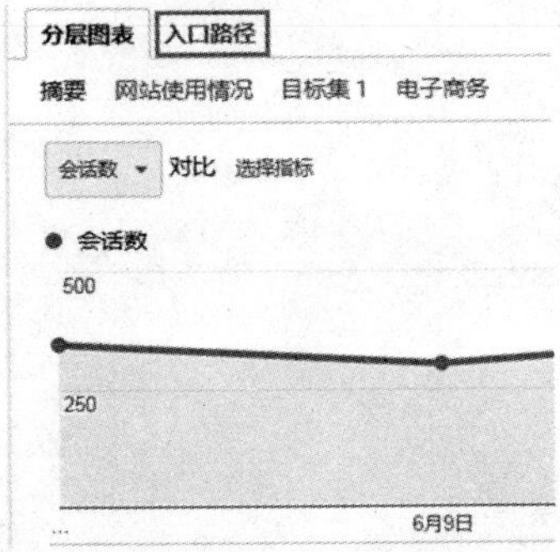

图 3-40

可以看到“入口路径”窗口如图 3-41 所示。左侧可以查看用户从着陆页开始浏览后进入了哪些网页。右侧的“网页退出列表”需要达到一定的数据级才会有显示，可以先不用。

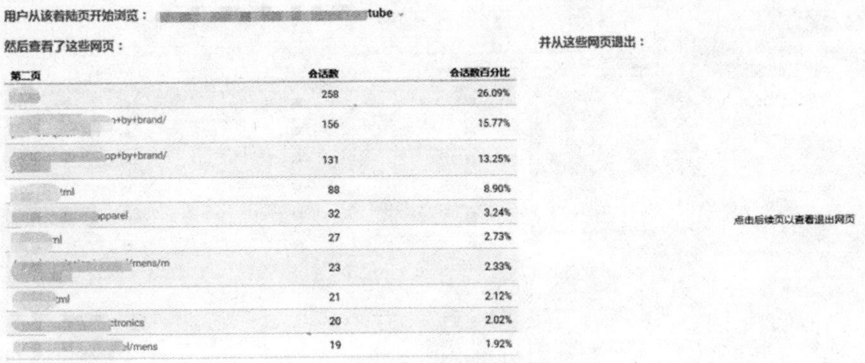

图 3-41

3.2.4 受访群体：用户流报告

用户流量报告可以知道用户在网站上的行为，在网站分析中，我们必须知道用户喜欢浏览的页面有哪些，对什么样的内容感兴趣，营销不是把流量引入就算完成的。在这里，可以把用户流量看成是水，用户在网页间的流转，如同水在各管道间的流动。我们要做的是根据用户在网站流动的规律，做出针对性的调整。下面来看看 Google Analytics 是怎么帮助我们构建用户流报告的，用户流量图位置在“受访群体”→“用户流”，如图 3-42 所示。

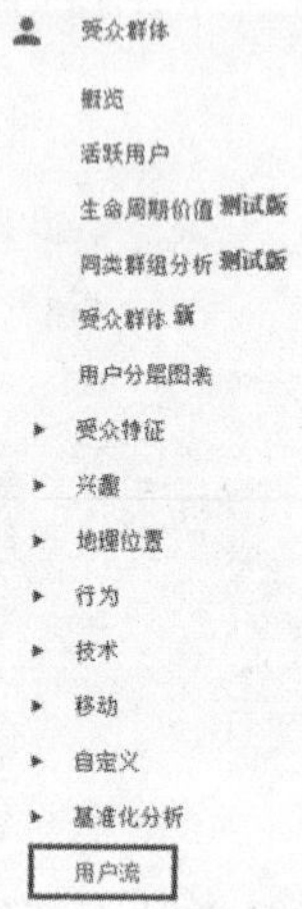

图 3-42

单击“用户流”，如图 3-43 所示，即出现用户流报告。

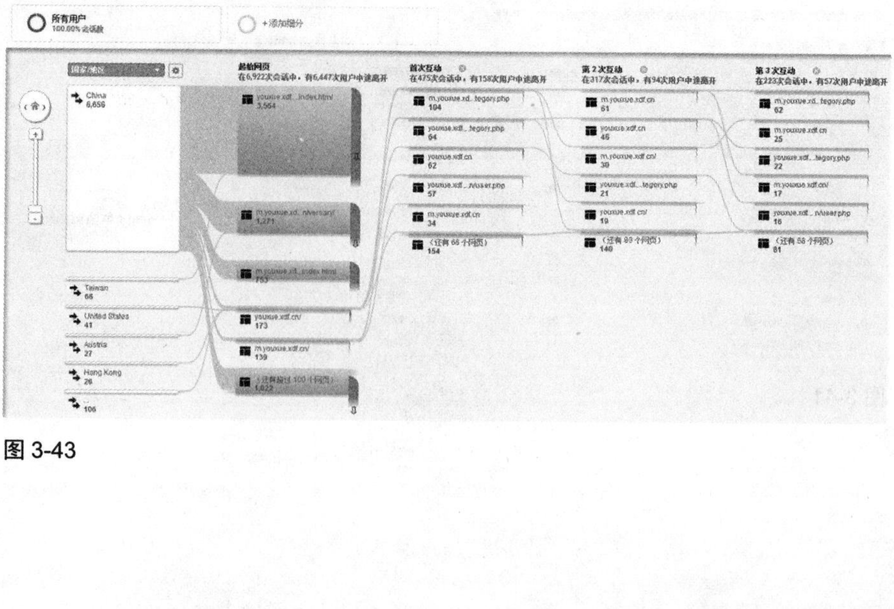

图 3-43

1. 维度设定

可以根据不同维度查看数据，如图 3-44 所示，左图设定以流量来源查看数据，右图设定为以操作系统维度显示。

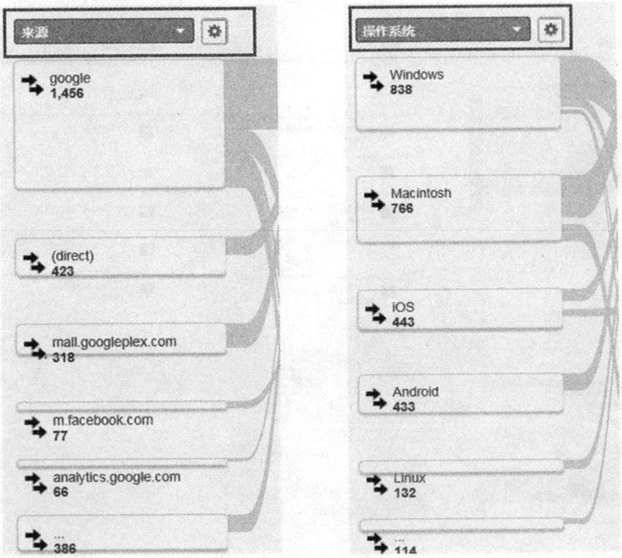

图 3-44

2. 突出显示途经此处的流量

通过查看“突出显示途经此处的流量”获取该途经的用户流量。方法为单击需要查看的板块，在弹出框单击“突出显示途经此处的流量”，如图 3-45 所示。

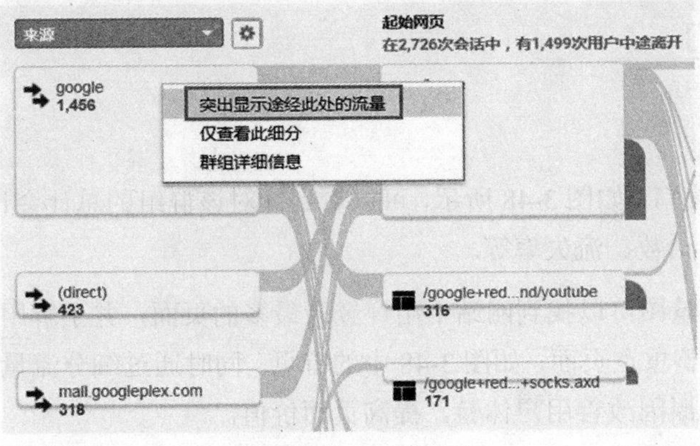

图 3-45

得到该板块的用户流报告。如图 3-46 所示，我们可以看到 Google 是网站流量的第一大来源，承接流量最大的起始页是首页，红色线条代表用户的流失，可以观察到首页没有很好地展示用户需要的信息，因为它的流失率到了 50%，且排名第二的起始页面组，流失率竟然达到了 70%。

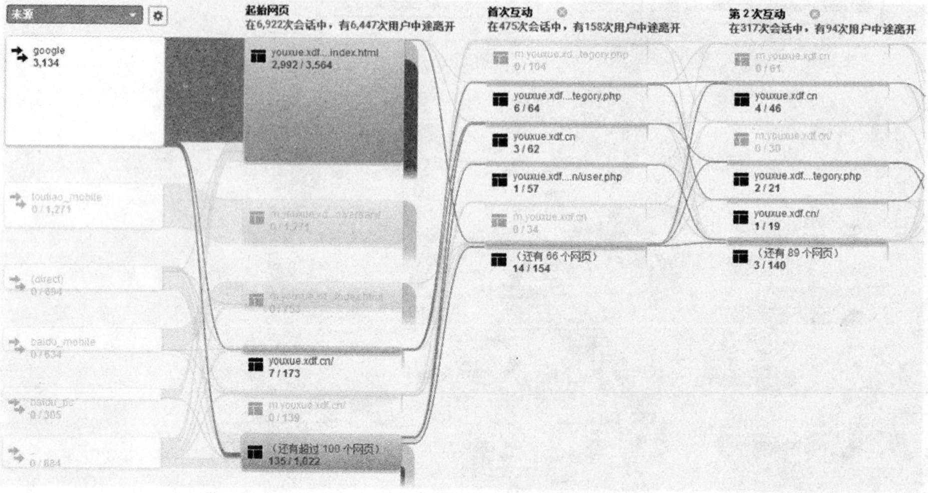

图 3-46

3．群组信息

群组信息功能可以让我们了解流量流入的群组数据，及群组中单个页面的用户流情况。单击查看板块，选择“群组详细信息”，如图 3-47 所示。

图 3-47

打开“群组详细信息”窗口，如图 3-48 所示，可以看到针对该群组的总计会话数、流失次数，以及各页面的会话数、流失率等。

总地来说，通过用户流量图可以找到网站中用户登录最多的页面，并了解用户的流量走势。我们要改善和调整重点页面，如图 3-48 中的首页。同时通过细分流量图找到退出率高的页面，并核查原因改善用户体验，提高页面价值。

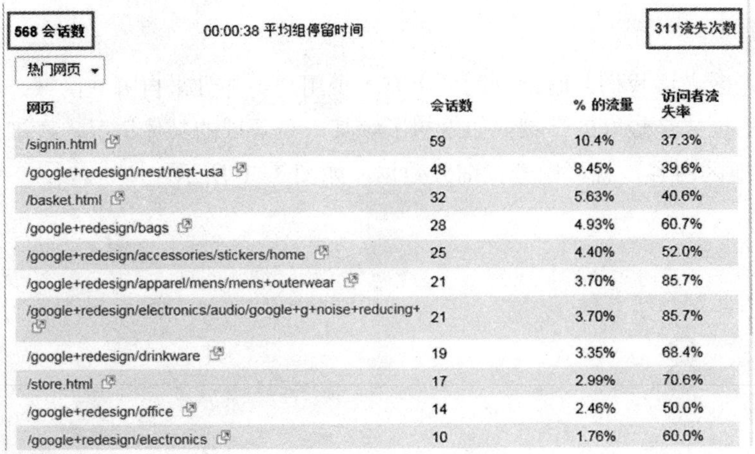

568 会话数　　00:00:38 平均组停留时间　　311流失次数

热门网页 ▾

网页	会话数	% 的流量	访问者流失率
/signin.html	59	10.4%	37.3%
/google+redesign/nest/nest-usa	48	8.45%	39.6%
/basket.html	32	5.63%	40.6%
/google+redesign/bags	28	4.93%	60.7%
/google+redesign/accessories/stickers/home	25	4.40%	52.0%
/google+redesign/apparel/mens/mens+outerwear	21	3.70%	85.7%
/google+redesign/electronics/audio/google+g+noise+reducing+	21	3.70%	85.7%
/google+redesign/drinkware	19	3.35%	68.4%
/store.html	17	2.99%	70.6%
/google+redesign/office	14	2.46%	50.0%
/google+redesign/electronics	10	1.76%	60.0%

图 3-48

3.2.5　实时报告

实时报告可以帮助我们对当前用户的浏览情况进行监控，喜欢浏览哪些页面、什么内容、来自哪些区域、什么渠道等都有详细反馈。实时监控报告经常用来了解广告投放情况，例如对某一广告渠道的测试和投放监控，或者对一次大型活动进行实时流量数据监控。

位置如图 3-49 所示。

实时监控报告主要包括地理位置、流量来源、内容、事件、转化次数报告。每种报告都会显示活跃用户数、最近 30 分钟每分钟的匹配数、最近 60 秒每一秒的匹配数。

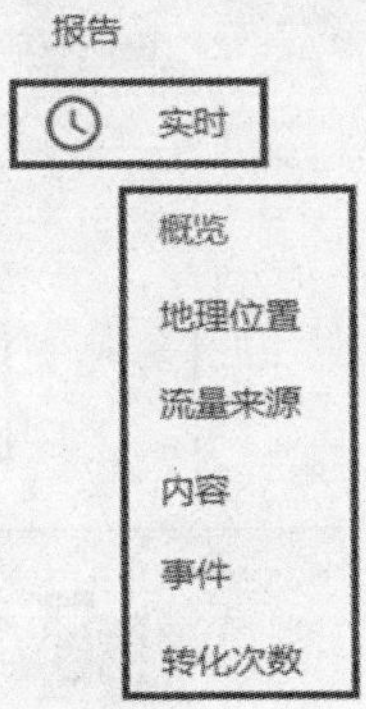

图 3-49

1. 地理位置

地理位置报告会告诉我们此时此刻网站上有多少用户，并且来自哪些区域。这对做区域广告性质的投放是较好的反馈。如果想了解某一个区域的具体情况，直接单击表格左侧的国家/地区内容，就可以查找细分数据，如图 3-50 所示。

图 3-50

2. 流量来源

流量来源可以实时显示来源/媒介数据，如图 3-51 所示。

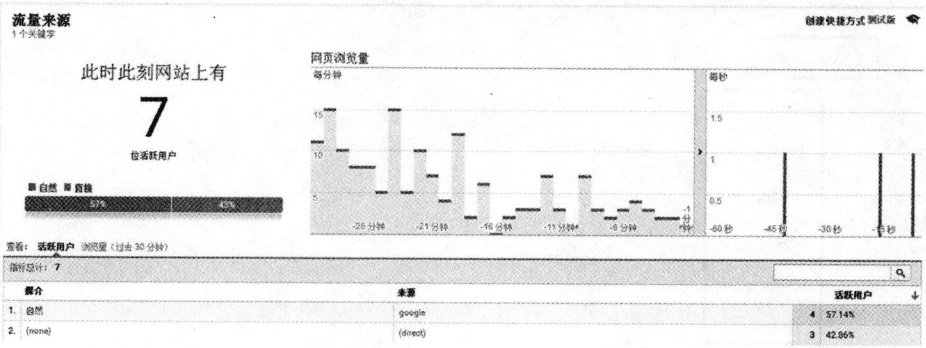

图 3-51

3. 内容报告

内容报告可以告诉我们当前用户看了哪些页面，有没有到达目标页面。内容报告要特别注意访客重点访问的前 3 个页面，可以分析对这些页面的优化是否到位，如图 3-52 所示。

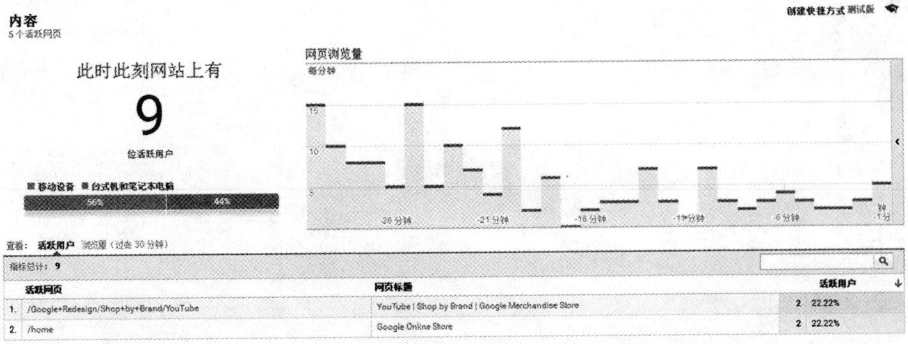

图 3-52

4. 事件转化报告

事件转化报告可以实时查看你设置的转化目标、事件的数据情况，如图 3-53 所示。

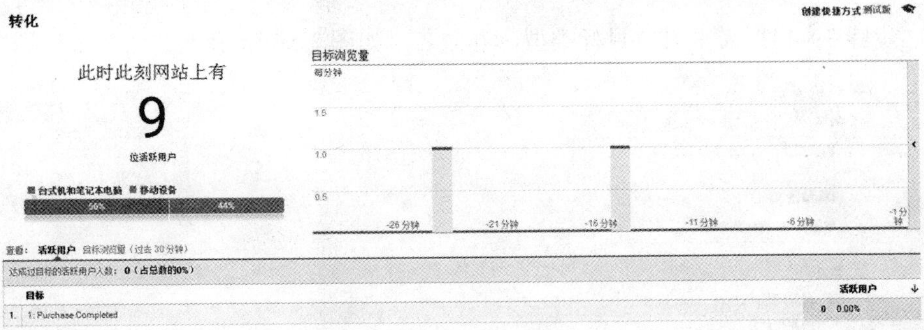

图 3-53

总体来说，实时报告可以观察用户在着陆页的停留情况、跳出率是否正常等。对用户最多访问的 2~3 个页面要做重点优化，测试完成后，需要进行调整优化。可以评估某次营销活动对地区的投放是否精准，重点评估转化情况是否达到预期。

3.2.6 Google Analytics 如何设置转化目标

步骤 1：单击“管理”，在“全部网站数据”栏下，单击“目标”，如图 3-54 所示。

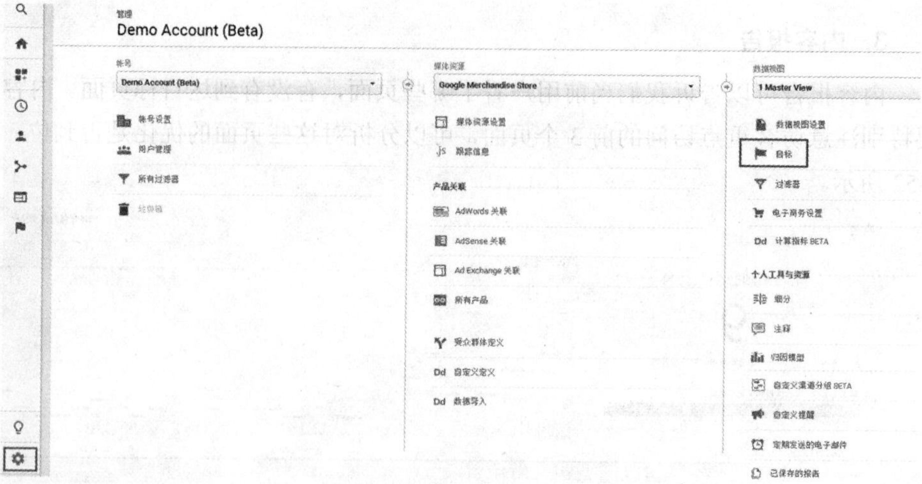

图 3-54

步骤 2：单击“新目标”按钮，如图 3-55 所示。

图 3-55

步骤 3：根据需求设置目标类型，并命名，如图 3-56 所示。

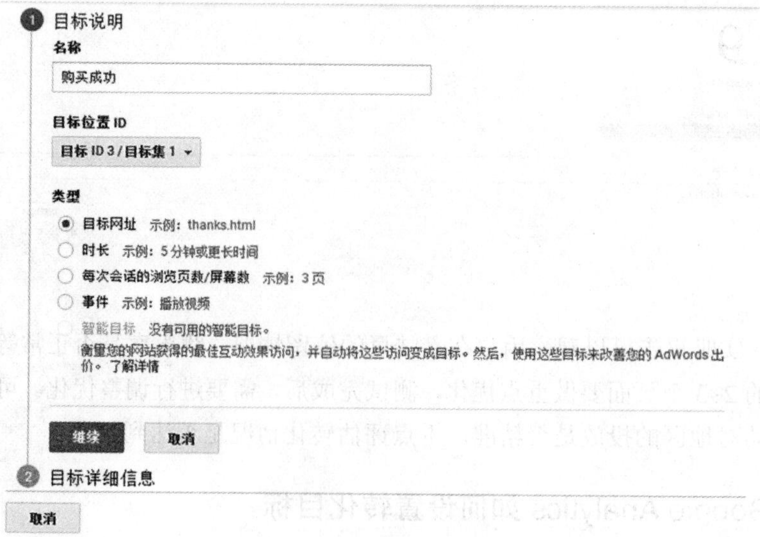

图 3-56

步骤 4：填写目标信息。

目标网址：如果我们是以购买为转化的，可以把付款成功的跳转页面设为目标网址，这样付款成功之后就能访问并记录。匹配方式上分为完全匹配、前部匹配、正则表达式匹配，这里我们选择完全匹配。

价值（可选）可以根据自己估算的成本填写，也可以不填。

渠道（可选），这里笔者重点讲一讲渠道，很多朋友也在问，这个选项有什么用呢？一般来说，如果用目标网址作为目标类型，有一个明确的路径，而且希望访客能够经过这个路经最后到达目标网址，那么可以为目标选择添加渠道。对电商网址的目标页面来说，这些网页可以是支付的起始页、信息填写页、支付页面。完成目标任务需要 4 步，渠道中的每一步都有值得关注的转化率，这样便可以把前面步骤 3 的网址填写到渠道步骤中。

单击“保存”按钮即可，如图 3-57 所示。

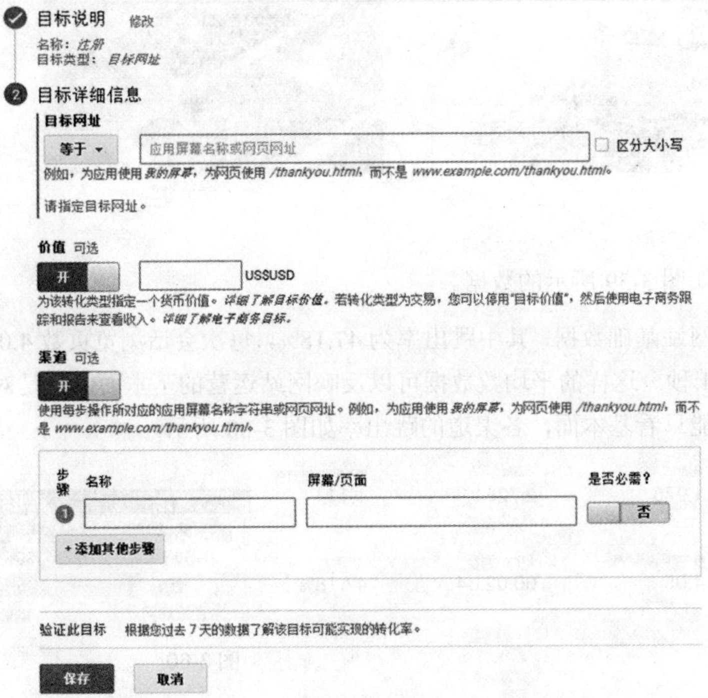

图 3-57

3.3 高级细分功能

高级细分是 Goole Analytics 的特色功能，方便运营人员用高级细分对流量进行精准细分，下面我们对高级细分功能做重点讲解。

3.3.1 为什么需要高级细分

如果把我们网站的整体流量看作是储存了混合杂粮的仓库，现在我们要分别计算小米、大米、黑米、绿豆的粮食数量，又或者我们需要把杂粮中的小米单独分离出来，并计算储存 2 年的小米和储存 3 年的小米数量各是多少，这样就需要细分功能。在网站运营中，这样的杂粮仓库可以等同于网站流量，运营人员要根据业务需求，做出对流量的细分切割以达到分析目的，如图 3-58 所示。

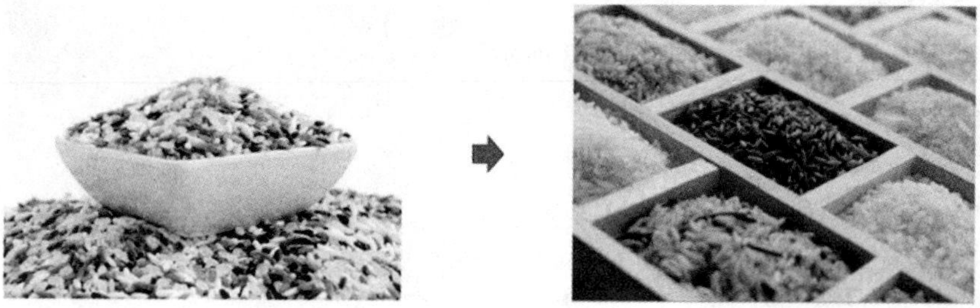

图 3-58

我们经常得到如图 3-59 所示的数据。

图中显示的是网站基础数据，其中跳出率为 47.18%，每次会话浏览页数 4.05，平均会话时长 2 分 34 秒。这样的平均数数据可以反映网站运营的基本面，但是对于具体业务的分析，不能只看基本面，各渠道的跳出率如图 3-60 所示。

用户数	新用户	会话数	每名用户的会话数
2,465	1,976	2,726	1.11
网页浏览量	每次会话浏览页数	平均会话时长	跳出率
11,034	4.05	00:02:34	47.18%

图 3-59

媒介	跳出率
竞价	65%
知乎	35%
微信	45%
直接访问	33%

图 3-60

我们把网站整体跳出率从流量来源维度对其进行细分，它告诉我们竞价方面的跳出率比较高。那么只对来源维度进行分析，是否就能找到跳出率高的充分原因？不是，我们还要从页面的维度找到是哪一个页面的高跳，影响了整体跳出率的增长。在实际工作中，我们会碰到大量类似的问题。

3.3.2　高级细分在哪里设置

步骤 1：报告页面如图 3-61 所示，单击“添加细分”。

图 3-61

步骤 2：弹出“细分设置”窗口，并进行设置，如图 3-62 所示。

图 3-62

如何设置高级细分

前面我们明确了 Google Analytics 中的维度与指标概念。定义细分就是考虑设计要细分及其包含的访问类型，为细分确定合适的维度和指标。

对语句的创建如图 3-63 所示，我们设置了城市维度，并细分深圳或广州。这里用到了组合语句：或（包含），且（限定）。

图 3-63

TIPS：

设置完成后，Google Analytics 的 5 大报表系列均可是按照此高级细分生成数据报表。

3.3.3 几个常用的高级细分案例

下面，笔者带领大家用高级细分功能做几个常用内容分析。

1. 直接访问的用户喜欢看什么？

首先我们对高级细分进行设置，如图 3-64 所示，勾选直接流量，单击“应用”按钮。

图 3-64

可以看到直接流量占比为 10%，如图 3-65 所示。

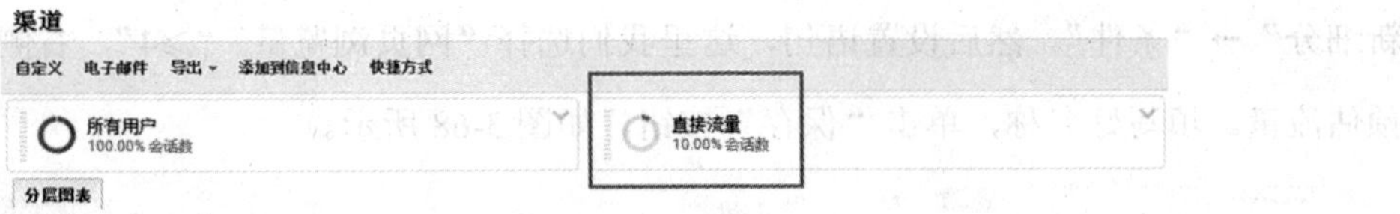

图 3-65

现在打开“行为报告”→“网站内容”→“所有页面”，如图 3-66 所示，可以看到所有直接流量的访问页面。

同时可以在主要维度和次要维度对直接流量数据进行分析，在次要维度选定“城市”，如图 3-67 所示，即生成对各城市的直接访问流量数据。

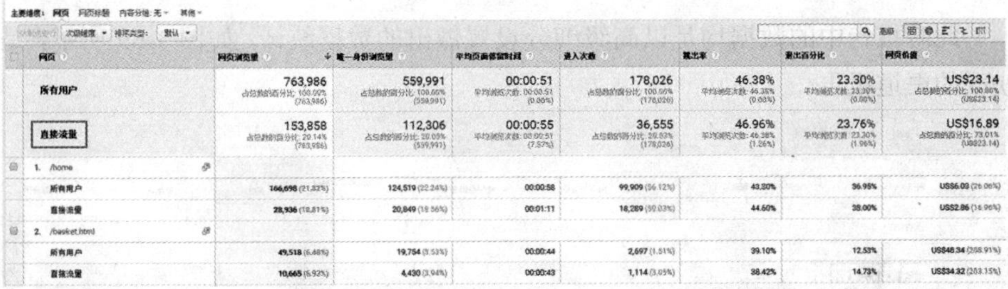

图 3-66

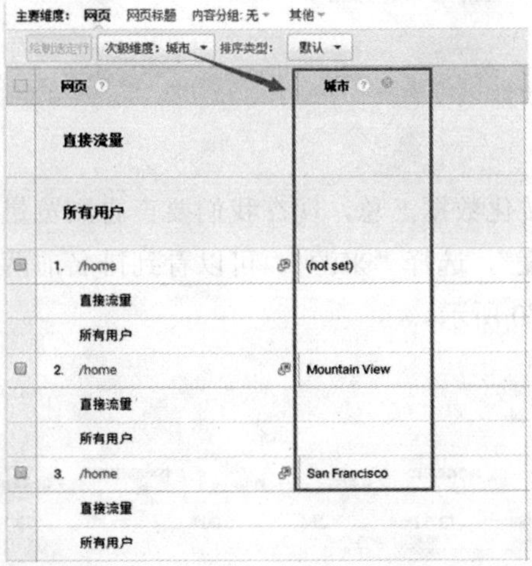

图 3-67

2．访问深度大于 4 的用户是怎么来的

首先对高级细分进行设置，前面有讲解，这里不再赘述，单击“添加细分”→“+

新细分”→“条件”。然后设置语句，这里我们选择“网页浏览量”“≥4”，右侧显示预估流量。填写好名称，单击“保存”按钮，如图 3-68 所示。

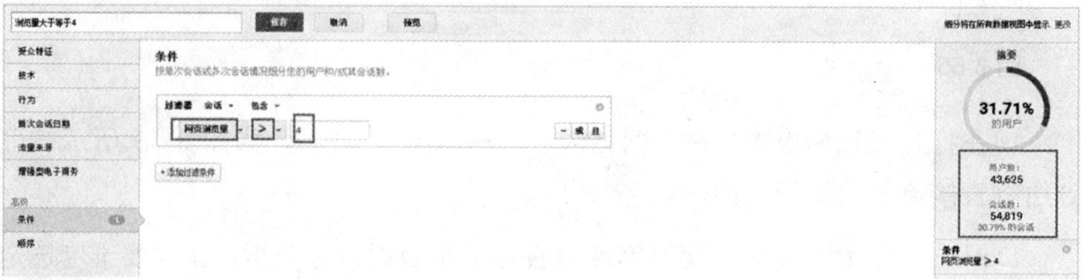

图 3-68

此时报告中的数据均是以高级细分设置做出的数据统计，如图 3-69 所示，是流量获取的渠道报告。

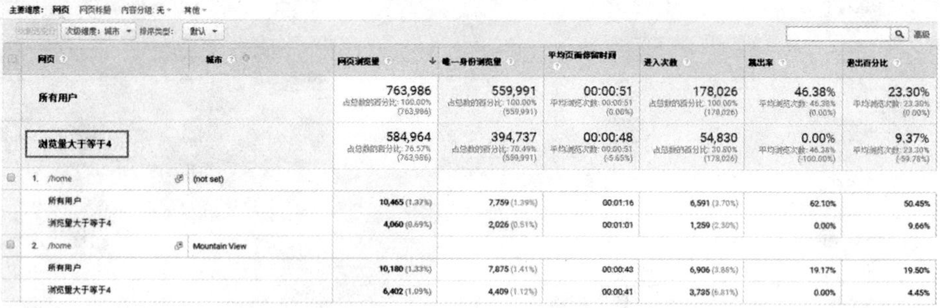

网页	城市	网页浏览量	唯一身份浏览量	平均页面停留时间	进入次数	跳出率	退出百分比
所有用户		763,986	559,991	00:00:51	178,026	46.38%	23.30%
浏览量大于等于4		584,964	394,737	00:00:48	54,830	0.00%	9.37%
1. /home	(not set)						
所有用户		10,465 (1.37%)	7,759 (1.39%)	00:01:16	6,591 (3.70%)	62.10%	50.45%
浏览量大于等于4		4,060 (0.69%)	2,026 (0.51%)	00:01:01	1,259 (2.30%)	0.00%	9.66%
2. /home	Mountain View						
所有用户		10,180 (1.33%)	7,875 (1.41%)	00:00:43	6,906 (3.88%)	19.17%	19.50%
浏览量大于等于4		6,402 (1.09%)	4,409 (1.12%)	00:00:41	3,735 (6.81%)	0.00%	4.45%

图 3-69

将浏览量大于等于 4 的流量、行为、转化数据汇总，现在我们要查看浏览量大于等于 4 的用户是从哪里来的。在“次级维度”，选择“来源”。可以看到排名前两位的分别是直接访问和百度搜索来源，如图 3-70 所示。

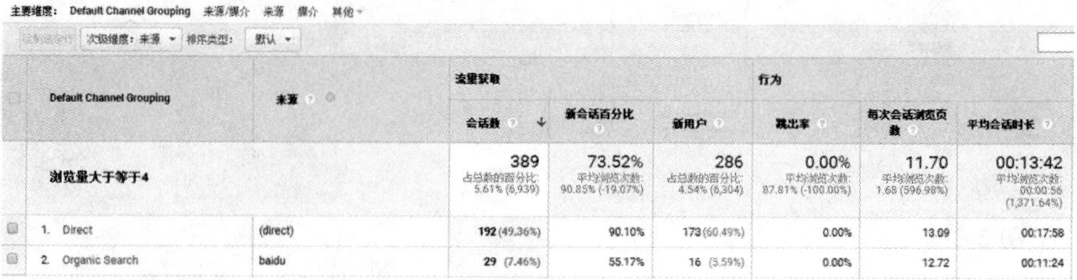

Default Channel Grouping	来源	会话数	新会话百分比	新用户	跳出率	每次会话浏览页数	平均会话时长
浏览量大于等于4		389	73.52%	286	0.00%	11.70	00:13:42
1. Direct	(direct)	192 (49.36%)	90.10%	173 (60.49%)	0.00%	13.09	00:17:58
2. Organic Search	baidu	29 (7.46%)	55.17%	16 (5.59%)	0.00%	12.72	00:11:24

图 3-70

当然也可以从媒介维度查看，如图 3-71 所示。

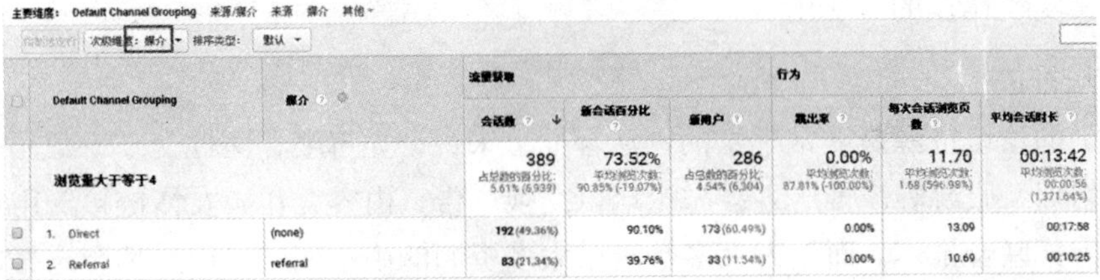

图 3-71

3. 看过某个页面（如活动/专题页面）的人，同时对什么内容感兴趣

我们可以在高级细分中进行设置，如图 3-72 所示。

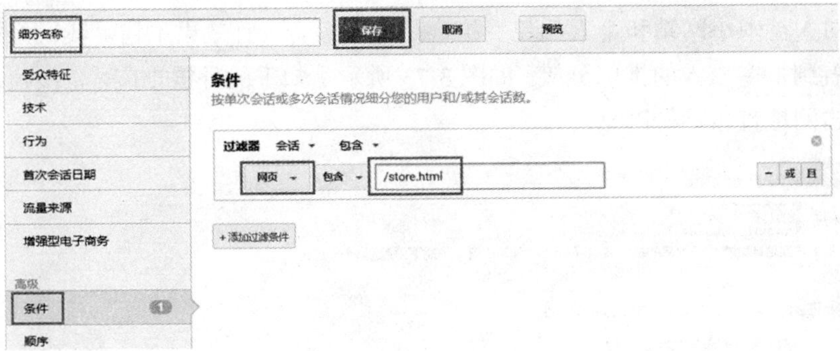

图 3-72

在过滤器中选择网页，粘贴要查看的网页网址，填写细分名词，单击“保存”按钮。得到该网页的报告，接着用前面讲到的方法查看数据即可，这里不再赘述。

3.3.4 站外广告链接的设置及应用

本节开始笔者会给大家讲解怎么用 Google Analytics 监测广告的投放。

1. 应用场景

在做网络推广中，我们经常需要把自己的活动链接来发放推广，那么常用的推广场景有哪些呢？下面分别进行讲解。

（1）免费推广场景

免费推广并不是真的免费，只是相较于付费推广来说费用较低，例如论坛、SNS，虽然没有直接付费的项目，但是需要运营人员的人力投入、资源维护等，这些都是看不见，而又实实在在的“费用”。

- 论坛推广

网络上的论坛资源是非常丰富的，从行业上来说，如母婴、两性交友、数码、汽车、学习培训、旅游等。推广方会与论坛以交换广告、内容合作、友情链接、用户资源合作等方式联合推广，而作为大多数没用太多资源的中小网站，往往都会选择以发站外链接的形式来推广网站内容，需要注意的是，目前很多论坛都不允许发站外链接，一旦发布往往都会被系统监测并删除。所以要根据不同行业，与论坛人员做沟通。

- SNS、社区推广

最有代表的SNS、社区包括豆瓣、知乎等平台，这一类平台用户量大，且允许发布链接。这对大量中小网站和个人的免费推广是一大福音，且效果不错。我们经常能在这类平台看到很多植入的推广链接，如图3-73所示是知乎的外链推广，直接植入推广链接，单击网址直接跳转网站。

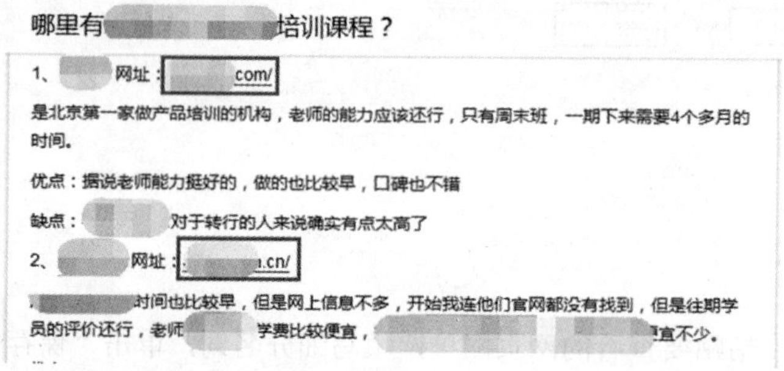
哪里有[illegible]培训课程？

1、[illegible]网址：[illegible]com/

是北京第一家做产品培训的机构，老师的能力应该还行，只有周末班，一期下来需要4个多月的时间。

优点：据说老师能力挺好的，做的也比较早，口碑也不错

缺点：[illegible]对于转行的人来说确实有点太高了

2、[illegible]网址：[illegible]n.cn/

，[illegible]时间也比较早，但是网上信息不多，开始我连他们官网都没有找到，但是往期学员的评价还行，老师[illegible]学费比较便宜，[illegible]直不少。

图 3-73

另外，我们也能发现，大量推广网址并没有加入数据监测代码，也就是说大部分推广人员并没有数据营销思维，链接发完就结束了。你不知道从这个渠道带来了多少流量，且这些流量的转化效果如何。

（2）付费场景

付费场景包括百度、360、神马竞价搜索、DSP营销、腾讯广点通、联盟推广等。

（3）线下扫码推广

我们经常遇到这样的情况，精心策划的线下推广，设计了火爆的H5活动页面，并将链接制作成二维码印制在宣传单页、展架、广告牌上，或者与线下的实体店合作，

将活动二维码分发到各店，以达到线下引流、联合促销的效果。但是，活动完成之后，能够知道数据的整体变化，但是并不清楚线下的各路推广效果如何。这就是因为没有针对活动类型、细分渠道加入监测代码，不能收集数据达到效果分析的目的。

2．监测链接的设定

在完成了 Google 和 Google Analytics 账号建立之后，我们可以在 Google 搜索“网站构建器”（见图 3-74）。

链接地址：https://ga-dev-tools.appspot.com/campaign-url-builder/。

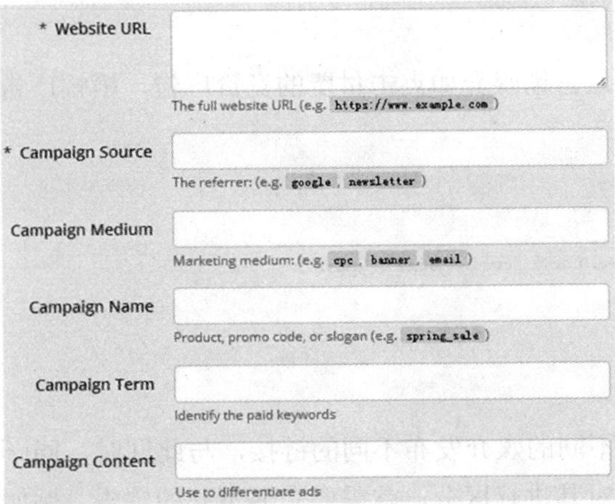

图 3-74

打开构建器后，需要填写如下项目。

- 网站网址

Website URL 表示这里填写需要监测的网址，如图 3-75 所示。

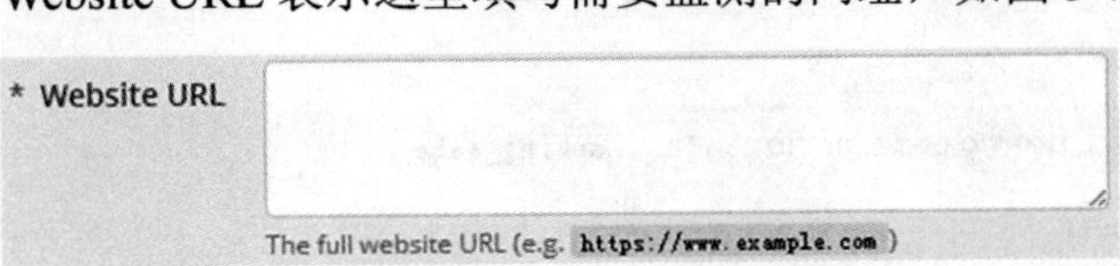

图 3-75

如果你是推广网址首页，那么可以把首页地址复制到空栏；如果你推广某一个活动页面，那么可以把活动页面地址放入空栏。

例：www.jd.com

假设我们现在推广京东的首页，就可以把京东首页网址复制进去。

- 来源

Source 表示广告系列来源，就是我们打算把这个网页投放到哪个推广网站，或者是某一个广告系列。例如可以投放到微博、百度贴吧、知乎等，如图 3-76 所示。

图 3-76

- 媒介

Medium 表示广告系列的媒介，营销媒介如点击付费的竞价广告、横幅广告、电子邮件等，如图 3-77 所示。

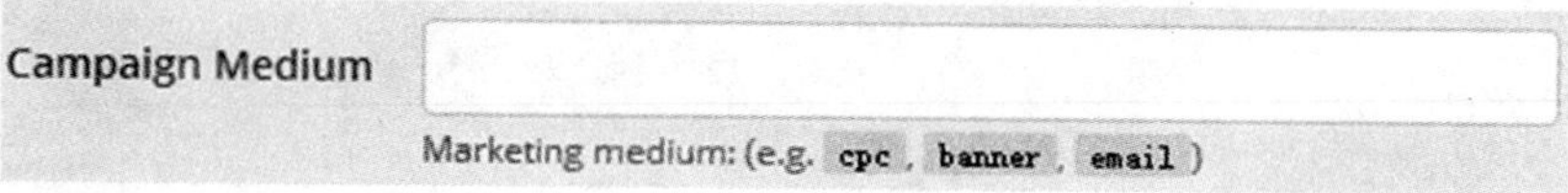

图 3-77

- 名称

Name 表示广告系列的名词，不同的媒介发布不同的链接，与此同时，同一个媒介也会发放不同的广告链接，为了对其进行区分，就需要命名不同的广告。例如做邮件营销，一周发放了三封邮件，我们可以命名为 email1601，表示第 16 周的第一封邮件，email1602、email1603 表示第 16 周的第二和第三封邮件。这里要注意的是，要做好命名规则的设计，以后同类问题都可以使用这个规则，方便往后做自定义报表，以对数据进行分析（见图 3-78）。

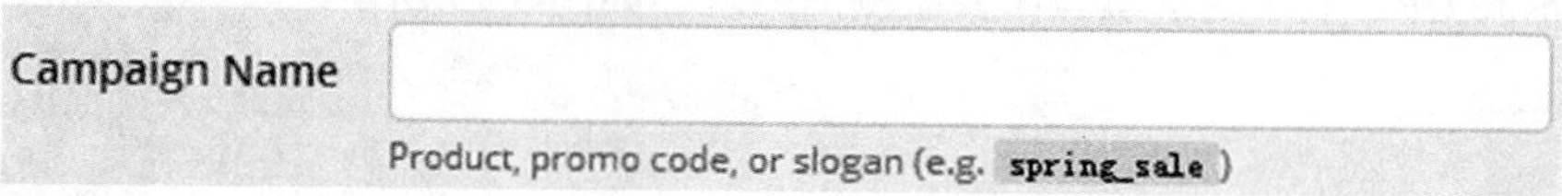

图 3-78

3．监测链接的优化

在设置完监测链接后，生成的网址相比于原始网址更长、更复杂，同时夹杂各类符号。这于用户体验是不利的，例如，某些情况下我们需要直接向用户发送推广链接，试想用户面对此类冗长复杂的链接，首先联想到的是会不会有病毒，所以为了避免这样的情况出现，要把网址缩短。缩短网址的工具很多，这里介绍使用百度短网址工具：http://dwz.cn/，如图 3-79 所示。

图 3-79

我们把之前生成的链接，粘贴到长网址框，单击“缩短网址”，即生成短网址。

第 4 章

数据化营销分析方法

从本章开始，我们将学习数据化营销分析办法，帮助你构建数据分析的本能，以及对重点数据的要点进行解读。学会如何制作营销计划，对广告进行多维度分析。带大家思考产品在各阶段的营销投放方式及注意事项。并会有多份实战表格展示，让你更加深入了解数据营销的全过程。

4.1 构建数据本能

4.1.1 定性分析法

如前所述，孤零零地看数据只是一堆数字而已，把数字合理地分析利用才能有效发挥其最大价值。定性分析法是数据本能的核心思维之一。想象一下，你现在拿到了“五一大促”的全网推广数据，那么如何开始分析呢？第一步是根据网站业务定义的核心指标（如果是电商网站可以看销售额，ROI），判断当前的数据是否合理，销售增长与否，是否成功。例如 ROI 和销售额数据，这就是定性下结论。

它是将当前业务和历史数据相结合，进行分析研究的一种方法。在数据化营销中经常用到。

1. 同比分析法

同比是与历史时期进行对比，通常以年为单位，如今年 5 月与去年 5 月进行对比。同比可以排除季节、短期波动等时间影响，可以说明本期与去年同期相比处于怎么样的发展水平。

如图 4-1 所示为 2016 年和 2017 年 1 月至 6 月的销售额数据。

2016年	销售额（元）
1月	300
2月	375
3月	410
4月	430
5月	690
6月	590
2017年	
1月	290
2月	330
3月	390
4月	440
5月	680
6月	600

图 4-1

现在要计算 2017 年 5 月销售额的同比增长率是多少，怎么计算呢？

同比增长率=（本期发展水平−去年同期水平）/去年同期水平 × 100%

或者：

本期发展水平/去年同期水平−1

可以计算得到 2017 年 5 月的销售额同比增长率为−1.4%。

2. 环比分析法

环比是本期统计数据与上期比较，例如 2017 年 5 月与 2017 年 4 月相比较。

还是采用如图 4-1 中的数据，现在要计算 2017 年 5 月环比增长率，如何计算呢？公式如下：

环比增长率=（本期数据－上期数据）/上期数据×100%

或者：

环比增长率=本期数据/上期数据−1

可以计算得到 2017 年 5 月的环比增长率为 55%。

同比发展速度，一般是指本期发展水平与上年同期发展水平对比，而达到的相对发展速度。环比发展速度，一般是指报告期水平与前一时期水平之比，表明逐期的发展速度。同比和环比，这两者所反映的虽然都是变化速度，但由于采用基期的不同，其反映的内涵也是完全不同的。一般来说，环比可以与环比相比较，而不能用同比与环比相比较。而对于同一个地方，若想反映时间纵向上的发展趋势，则往往要把同比与环比放在一起进行对照。

3. 平均数法

平均数是表示一组数据集中趋势的量数，它是反映数据集中趋势的一项指标。平均数有算数平均数、几何平均数、加权平均数。我们在数据化营销中经常用到的是算数平均数，是指在一组数据中所有数据之和再除以这组数据的个数。举例，下面需要计算 2017 年月均销售额。

月均销售额=（1 月+2 月+3 月+4 月+5 月+6 月）/6=455 元

平均数法很容易受到极大值和极小值的影响，平均数非常明显的优点之一是，能够利用所有数据的特征，而且比较好算。但是平均数也有不足之处，容易受极端数据的影响。

本例中就能明显观察到其受到极大值和极小值的影响。

由于各个统计数据都有各自的特征，这就需要我们根据营销过程中的实际问题，来选择合适的统计数据。

4.1.2 原因分析法

当我们拿到一份全网营销活动数据时，根据定性分析法，得出了对业务情况的基础结论。之后就需要针对已经得出的数据结论，进行数据分析和挖掘，以找到导致其发生的原因。

我们是不是经常遇到这样的问题：

（1）本月流量环比下降 30%，用户流量断崖式下跌的原因是什么？

（2）本月 SEM 营销的成交额较上月持平，但是营销费用上涨 50%，是什么原因？

（3）本月成交笔数较上月持平，但是退款率环比上涨 25%是何原因？

对定性结论进行数据挖掘，探究原因，在数据化营销的项目总结、数据分析中占有举足轻重的地位，是数据本能的核心思维之一。本节将重点讲解原因分析法。

1．细分分析法

细分分析法是网络营销、互联网运营中的常用方法。顾名思义，细分分析是对整体的一种拆解。我们需要将拆解思维贯彻到数据分析的过程中，找到影响全局的因素。

假设 2017 年 4 月 UV 为 15602，5 月 UV 为 13636，环比下降 12.6%。我们需要根据终端渠道细分，找到哪一个终端的流量在下降，目前主要的终端是移动端和 PC 端。

我们可以先将平台流量终端细分为 PC 端、安卓端和 iOS 端。从图 4-2 中可以发现流量变动最大的部分是 iOS 端，4 月 7148，5 月 4963，下跌 30.6%。

由此，我们找到了流量下跌的主要原因在于由移动端流量下跌，且重点在 iOS 端。那么我们的研究重点就转移到 iOS 流量下跌的原因。是不是广告投放出现了问题呢？你可以与操作人员做重点研究。

终端	4月	5月	变动
PC	4329	4687	8.30%
Android	4125	3986	-3.40%
iOS	7148	4963	-30.60%

图 4-2

2．漏斗分析法

漏斗分析法是数据化营销的基本分析方法，在网站运营、用户分析方面运用得非常多，特别是在营销推广方面效果较好。它能反映营销各个环节的转化，从展现、点击、访问、咨询、下单，全流程的客户行为，并且直观体现了问题出在哪个节点。有助于我们快速发现问题，及时调整运营推广思路，优化转化流程。如图 4-3 所示是一张简化的渠道营销数据漏斗分析表，由图 4-3 我们制作了一张漏斗分析图，如图 4-4 所示。

	人数	转化率
展现量	7883	
点击量	1926	24.43%
注册人数	1648	85.57%
交易人数	338	20.51%

图 4-3

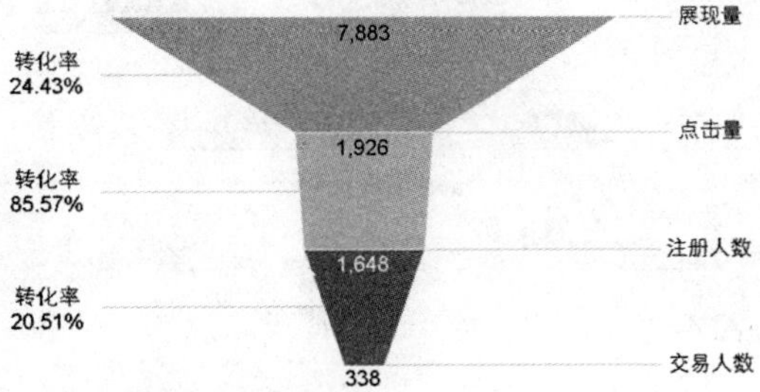

图 4-4

从漏斗数据可以看到，下单环节出现了较大的问题。注册转化率在 85.57%，但是下单却只有 20.51%的转化率。流失了近 8 成的注册用户。该节点是整个交易流程中损失最大的部分。为此，如果要提高销售量，我们必须找到该节点转化率低的原因，在这里做重点优化。

3. 路径分析法

路径分析法是常用的数据挖掘方法之一，它通过对 Web 服务器的日志文件中客户访问站点访问次数的分析，挖掘出频繁访问路径。

你可以知道用户从哪里来，从哪里进入网站，从哪里离开网站，在网站寻找什么东西，对哪些产品、内容感兴趣。

也可以了解到页面布局是否合理，网站导航功能模块是否正常。路径分析在后面章节会有案例讲到。

4. 杜邦分析法

严格地说，杜邦分析法应该叫杜邦分析法思维。为什么呢？杜邦分析法的定义是利用几种主要的财务比率之间的关系来综合分析企业的财务状况。该方法主要是对企业的财务状况进行分析。

杜邦分析法运用到数据化营销中，对于我们查找营销环节各部分发生的状况有重要意义。简单地说，杜邦分析法就是拆解思维的重要体现。

下面先看一个杜邦分析图，如图 4-5 所示。

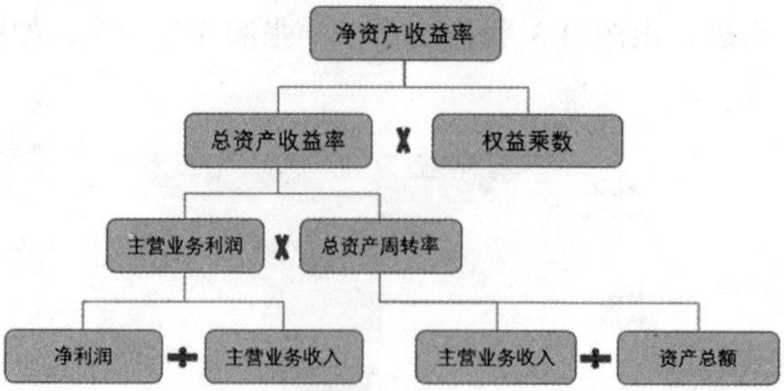

图 4-5

可以看到，从净资产收益率拆解到了业务收入，当然还可以继续细分。由此，利用杜邦分析思维，我们可以这样拆解电商网站利润，如图 4-6 所示。

这个思维在实际操作中运用很广，在后面的章节中会有实例讲解。大家务必谨记。

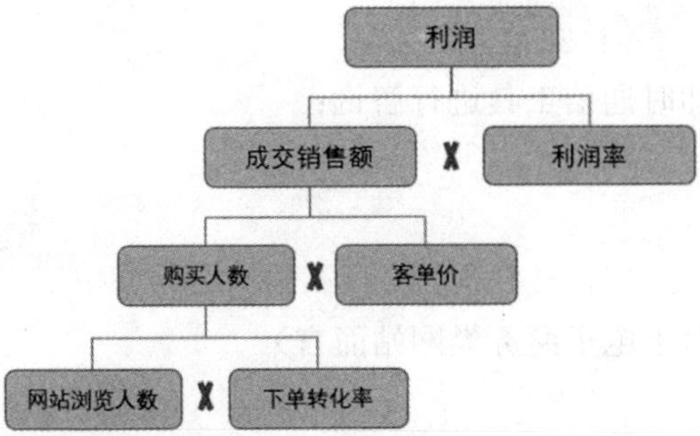

图 4-6

4.1.3　转化率是效果营销的重要指标

我们知道，网络营销是以现代营销理论为基础的，借助网络、通信和数字媒体技术实现营销目标的商务活动。广义地说，企业利用网络进行的一切营销活动都可以被称为网络营销。

从营销角度来看，网络营销有两种目的：一种是以品牌宣传为目的；另一种是以营销效果为主要目的。

广告大师约翰·沃纳梅克有句名言“我们都知道广告费用一般是被浪费了，但是我们不知道浪费的是哪一部分”，这句话很好地诠释了品牌营销所面临的问题。而这个问题恰恰是以效果为导向的数据化营销的强项。

1. 数据化营销重视转化率

先复习一下什么是转化率，转化率（Conversion Rate）指在一个统计周期内，完成转化行为的次数占推广信息总点击次数的比率。

计算公式为：转化率=（转化次数/点击量）×100%

什么是转化行为呢？

转化行为可以根据业务的情况，灵活定义，下面是在数据化营销中常用的转化行为定义：

（1）在网站上停留了一定的时间；

（2）浏览了网站上的特定页面，如注册页面、购物车页面等；

（3）在网站上注册或提交订单；

（4）通过网站留言或网站在线即时通信工具进行咨询；

（5）通过电话进行咨询；

（6）上门访问、咨询、洽谈；

（7）实际付款、成交（特别是对于电子商务类网站而言）。

2．转化率如何影响利润

商业活动存在的目的是为了盈利，利润是终点，同时也是起点，在这里，我们把利润作为起点，来分析我们的业务流程。

公式：

利润=销售额×净利润率

上面这个公式我们都知道。下面进行拆分：

利润=（购买人数×客单价）×净利润率

=网站浏览人数×下单转化率×客单价×净利润率

把推广步骤加入公式：

- 展示广告推广

利润=推广展现量×推广转化率（点击率）×下单转化率×客单价×净利润率

- SEM 推广

利润=搜索展现量×搜索转化率（点击率）×下单转化率×客单价×净利润率

以上是我们以电商型业务为蓝本做的利润计算。如果你不是做电商行业的，则可以根据自己的业务特点进行归纳，例如做服务类 APP，则可以重点考察注册转化率等指标。

为了方便大家理解，笔者制作了如图 4-7 所示的流程图。

左边是移动端某 APP 截图，方框内显示的是广告投放展示区域。在这里，我们能计算该广告展现次数是多少，有多少用户点击这个链接，到达了广告的承接页面。这一步就是用户到达率。

用户到达广告承接页面后，有可能直接点击产品，提交订单产生购买。也有可能暂时不下单，进入网站首页、搜索页、专题页面浏览，了解商家信息来决定是否购买，或者直接关闭页面。

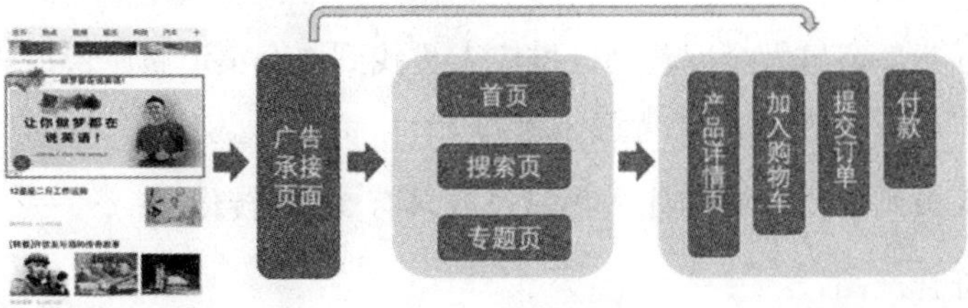

图 4-7

3．转化率告诉我们优化方向

效果营销的核心指标之一就是转化率，在实际工作中，我们往往会被各种转化率包围，所以要拆解好这一核心指标。了解流程中出现的问题，确定优化的方向，如图 4-8 所示。

图 4-8

图 4-8 是电商的交易流程，我们将整个购物流程进行拆解。

从流量路径来看，用户可以从任何一个链接进入网站，可能是首页，也可能是专题页，或者其他的页面。假设我们的全站转化率是 10%，也就是每 100 个人来到网站，会有 10 名客户成交。同时假设客单价为 1000 元，每天的流量 2000。根据公式计算：

销售额=2000×10%×1000=20 万元

可以得出单日销售额为 20 万元。

现在上级要求“五一”假日做全网营销。推广人员找到 1 个渠道做广告投放，在经过一段时间的测试后，得出 A 渠道成交转化率为 5%。

作为网站的运营人员则需要分析为什么我的投放只有 5%的转化率：

（1）渠道特性不符合产品

（2）渠道数据作假

（3）物料不精准

（4）页面设置不合理

（5）技术原因

以上都有可能是问题出现的原因。

全站转化率非常重要，而全站转化率就是由广告投放转化率、活动转化率、商品转化率组成。要提升全站转化率，就需要把流程拆解，对照具体的业务环节做针对性的优化。

比如商品详情页转化率，它是成交用户量除以商详页总流量的比率。如果要提高商品详情页的转化率，运营人员又需要从哪些方面进行优化呢？

（1）商品信息是否完整

（2）咨询服务是否到位

（3）品牌表现力营造信任感

（4）引入的流量是否精准

由此可见，转化率细分为我们提供了运营优化的方向。数据化营销的核心工作之一就是围绕营销效果做好业务优化。而转化率作为核心指标是需要我们持续、重点关注的。

4.2　电商活动及广告投放

4.2.1　如何制订年度大促计划

大家一定知道京东、天猫的电商购物节，如火爆全球的天猫双 11，每年的销售额都以极高的速度增长，在消费者购物狂欢的背后，是对网站平台整体运营实力的考验。看得见的如前端页面的更新；客服话术的制定、临调；仓储物流的跟进。看不见的如运营人对流量的控制；各渠道广告投放；大流量涌入对平台稳定性的冲击。可以说如果其中一环出现问题，都会面临活动失败的风险。越是大活动，越能考验网站的整体运营能力。

所以本节笔者专门就年度大促活动计划和安排，结合表格的制作，做出专门的讲解。这样的内容并不多见，希望对大家有所帮助，读完后也仔细思考，自己的活动应该怎么做。

1．系列表格的制作

（1）项目行动表

行动表如图 4-9 所示。

越是大型活动，工作越要细致，对活动流程及事务要有全盘把控。结合图 4-9 所示的表格，我们谈谈要注意哪些事项。

我们一般将活动分为活动前、活动中、活动后。以此为顺序做行动安排，你可以重点关注以下具体事项。

① 活动前：

a．项目总结

这里的项目总结，主要指前期大促的复盘结论回顾。哪些环节在之前的大促中出现了问题。结合本次活动要有哪些准备和应对措施，团队要认真讨论，找出解决防范办法。

b．目标

活动的本质是通过一定的奖励机制来激励用户进行某些特定的行为。因此活动都带有目标性。这也提示我们，在做活动之前首先要问自己，为什么一定要做这次活动，你的目的是什么。

行动项目表

阶段	项目	描述	备注	时间	是否完成	负责人
促前	去年分析总结					
	目标					
	商品端					
	后台系统					
	物流					
	运营					
促中	运营					
	客服安排					
	物流					
促后	运营					
	客服					

图 4-9

但是这样会有一个问题，就是不知道定多少目标才合适。定高了怕达不到，定低了领导不同意。笔者建议把最近一年以内的活动前后数据做对比，看看做活动期间和不做活动的增长情况，例如活动期间比非活动期间的新用户数增长 20%，那就把增长 20%~30%作为下一次活动的目标。

具体的目标设定一般包括销量目标：销售额、新增用户量等；服务目标：客服转化率、纠纷率、投诉率；设定运营指标：转化率、跳失率、客单价；设定客户 CRM 指标、复购率等。

c．商品端

对主推商品、关联产品、赠品计划及成本要有明确设定。确认商品库存，以及设置警戒，防止出现无货可卖的情况，活动商品要契合商品端的整体规划。核算商品价格，把控整体利润率水平。

d．平台系统

活动上线前的数据预测和数据埋点以及后期的数据回收都十分重要，尤其是线上活动，数据埋点是在开发时需要明确的，运营人员和产品人员可以梳理好需要把哪些数据指标给到技术人员。注意做好风险控制，活动过程中可能会涉及资金安全，以及页面被竞争对手干扰、封杀、服务器压力瘫痪等技术问题导致活动临时中断，以上均是需要考虑的风险控制因素。

线上大型活动一定要预留 1～3 天测试时间，避免出现 BUG 导致活动不能按时上线。特别是交易流程相关，如立即购买、加购物车、资料填写、付款流程、物流后台对接等。

e．运营端

运营端在活动前除了对全盘活动的制定外，对活动预算以及活动预热要有重点关注，活动预算的制定是根据活动目的和对历史活动总结综合得出的。

活动预热最简单的方式就是告知，如哪天上线什么活动。做活动最基本的要素是参与者，要让尽可能多的潜在目标对活动感兴趣，产生参与的欲望。预热更复杂的方式不仅限于告知，而是加上各种有噱头的元素，试图勾起受众对活动的兴趣，增加参与的热情，甚至利用受众的认同、炫耀等心理做二次分享传播，带来爆炸性的曝光。预热可以传达活动直接的利益点，让爆点被挖掘，自觉成为传播的话题。

关注：设计方向如网站首页、海报、专题页、商详页改版；制定各类活动规则，相关页面改版；预热相关的短信、邮件、站内信设置；内部培训，包括客服、物流、设计、后台等。

f．物流端

电商活动不仅仅是对线上人员的大考，更是对仓储物流的一次严峻考验，要做好人员排班跟进，大促前做好活动演练；流程优化相关，包括临时库位、商品布局改进、提前打包、流水线改进等；物资准备包括包装盒、胶带、打印机、墨水、扫描枪等。

g．客服

活动前的客服准备仍然是重点之一：

知识培训，包括商品的知识、销售的属性、宝贝的基本属性等。可以在内部以模拟反串、分享交流的方式，总结知识点，快速解决问题。

用考试方式来考核客服对各类知识点的熟记。

建立热门商品关联库，对热销商品的搭配产品以及替代产品有迹可循。可设置快捷推荐短语，主动推荐产品，最大限度地利用流量。

对工具的培训。了解第三方工具软件、插件的功能点与大促期间遇到问题的匹配，让客服清楚工具的功能并能熟练地操作。

② 活动中：

a．运营端

数据监控，主要针对运营数据和销售数据做出及时调整；页面改进，根据活动情况，做物流、页面、客服的页面调整告知，视觉美化调整；

监控竞争对手变化、商品价格、活动规则等；

商品库存，卖完的商品要及时下架，对于该商品的引入流量，及时做二次引导。

b．客服

活动中要注意：

- 催单、客户挽回，大促时预估 30%以上订单将拍下不付款，催款能挽回 30%~40%以上的流失单子。可以选择第三方工具、站内信等催付工具；催付要及时，且自动化催款；自定义设定短信模板，有针对性，能对某些活动商品单独地设置催款。在客服资源丰富的情况下，可以进行部分高价值顾客的人工催款，这需要事先分配好客服人员。

大促期间对出现的问题做好应对，保证大促期间能省时省力地集中精力在突发事件上，如果使用第三方软件，需保证在使用期间不过期，提前对软件进行续费，防止服务中断。

- 客服绩效监控并合理调整，在大促当天注意实时监测客服绩效，例如对一段时间内询单转化率低的客服进行实时关怀或者直接更换。要根据团队氛围情况有目的地选择一些既可以宣泄客服不佳情绪又能激励客服工作情绪的方式，例如整点报单、报客服排名、奖励等。

c．仓储物流

关注订单流程、打包流程、出货流程。

订单流程包括审单和打单。

审单流程：

- 自动审单设置

- 导入进销存新
- 时间设定（系统软件篇）
- 根据备注，隔离问题单，专人处理
- 审单优先级与多人审单

打单流程：

- 同一单品同一数量的订单选择性打印，免发货单
- 打印员不撕单不订单，专职负责打印
- 依照设置条件搜索
- 提前联想单号，并生成高速打印

卖家最容易出现错误的 3 个地方：强制覆盖单号、随意作废已导入订单、活动临近结束无扫尾遗漏订单。

打包流程：首先，将特卖或者爆款商品，预先打包一部分，有需要验货的顺便贴条码；其次，称重后，按照指定顺序放置；最后，称重或者验货后，自动上传单号（提高发货速度）。

出货流程：和快递公司确定好活动期间的时速、到达率、异常单反馈速度，超区件是否可以自行转其他快递；准备好备选的快递，爆仓严重的地区，发备选快递。

务必有一个人专门实时处理申请退款订单。

③ 活动后：

给用户一个交代，即把活动结果告知用户。例如线上有奖活动，很多活动参与者就是奔着奖品来的。所以，运营人员在活动结束后，首先要做的就是尽快把结果通过各类渠道通知用户。

给自己一个交代，运营人员不仅要在活动中不断地监测活动实时数据，更要在活动结束后懂得如何回收数据。看看活动的最终效果和活动策划阶段的预期相差多少，找出影响活动预期的环节出在什么地方，是活动内容有问题还是活动投放渠道出了问题，分析原因，然后找出解决办法，避免下次活动重蹈覆辙。

活动后总结应该把重点放在对活动规律的讨论上，所谓规律的讨论，并不是仅仅找到发现的问题，而是要尝试研究问题发生背后的规律，进而形成标准化、制度化的改进。

活动后分析的主要指标，电商行业可分为：成交总额；成本；新客数与获客成本；

订单与库存消耗；最受欢迎的品类。

营销方案中的每个环节的数据包括：PV与UV；分享数；话题相关参与粉丝数；领券数。可根据活动指标去查看对应的数据，主要可以从流量类、订单类、成本收益、传播情况、参与程度几个维度去分析。

客服方面可重点关注退款纠纷，对退款原因进行分类，哪一类可以避免退款，哪一类可以通过换货解决，哪一类只能通过退款解决。对客服的售前售后占比进行调整，整理表单，合理分配人员、合理地分配退款分类、控制退款风险，将退款率降到最低。

（2）项目分工执行表

项目分工执行表如图4-10所示。

项目分工执行表

序号	项目	责任人	工作内容		内容要求	完成时间	跟进情况反馈			
							第一次跟进	第二次跟进	第三次跟进	第四次跟进
1	广告		1							
			2							
2	商品规划		1							
			2							
3	物料准备		1							
			2							
4	活动策划		1							
			2							
5	数据分析		1							
			2							
6	客户服务		1							
			2							
7	仓储物流		1							

图4-10

项目分工执行表是在详细的活动方案的基础上整理的。项目细分化可执行性十分明确：为项目准备期、活动执行期的人员分配事项、时间节点等；能够实时把握项目的进展，了解突发问题，推进项目按部就班地进行。

确定了活动方案、明确了人员分工后，接着需要做的就是在周进度表的基础上按部就班地推进项目进度了。建议以每周2～3次的频率，召开项目进度会议。活动运营负责人需要通过会议，全程把握项目的进度、整体情况，同时发现并解决阻碍项目推进的重难点。只有这样，才能保证项目在原定的时间节点内推进。

项目分配表的目的是将工作分解到人，并排期。重点项目内容包括如下几项：

- **广告资源：**微博微信、新闻稿、DSP/SEM投放计划、流量计划、老客营销计划、主推款计划；
- **商品规划：**活动商品结构（具体如引流款、利润款、形象款）设定、老品去库存、新品的营销引导；

- **物料准备**：商品视觉及文案优化、各推广渠道图片等素材优化、页面设计、首页、活动承接页、主推商品页、新品上架包装；
- **活动策划**：策划方案；
- **数据分析**：项目总结复盘总结，确定提升的方向，优化方案；
- **客户服务**：客服话术优化、客服培训。

（3）项目甘特图

根据项目分配表制作项目甘特图，如图 4-11 所示。

**甘特图																																					
序号	项目	分解	执行事项	开始时间	结束时间	负责人	**月份																														
							一	二	三	四	五	六	日	一	二	三	四	五	六	日	一	二	三	四	五	六	日	一	二	三	四	五	六	日	一	二	三
							1	2	3	4	5	6	7	8	9	10	11	12	13	14	15	16	17	18	19	20	21	22	23	24	25	26	27	28	29	30	31
1	活动方案确定期	方案确定																																			
		文案策划																																			
2	页面设计	页面设计																																			
		页面实现																																			
		活动页面																																			
3	客服培训	客服培训																																			
4	仓储测试	物流发货																																			

图 4-11

通过制作项目甘特图，我们将要完成的事务分解到人，确定完成期限。很多情况我们会把项目分工执行表和项目甘特图结合使用。

（4）流量计划表

活动开始前，运营人员和数据部门要做好数据准备和收集工作。具体来说：

① 确认营销目标，对销售目标、引入的流量做预估。如果不是电商型网站，可以根据自己业务实际情况设定目标值。

② 对广告的不同投放形式，着陆页、链接做好埋点、标记工作，与技术人员确认。

③ 对各渠道的不同广告形式确定评测指标。例如新媒体推广，有阅读量、转发量。微博推广，有注册会员量、拉粉数据。这些不同的推广形式、不同的数据是否加入考核指标呢？一般来说，数据基本指标都会剔除渠道特色指标，按照全站基本指标

进行设置考核。

④ 确认数据指标的收集范围。包括全站的基础数据、物料投放与效果数据（这里包括各细分物料、效果数据，方便此后操作优化，这些会在后面的章节详细说明）。不同的公司对于指标的划分不尽相同。我们一般会按照销售类指标、流量类指标、会员类指标进行划分。

流量计划表用于对销售目标下的整体流量的预估，帮助梳理、控制流量数量和质量，如图 4-12 所示。

流量计划					
	预计UV	转化率	订单量	客单价	销售目标
大促主要目标					
正式活动流量预估					
微博					
360					
百度dsp					
外网流量					
CRM					
无线					
流量缺口					

图 4-12

主要内容包括销售目标，以及对流量需求的倒推，并且逐一分解各渠道的流量来源，查补流量缺口。

（5）费用预算表

流量计划完成后制订推广计划、编制预算表，如图 4-13 所示。

（6）货品规划表

帮助对销售货品进行整体规划，如图 4-14 所示。

引流款主要以吸引点击为目的，清仓款以甩掉库存为重要目的，搭配款的设定要注意用户心理，价格体系制定要结合市场情况，不能凭空想象。

（7）客服话术表

客服话术的制定非常重要，客服是与访客接触的一线人员，合理的话术可以起到良好沟通的作用，提升访客满意度。运营和客服需要根据访客心理，综合产品特性、活动变动、主推产品等因素编制客服话术，起到良好的引导作用，提高咨询转化率，如图 4-15 所示。

预算表			
项目	项目	计算数据	单位
运营推广数据			
成本数据			
	合计：		

图 4-13

货品规划表												
产品构成	品类	品牌	型号	产品规格	实际售价	预计销量	预计成交	品类占比	商品比例	库存比例	定价	备注
引流款； 占比：XX%；												
热销款； 占比：XX%；												
形象款； 占比：XX%；												
赠品； 占比：XX%；												
清仓款； 占比：XX%；												

图 4-14

话术制定表		
情况	回复标准	建议话术
1. 快递		
2. 发货		
3. 发票		
4. 建议		
5. 信息更改		
6. 突发状况		

图 4-15

以上是电商活动运营中的基础表格范式，读者可以根据自己业务的实际情况，对表格修改优化。只有将活动细节形成文字表格，才能对活动做全面的精细把控，做到精细化运营推广。下面我们来看看工作中常用的活动分析维度。

活动运营是网络产品运营的重要一环，每次推出大型促销活动时，活动前需做出周密安排，活动后仔细复盘分析，梳理本次活动得失。

在网络营销推广中，运营人员需要用到各类报表，下面是笔者为大家补充的常用销售类报表。

① 年度销售报表

年度销售报表（见图 4-16），以年度为单元统计本年的主要销售数据，包括销售额、销售达成率、退款率、客单价、转化率、投入产出比等核心数据，作为重要的年度总结的一部分。

② 月度销售报表

月度销售报表可以以销售为主轴，流量以及推广数据作为补充，做数据汇总，如图 4-17 所示。

在工作中，月度销售总结是使用频率最高的，不光自己要用，上级往往也会要求将每月的销售总结分发给公司高层以及相关人员。主要内容包括基础销售数据、流量数据、主要渠道的推广数据（如消耗、产生的成交、ROI），自己可以根据情况进行删减。

③ 产品跟踪表

产品跟踪表并不是说所有产品都需要制作该表，而是对很多中心型网站来说，因其主要销售的 SKU 并不会很多，往往单独的几个产品可以占大部分的销售额，所以针对主推产品，往往会单独制表，观察其销售流量等数据，如图 4-18 所示。

内容包括：预测和实际的销售数据、各推广渠道的消费和成交数据、参与的各项活动数据、新品上架前的准备工作。当然，你可以根据自己网站的业务情况，灵活调整。有些朋友就会把流量、转化等数据一并整合。

④ 月度经营报表

月度经营报表的使用者更多是运营人员本身，分别统计 PC 端和移动端的基础流量数据、销售数据、推广数据，如图 4-19 所示。

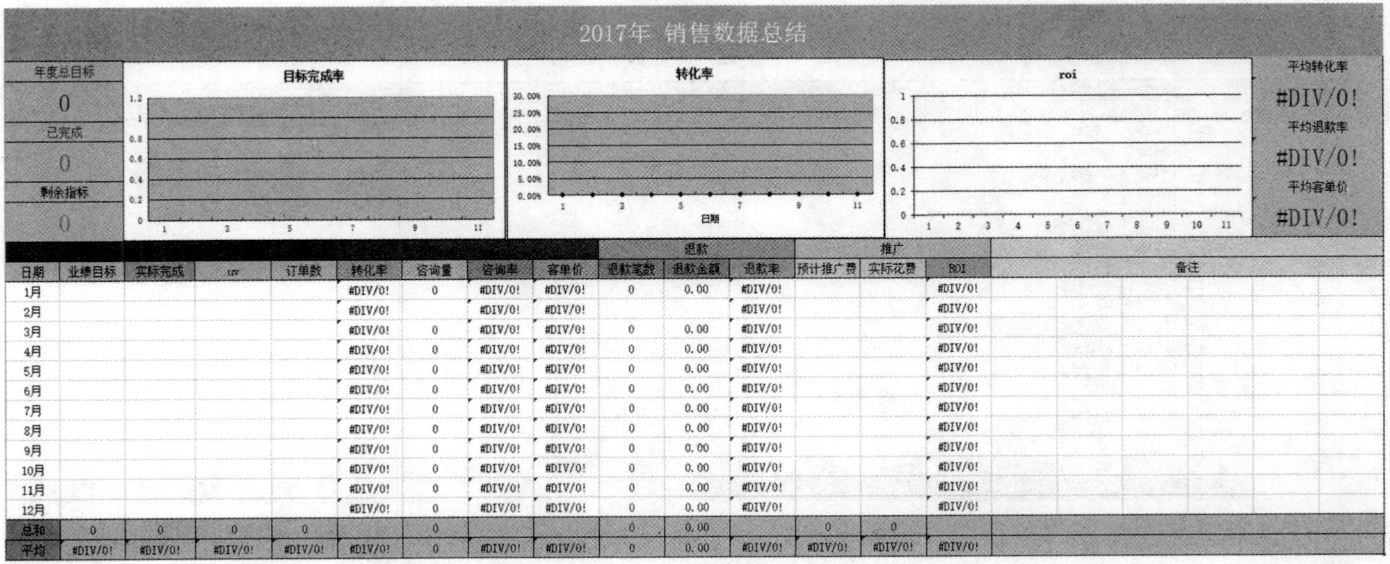

									退款			推广			
日期	业绩目标	实际完成	uv	订单数	转化率	咨询量	咨询率	客单价	退款笔数	退款金额	退款率	预计推广费	实际花费	ROI	备注
1月					#DIV/0!	0	#DIV/0!	#DIV/0!	0	0.00	#DIV/0!			#DIV/0!	
2月					#DIV/0!		#DIV/0!	#DIV/0!			#DIV/0!			#DIV/0!	
3月					#DIV/0!	0	#DIV/0!	#DIV/0!	0	0.00	#DIV/0!			#DIV/0!	
4月					#DIV/0!	0	#DIV/0!	#DIV/0!	0	0.00	#DIV/0!			#DIV/0!	
5月					#DIV/0!	0	#DIV/0!	#DIV/0!	0	0.00	#DIV/0!			#DIV/0!	
6月					#DIV/0!	0	#DIV/0!	#DIV/0!	0	0.00	#DIV/0!			#DIV/0!	
7月					#DIV/0!	0	#DIV/0!	#DIV/0!	0	0.00	#DIV/0!			#DIV/0!	
8月					#DIV/0!	0	#DIV/0!	#DIV/0!	0	0.00	#DIV/0!			#DIV/0!	
9月					#DIV/0!	0	#DIV/0!	#DIV/0!	0	0.00	#DIV/0!			#DIV/0!	
10月					#DIV/0!	0	#DIV/0!	#DIV/0!	0	0.00	#DIV/0!			#DIV/0!	
11月					#DIV/0!	0	#DIV/0!	#DIV/0!	0	0.00	#DIV/0!			#DIV/0!	
12月					#DIV/0!	0	#DIV/0!	#DIV/0!	0	0.00	#DIV/0!			#DIV/0!	
总和	0	0	0	0		0			0	0.00		0	0		
平均	#DIV/0!	#DIV/0!	#DIV/0!	#DIV/0!	#DIV/0!	0	#DIV/0!	#DIV/0!	0	0.00	#DIV/0!	#DIV/0!	#DIV/0!	#DIV/0!	

图 4-16

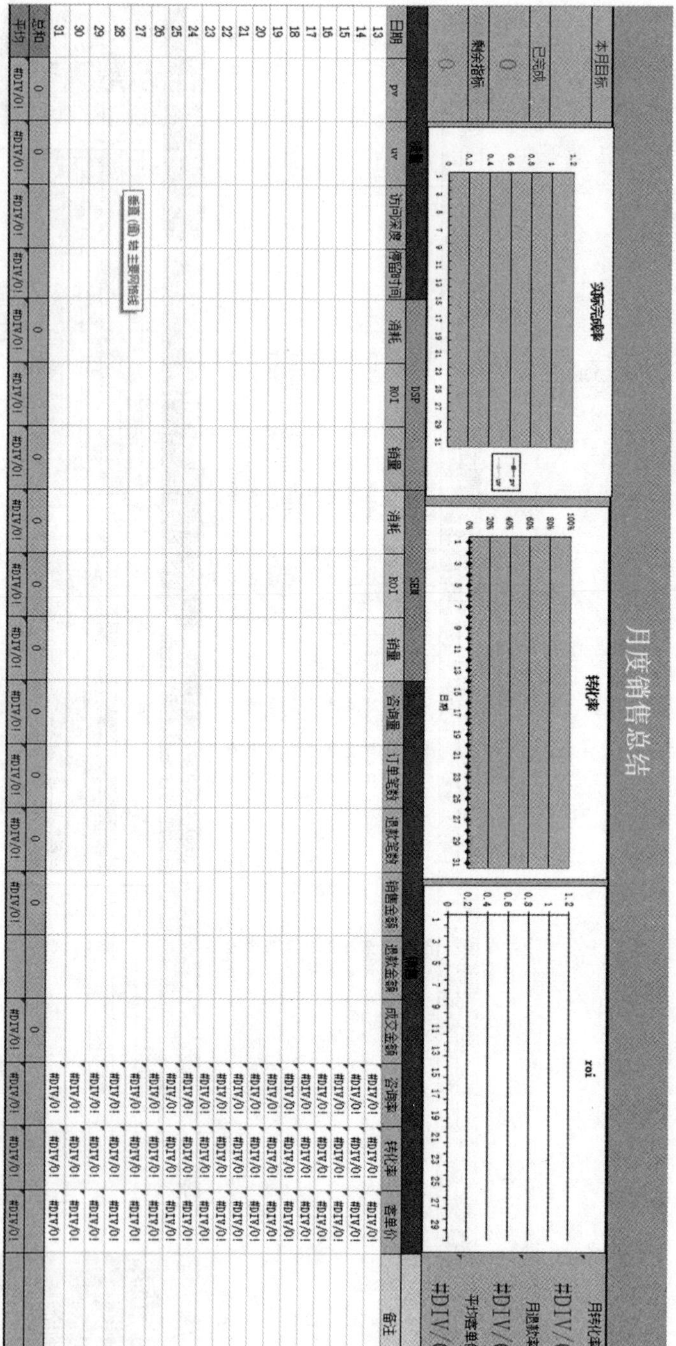
月度销售总结
本月目标
已完成
剩余指标
转化率
roi
月转化率
月退款率
平均客单价
日期
pv
uv
访问深度
停留时间
消耗
ROI
销量
DSP
SEM
咨询量
订单笔数
退款笔数
销售金额
退款金额
成交金额
咨询率
转化率
客单价
备注
总和
平均

图 4-17

预计销量	品牌	AAA						产品名词；图片；其他事宜
	类型	促销价	销量	促销价	销量	促销价	销量	
	合计							
营业额（月）								

活动名称	项目名称	产品	数量	单位	单价/厂价	网络零售价	活动价	费用投入（支出）					营业额（收入）	盈亏	备注	时间	点击量/总	点击量/天	保底成交量	目标成交量
								产品成本	运费	广告费/赠品	佣金/扣点	小计								
推广	微博																			
	360																			
	微信																			
	资源互换																			
活动	预热测试																			
	秒杀																			
合计																				
准备工作	网站设置																			
	短信营销																			
	新品预售																			
	旧品涨价																			
	售后服务卡																			

图 4-18

201*年*月经营明细																																			责任人	
PC端											手机端									综合								pc推广			投入产出比	[illegible]推广			投入产出比	备注
日期	星期	访客数	回访客	回访率	跳失率	成交用户数	成交件数	成交金额	客单价	成交转化率	访客数	回访客	回访率	跳失率	成交用户数	成交件数	成交金额	客单价	成交转化率	访客数	回访客	回访率	全店转化率	成交件数	成交用户数	客单价	总成交金额	360	微博	小计		360	微博	小计		
	六																																			
月总和		0	0	#DIV/0!	#DIV/0!	0	0	$0.00	#DIV/0!	#DIV/0!	0	0	#DIV/0!	#DIV/0!	0	0	$0.00	#DIV/0!	#DIV/0!	0	0	#DIV/0!	#DIV/0!	0	0	#DIV/0!	$0.00	0.00	0.00	0.00		0.00	0.00	0.00	#DIV/0!	
平均值		#DIV/0!	#DIV/0!	#DIV/0!	#DIV/0!	#DIV/0!	#DIV/0!	#DIV/0!	#DIV/0!	#DIV/0!	#DIV/0!	#DIV/0!	#DIV/0!	#DIV/0!	#DIV/0!	#DIV/0!	#DIV/0!	#DIV/0!	#DIV/0!	#DIV/0!	#DIV/0!	#DIV/0!	#DIV/0!	#DIV/0!	#DIV/0!	#DIV/0!	#DIV/0!	#DIV/0	#DIV/0	#DIV/0!		#DIV/0	#DIV/0	#DIV/0	#DIV/0!	

图 4-19

⑤ 老顾客促销表

老顾客促销表往往在二次营销时使用，以方便激活老客户时发挥重要作用，如图 4-20 所示。

老顾客促销表									大促数据参考		
总目标		分目标									
对象	目标	对象	人数总和	需购买人数占比	需要购买人数	当天响应率	预热收到信息次数	活动收到信息次数	活动名称	响应率	客单价
响应率		活跃期									
客单价		沉默期									
响应人数		沉睡期									
业绩		流失期									
费用		流失期1年外									
ROI		合计									

图 4-20

表格内容主要分总目标和分目标，总目标是本次激活营销的总体目标，包括预期响应率、客单价、响应人数、销售业绩、促销费用、ROI。分目标应根据客户对象的层级进行划分，如活跃期、沉默期、沉睡期、流失期、流失期 1 年以外。客户层级的定义可以根据实际情况制定，如 1～3 个月是属于活跃期等。激活手段一般是邮件+短信，发多少短信、邮件，根据反馈及时调整。老顾客促销同样需要制作促销计划表，如图 4-21 所示。

计划						
阶段	对象	活动时间	目的		内容	发送人数
营销阶段						
活动后						

图 4-21

2．活动效果的分析思路

（1）目标分析

目标分析是为了了解预期目的与实际结果的差距，这里是定性分析，是对活动效果做出的基本判断。具体分析包括：

① 销售汇总

② 用户汇总

③ 流量汇总

（2）渠道引流分析

① 整体流量分析

② 分析各渠道预期与实际效果

③ 分析渠道具体数据，找到投放的得失

④ 营销渠道排名

⑤ 整体总结与效果建议

（3）活动主分会场分析

活动主分会场分析，比较适用于大中型电商网站。主要包括点击分析、流量引导等内容。

① 主会场页面点击分析

对页面的点击监测，可以使用点击热力图分析；为了更精准地跟踪每个位置的点击数据，我们也可以对重点位置添加跟踪代码来监测数据。

要注意的是，页面区块点击率高是由多种因素影响的，包括商品类型、价格、促销、位置。

② 流量引导

计算活动页面流量来源，同时做好流量分配的引导。如跳出率分析，在一次活动中，我们发现用户进入页面后跳出率增长 30%，后来发现主要是因为某渠道无效流量过多。分析流量去向，例如我们发现页面第 3、第 4 屏产品点击量过少，大部分点击集中在首屏区域。这个问题可能因爆款占用太多资源，造成大部分点击集中在爆款区域。

（4）活动商品分析

① 整体分析包括各类目商品销售任务是否达成，如目标销售额、实际销售额、毛利、毛利率、达成率等。

② 细分活动商品，如引流款、利润款等，分析其 UV、PV、订单量、销售量、销售额等情况。对销售好坏的判断及其原因进行分析。

（5）竞争对手分析

① 竞争对手活动特点分析，包括活动形式分析（秒杀、特卖等），了解其主打产品和诉求点。活动节奏分析，如预热期、爆发期产品特点，以及活动规划。

② 促销分析（优惠券、折扣、买赠等），了解其优惠力度、使用规则、不同产品的促销策略，总结对手玩法。

③ 渠道分析，收集竞争对手的重点投放数据，如核心优势、广告诉求等。这类数据的获得比较困难，需要运营人员多观察，如针对 SEM、DSP 投放渠道测试。

4.2.2　广告投放的分析维度

随着互联网的飞速发展，网络广告也成为一种主要的广告形式，而网络广告的形式具有复杂和多样化的特点。

在网络营销中，运营人员经常会在各种不同的广告渠道、营销平台进行推广。当我们完成一个重点活动的全网营销时，该从哪些维度来总结和评估本次推广的得失呢？具体有如下几个方面。

1. 渠道分析

渠道是指广告投放的媒介平台。例如百度搜索、广点通、360、百度、神马等，这是几个大型的推广渠道，同时在大渠道中又会有小的渠道特点，例如百度搜索平台会有品牌专区、搜索营销的细分，由此构成了多样复杂的网络营销生态。渠道细分是广告分析的第一步。

大家要重点关注以下几个方面。

（1）流量质量

我们不仅要知道流量从哪里来，还要知道哪些途径带来的用户多。这就需要我们对流量质量有一个把控，渠道流量的质量评估是一个难点工作，因为流量是一个流动、变化的数据。不同产品、不同目标、不同时间的投放，可能都会使流量质量产生差异。一般来说可以用下面的方法：

① 对比分析，将广告流量和非广告流量进行对比，可以知道到底是渠道质量还是网站自身的问题。

② 根据网站流量曲线规律，了解网民登录网站的习惯。

③ 根据网站流量时段变化，发现流量的规律和异常点，进而查找深层原因，及时发现问题，调整投放。

④ 建立复合指标，将用户行为分解为可供评估的数据，例如注册、加入购物车、下单等。

⑤ A/B 测试。

（2）转化

外部来源的流量转化率，可以直接体现该渠道的流量质量。结合各渠道转化率的对比分析，则可以体现各渠道的转化效果。在这里要提醒的是，撇开作弊的因素，转化质量不高，也与推广产品本身和渠道属性有一定关系。在这里简单说一下，后面会有详细的讲解。例如广点通平台，就是以年轻人、白领、学生这样的用户群体为主，新浪的广告平台则是以中年人群体为主，如果你的产品是新潮、低价，用户群体主要是年轻人，那么选择广点通进行投放广告会比新浪好，如图 4-22 所示。

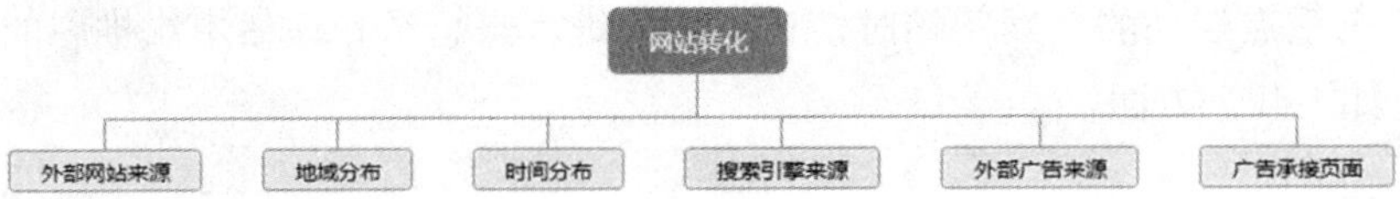

图 4-22

我们要分析哪些广告带来的用户最多；哪个搜索引擎带来更多的订单；哪个时间段和地域能够给我们带来最多的流量；哪个着陆页的效果最好，可以带来更好的转化效果。

2. 媒体展示样式分析

展示样式就是投放在广告渠道里所展示的形式、位置。同一个渠道往往有很多种展现样式的投放。不同展现样式对广告效果的影响很大，这就需要我们对此进行分析整理。

广告的投放一定是有一个从测试到放量的过程（见图 4-23）。这是因为当我们面对一个新的投放平台，或者新广告展示样式时，都不能一开始就大规模投入。科学的投放节奏应该是先测试，再放量。这就需要我们对媒体的展示样式，以及该样式的特点做好数据的整理和分析。

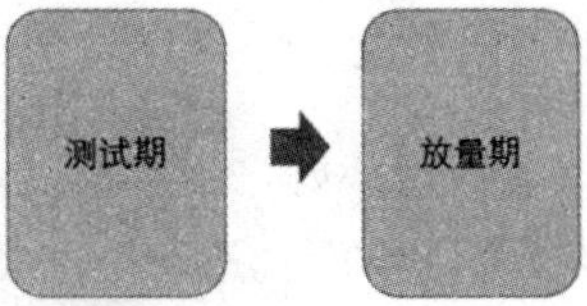

图 4-23

3．投放时间分析

广告效果的好坏，投放时间是一个重要影响因素。合理地、策略性地选择时间，对于营销效果的达成，具有战略意义。

（1）淡季和旺季是否有区别？例如旅游产品的广告投放，三亚旅游的旺季是在 12 月左右的冬季。如果你在 5 月做大规模投放，转化率怎么会高呢？产品的销售节奏和推广节奏需要协调配合。

（2）24 小时的广告分配。是否需要根据用户以及产品特点进行分析并选好投放时间。

（3）工作日和节假日投放分配是否合理。

4．预算分析

所有广告的投放都要根据预算来进行计划、调整。我们要根据预算来做营销计划，同样也要根据预算来选择营销渠道，根据预算来评估营销效果，同时找到预算和投放效果的最佳配比。

5．广告内容分析

广告以什么样的内容投放能够产生最大的效果，一般的广告内容包括秒杀、团购、打造单品爆款、专题活动等。以什么样的内容投放广告，需要我们根据运营的目的灵活调整。

6．物料分析

物料是指广告投放的素材，它是吸引用户关注、点击的重要环节。

我们要注意物料的创意是否可以吸引目标用户。大家注意，这里的创意不是说要做多么与众不同！而是说创意需要根据不同的渠道特点来撰写和设计。

同时注意物料的创意是否根据用户的特点和心理的购买阶段来量身定制。什么是购买阶段心理？这会在后面章节详细讲解。

7. 着陆页分析

着陆页设计是影响广告效果的一个重要因素。着陆页设计得不好，用户在点击链接进入页面后，就会马上关闭页面，造成跳失率奇高。着陆页经常用到达率、跳失率、二跳率、页面热力图来做分析。

（1）到达率是广告来源的访问量与广告点击量之间的比值，它反映了真实的访客数量。公式：

到达率=访问次数/点击次数

到达率过低，说明较多点击的人群未能抵达网站，就关闭了网页。

造成这一问题的原因有可能是网站打开速度较慢或者服务器不稳定。访客打不开，就会关闭走掉，造成访客流失。

当然也包括恶意点击，如同行点击的情况。网站尚未打开即离开，或者网站统计代码出现错误，造成到达率无法显示。这些都可以与技术人员进行沟通。

（2）跳失率是指用户进入网站，只访问了一个页面就离开的访问次数占该页面总访问次数的比例。它直接衡量了页面质量（包括页面设计、流量）的好坏。

跳失率高，需要从多方面找原因：

① 关键词、创意、产品的相关性。简单地说，就是有没有挂羊头卖狗肉，假设你的创意写明了注册会员送 100 元，用户一看颇为欣喜，然后点击进去，发现是一张 100 元优惠券，还要购物满 2000 元才送。

② 广告承接页制作水平低，没有按照营销型套路制作。

③ 活动不给力，产品没有竞争力。

④ 信息不明确。如产品信息描写不清楚，或者没有给用户足够的指引信息等。

跳失率过高，往往是由很多种因素引起的，需要具体问题具体分析。在站外推广中，要时刻关注广告承接页的数据情况，遇到问题及时调整。

以上是在站外广告投放中需要复盘分析的几个主要维度。当然，你也可以根据自己业务的实际情况和运营目的去做针对性的整理和分析。

4.2.3　如何制作一份营销策划方案

一份完整的网络营销方案的内容一般包括以下 5 点。

1．行业分析

需要注意的是行业分析一定要接地气，与企业实际情况相结合，行业分析一般包括各类市场规模、增长趋势、用户特点、消费习惯等数据报告。对于发展时间长、规模较大、发展迅速的行业，此类数据均不需要购买，直接去各类市场咨询网站下载即可，如图 4-24 和图 4-25 所示。

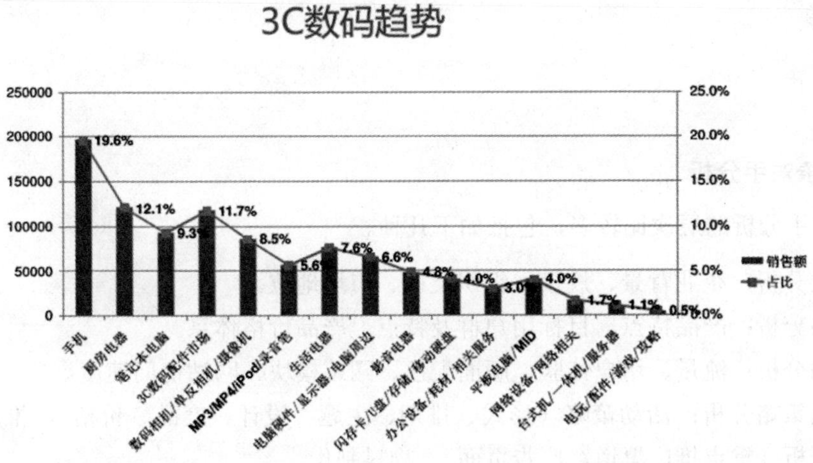

图 4-24

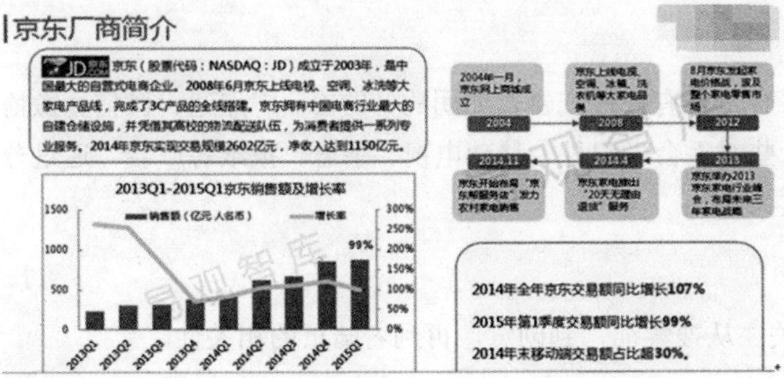

图 4-25

也可以用百度指数，透过关键词需求图谱、人群画像做细分研究，如图 4-26 所示。

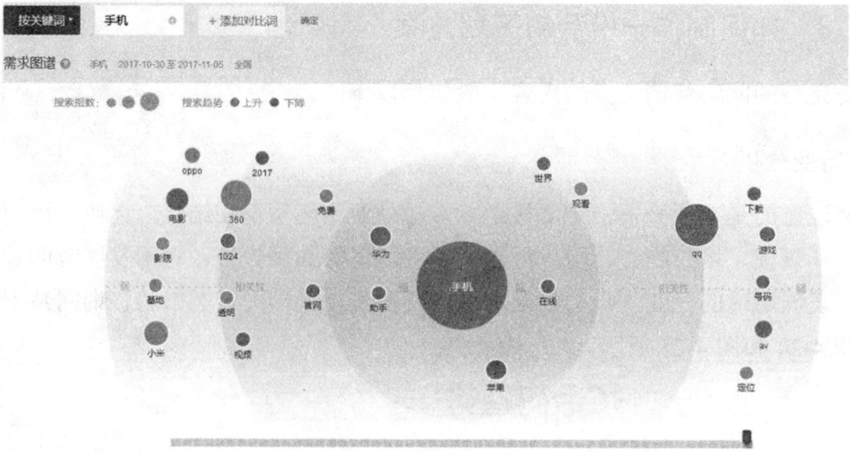

图 4-26

2. 竞争对手分析

竞争对手分析的层次比较多，包括如下几种。

- 背景分析：企业背景、规模、组织架构、市场地位。
- 产品分析：产品特点、目标用户群及特点、产品价格体系。
- 网站分析：流量、用户体验、版面配色、网站模块、网站访问速度。
- 营销策略分析：活动策略（形式、排期、主题、设计、产品、价格）、推广渠道分析（重点推广渠道，广告页面）、物料制作。

案例分析：

（1）推广渠道

分析对手在其他平台是否有投放广告，如团购、SNS、广点通、微信、微博、垂直行业网站等，还有一些对手会做户外、移动电视、杂志、报纸等广告。通过分析可以了解到同行的综合实力。

（2）SEM 推广分析

SEM 推广分析要关注从搜索词，到创意，再到着陆页的相关性。

可以先分析关键词，模拟从搜索词进入着陆页，比如：品牌词、产品词、行业词、长尾词等，去分析竞争对手的着陆页面指向是否和搜索词相关。如果所有词都指向了首页，那么基本上可以忽视掉这个对手了。如果品牌词指向到首页、产品词指向到专题页、行业词指向到栏目页、长尾词指向到内容页，那你就要小心了。这可以大致判断对手的推广水平。

（3）创意

分析标题撰写技巧，卖点提炼，分析同行广告新样式的使用情况，从而可以知道同行对账户的精细化管理程度。

（4）页面文案表现

页面文案的制作是否是根据自己的目标用户偏好、产品特点、关键词购买阶段来进行的。

（5）对手活动策略

团购、秒杀、买一送一、周年庆典、满折等网站促销。

（6）转化点

交易流程是否顺畅，有何特点；客服设置是否合理，如悬浮窗口、弹窗；话术是否规范，是否有专门的优化、针对性的调整；可以尝试与在线客服沟通，将常见的、重点的客户问题进行提问，试探对方的话术技巧。

3. 方案目标

确认营销的目标，并做初步分解。

在制定目标时要注意 3 个方面：

（1）根据公司战略制定营销目标（大致了解）

从宏观上来说，一份完善的营销策划方案，需要紧跟公司战略。作为总监级别的公司高层管理者，则需要参与到公司战略的制定中来。

在实际工作中，我们往往会确定 3 个问题：① SWOT 分析；② 公司战略拟定；③ 商业模式制定。

SWOT 分析如图 4-27 所示。

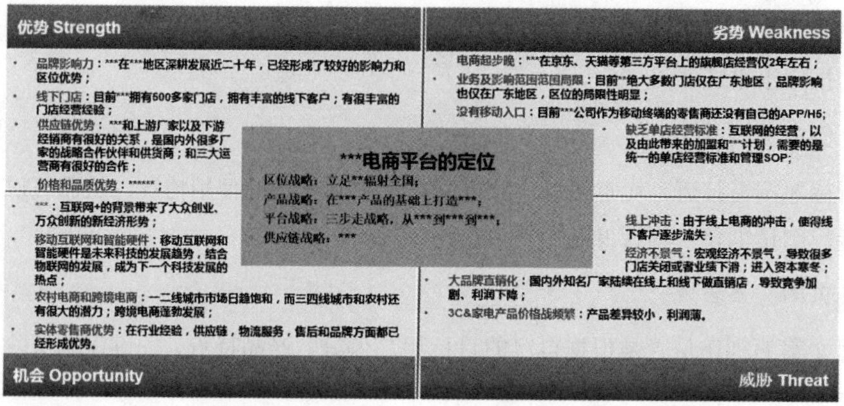

图 4-27

图 4-28 是在 SWOT 分析的基础上，制定的电商平台发展战略。

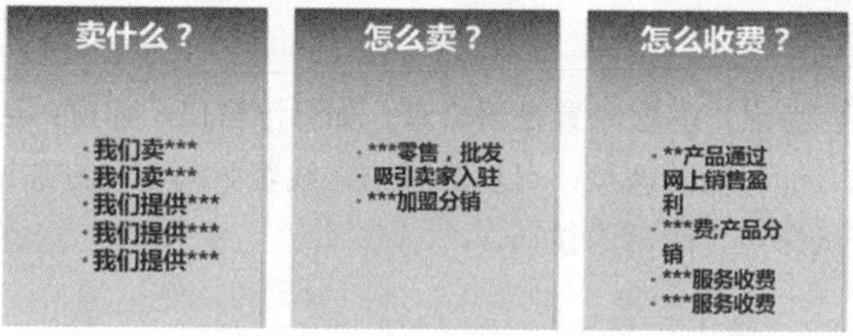

图 4-28

这里对商业模式和公司战略不做重点说明，有兴趣的朋友可以加笔者微信。

（2）制定三观正的目标

笔者要教你的是三观正的网络营销，我们先明确什么是三观正的网络营销。很多企业都有做网络营销的需求，同时也有很多专门提供网络营销服务的公司，如图 4-29 所示。

有经验的读者对这一类应该不陌生。此类全网营销服务，对品牌曝光有一定的好处。但是从其所产生的实质效果来讲，微乎其微。这是因为该类服务的品牌曝光非常之分散，达不到立竿见影的效果。最重要的是，很多曝光量也存在刷数据的嫌疑。一轮营销下来，往往都是百万级的曝光量，数据非常好看，成交基本没有。很多企业营销人员为了有一个比较好看的数据，会经常使用，所以此类全网营销也很有市场。

百科营销	百科文案：为客户提供公司百科词条内容梳理	1篇
	百度百科	1条
	搜狗百科	1条
问答营销	百度问答/知乎/宝宝树/新浪爱问/360问答/搜搜问答（1问1答）（根据实际情况，选择最适合的平台发布）	300条
新闻营销	新闻撰写	2篇
	高收录新闻媒体发布	13个
	主流媒体：网易，新浪，搜狐，光明网，凤凰网，中华网等媒体。	
	媒体策略：门户/行业/地方（收录率超过60%）	
自媒体	搜狐自媒体，今日头条，一点资讯等	10个
博客营销	博客稿件（采用新闻、论坛、百科文案）	5条
	将文案发布至新浪，网易，天涯，搜狐等各大博客平台	300篇
文库营销	两大文库平台发布：百度文库，豆丁文库	5条
	文库从产品，品牌、行业以及用户信息角度阐述	条

图 4-29

而笔者要教你的，是如何做有效果的网络营销方案。制订方案的目标是取得业务效果，达成转化。

（3）目标要有可衡量的指标

目标不能务虚，要务实，做到可衡量、可追踪。

案例：

为了更容易理解，以下案例均经过简化。假设，目标是在第 4 季度完成 500 万元的销售额，如图 4-30 所示。

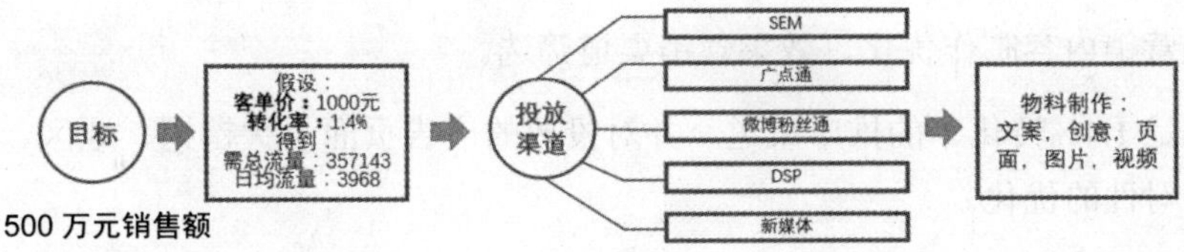

图 4-30

根据 500 万元销售目标倒推出需要总流量 357143，日均流量 3968。初步制定投放渠道：百度 SEM、广点通、微博粉丝通、DSP、新媒体。

在这里，需要注意的是，日均流量的变化要根据市场情况调整。因为第 4 季度有电商的两个重大节日，双 11 和双 12。节日期间的流量肯定会有爆发式的增长，节前、节后则是流量低潮期，节前的低潮是因为大部分访客希望在双 11 当天获得更多的优惠，把购买需求延后。购买需求的释放，则造成节后流量普遍偏低，需要 15 天左右的恢复期。需要做出有针对性的改变，放大流量，提升销售额。这里双 11 和双 12 不计入影响因素。

4．营销策略及阶段目标

确定基本营销策略，并制定不同阶段的工作目标，逐步找到稳定的流量来源。

案例：

承接上例，为了达成在第 4 季度完成 500 万元销售额目标，制定以下推广策略：

（1）垂直媒体投放带动网站流量

（2）DSP & SEM 投放到达精准用户

（3）活动营销，以 O2O 为核心撬动整个市场

结合自身门店优势，深挖用户价值。利用实体店展示、新老用户挖掘，形成线上与线下的良性互动，利用线下导流线上。

（4）构建自媒体阵列，以微信、微博为主传播渠道

阶段任务：

第 1 阶段

时间：10 月

重点：营销内容制作优化，效果营销渠道筛选。

找到满足 1.4%转化率的推广渠道，并对投放的广告页面、关键词、地区、时段、设备进行针对性的优化。

第 2 阶段

时间：11 月

重点：营销活动优化，内容测试。

结合线上线下互动活动的优化、新媒体活动渠道和内容的优化。该阶段整体费用逐步加大，流量增加，稳定转化率。

第 3 阶段

时间：12 月

重点：稳定流量来源，达成销售目标。

注意：营销推广的过程是一个不断改进、迭代优化的过程。没有最好，只有更好。

5. 执行排期（简化版本）

部门工作分解表如图 4-31 和图 4-32 所示。

执行时间	2017年		
	10月	11月	12月
重点	第一阶段	第二阶段	第三阶段

图 4-31

相关部门	负责人	工作内容	时间	备注
营销中心门店				
运营部				
品牌市场部				
研发部				
it运维部				
财务部				

图 4-32

执行排期表如图 4-33 所示（下载资源文件可获得完整表格）。

A	B	C	D	E	F	G	H	I	J	K
阶段		分类		项目	负责人	协助	11月1日	11月2日	11月3日	11月4日
第二阶段	活动事项	活动设置	预热	会员筛选分类	a	D				
				制定短信发送计划	B	D				
				编写短信内容	C	E				
				为老客户发放优惠券	C	F				
				预热期间站内红包发放	C	F				
			满减	确定满减额度	B	D				
				优惠券设置	C	D				
				关联搭配设置	C	D				
			秒杀	确定秒杀时间	a	D				
				确定秒杀产品，库存	a	D				
				设置秒杀规则，价格	a	D				
		承接页	承接页（预热期）	demo	C	E				
				初版	D	G				
				讨论	C	all				
				修改	D	G				
				确定	D					
			承接页（正式）	demo	C	all				
				调整	D	G				
				最后修订	D	G				
			关联内容	demo	a	all				
				页面	D	G				

图 4-33

TIPS：

（1）目标清晰完整，为了达到阶段目标，需要执行哪些细化目标。

（2）工作明细尽量具体，安排到人，方便快速跟踪、反馈。

（3）执行时间细化，明确开始和完成日期。

6. 费用预算表

费用预算表如图 4-34 所示（下载资源文件可获得完整表格）

阶段	类别	项目	总价	链接示例
第二阶段（预估流量***，成交***）	百度投放	SEM	****元	
		百度DSP	****元	
	腾讯广点通投放	QQ投放	****元	
	360点睛	购物小蜜	****元	

图 4-34

TIPS：

（1）费用要具体到类别所在的具体项目。

（2）阶段费用投入能够带来的效果预估要写入表格。

完成以上 6 项的撰写，则基本完成了营销策划方案的框架。具体的营销方案内容的撰写需要根据公司业务市场变化做出针对性的应对。

4.3 产品发展各阶段的营销特点及主要方法

为了能够让大家更好地理解数据化网络营销，笔者把网络营销投放的步骤归纳为 3 步走战略，如图 4-35 所示。

我们要根据产品的不同发展阶段、市场、业务模式，来确定 3 步走战略。产品的迭代更新和反复是一个持续的过程，数据化营销的优化也贯穿始终。下面，笔者结合案例对营销步骤分步讲解。

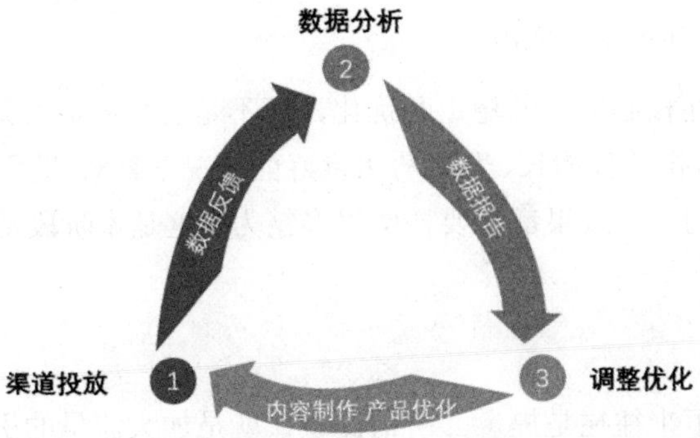

图 4-35

第一步：渠道投放

尽管产品有千千万万，但总体来说，我们要能对不同发展阶段的产品选择的广告渠道做出基础规划。

（1）初级阶段产品

广告渠道的选择原则是快速找到最容易获取有效流量的渠道。可以选择多个渠道进行测试，找到与目标用户匹配、带来有效流量的渠道。同时要关注用户质量，就是能够付费、带来转化的用户。

在初始推广阶段，我们往往会选择 4 个左右渠道，当然，你可以根据公司的人手灵活调整。花 4 周的时间，用相对较少的费用，结合免费和付费两个维度的渠道进行推广测试。能够找到 1～2 个有效流量的渠道都是成功的。

同时明确推广 KPI，以有效转化为目标。例如对电商产品来说，流量能够带来多少成交是关键。

如果在测试中，某些渠道能够达到收支平衡，这就意味着该渠道优化空间巨大，值得深入研究，产品推广初期寻找这样的渠道，是我们的重点工作。

大家都知道小米是互联网手机的代表，它的网络推广相当成功。在发展初期，小米手机因为价格便宜、款式新颖，受到很多年轻人的欢迎。所以在推广渠道的选择上，重点发力与目标人群相重合的平台，这样使得 QQ 成为主要的推广平台之一，从营销效果来讲，也达到了预期。

（2）发展阶段产品

① 重点渠道做精、深挖，持续带来有效流量

在产品发展期，我们应该关注核心渠道的稳定和优化，而不是盲目地扩大营销。很多运营人员，在营业额和流量数据逐步增长、发展势头良好的情况下喜欢四面出击，结果是除了损失之外，恢复之前的营销效果都需要耗费很多精力。这是本阶段常犯的错误。

② 关注转化率

经过初期的投放测试后，接下来往往是提量。所谓提量，就是加大流量的引入。流量的提高势必对其本身质量会有影响，造成转化率不稳定，或者大幅下降，进而导致成交额下降。这需要对流量的数量和质量进行有效控制（流量控制会在 SEM 章节详细讲解），同时对页面做出引导优化。

③ 渠道流量不是无限的

任何一个特定的方法和渠道，能够获取的总流量都是有限的。即便百度流量如此巨大，搜索某个产品的人群，也只有客观人数这么多，而且流量会越拿越贵。

这里有 4 个关键点：

a．找到边际效应最佳点。边际效应的基本含义是，当其他投入固定不变时，连续增加某一种投入，而新增的产出或者收益，反而会减少。从推广角度来说，就是当其他条件不变时，推广费用持续增加，但是新增的每一元费用的投入换来的产出下降了，呈现边际效应递减的趋势。运营推广人员则要通过测试，找到边际效应递减的节点。

b．因为流量天花板客观存在，这样就促使我们需要不断寻找新的推广渠道。对不同渠道要建立测试计划，包括时间、内容、方式、设备、地域、兴趣维度等。要注意的是，新渠道的推广是建立在核心流量渠道的深入挖掘和优化的基础之上的。

c．深度挖掘已有推广渠道，以腾讯广点通为例，广点通不只有 QQ 平台，还有微信、腾讯新闻等。从微博推广看，有粉丝通推广，也有大号转发推广、粉丝头条等。运营人员需要回收大量数据，分解营销目标，计算营销费用的投放，对工作流程进行优化，做好数据的深挖和精细化运营。

d．渠道多元化思路，这样流量的来源会更加稳定。如果全站流量仅靠 1～2 个渠道引入，则该渠道的任何风吹草动都会影响网站流量的稳定。

如众所周知的百度魏则西事件。当时笔者的一部分学生获取流量的重点来源就是百度竞价排名（SEM），因为魏则西事件，百度把搜索首页广告条数降低，直接让广告没有办法展示，造成流量的急剧下降。

④ 品牌营销

产品成熟期的推广，要以稳中求变的思维获取流量，除了在流量获取上延续一直以来的操作思路外，还要注意加大营销推广的力度和范围，特别是品牌营销。

第二步：数据分析

（1）有效数据

首先，提取有用的数据，而不是无意义的数据；然后进行分析，通过数据进行合理的研究和总结。

从推广的角度来说，我们需要真实有效的数据，在收集有效数据的前提下做出合理研究，调整优化推广策略，但是真实情况往往不尽如人意。

（2）运营人员容易踩的坑

① 关注转发量阅读数

这样的情况常出现在网络营销公司提供的宣传方案中，其会明确标明微博营销、软文营销有多少曝光量、阅读量、转发量。实事求是地说，此类数据对业务的真实贡献几乎为 0，大多都是营销公司自己刷。有人会问，既然是刷的怎么还有人去做呢？有一部分人是根本不懂，觉得挺高大上就做了。还有一部分人虽然知道这个做假，但是需要拿数据给上级看。笔者不鼓励大家用这类数据。

② 将数据分析等同于大数据分析

很多运营人员做营销策划，特别喜欢用行业报告，如果本行业与报告契合，可以使用。但是倘若本行业规模不大（小规模行业报告较少），行业报告也只是有业务交叉的非专业报告。这样的情况不建议将大数据套用到本行业，使用此类数据做分析往往不靠谱。例如图 4-36 是某年度的终端销售占比，有些运营人员会把类似数据加入到营销策划方案，作为产品的销售指导。

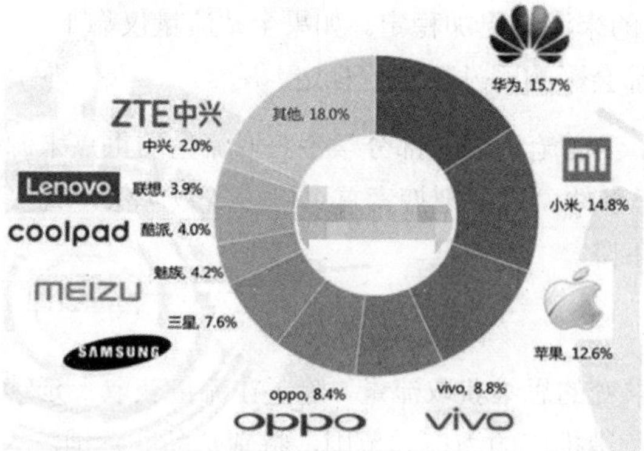

图 4-36

③ 盲目拓宽推广渠道

前面说的是数据乱用的情况，还有一种情况是在没有数据分析的情形下，找大号转发、发布软文、论坛营销、微博营销。看起来热火朝天，其实没什么用。这类情况较多出现在传统公司转型互联网期间。

④ 产品、页面、文案调整靠“感觉”

对页面、文案、广告、功能的调整想当然。有经验的读者应该遇到过，某一天老板把你叫到办公室，打开手机，指着同类竞品。“小强啊，为什么他们的页面这么好看，我们的好像就差一点，没有一种高大上的感觉。改成他们这样的吧？”你的老板是不是这样靠“感觉”来做产品调整？除了老板，有时上级会很强势或者产品经理很强势，大家都认为自己对。我要说的是，调整有调整的理由，但是调整的理由不能是“感觉”。大家可能觉得不可思议，但这是真实的写照。如果你遇到这种情况，请告诉上级不能改动的原因，请拿出数据反馈的根据，用事实数据说话，数据会告诉你用户真正的想法。

（3）数据分析根据需求调整

需求不一样，分析对象不一样，设定的转化点也不一样。比如你做网络分销，则可以给所有分销部门或者人员一个专属二维码。二维码里埋有监测代码，所有从二维码扫码、注册、购买的数据都会被记录。这样可以知道不同渠道、部门的推广效果。这就是数据分析思维的运用。如果是网购业务，在网站加入检测代码，设置转化点，记录每一个用户的来源、点击、购买、站内行为。

如果是做 SEM/DSP 推广，需要分析的环节则更多更复杂。这就是为什么笔者会在本书加入 SEM 和 DSP 推广的详细讲解，如果把数据营销的技能看成是考驾照，SEM 和 DSP 推广可以看成 C1 照，其他的营销手法看成是 C2 照。换句话说，如果你会开手动挡车，就一定能开自动挡。学会高阶营销方法，自然也会普通的营销方法，因为它们的原理是一样的。

（4）数据反馈的重点

① 转化率

产品发展的萌芽阶段要重点关注转化率，转化率反映了产品的业务模式是否走通了。它需要我们对流量来源进行监测，并且设置转化目标，建立评估标准。

以 DSP 广告投放为例，如图 4-37 所示。

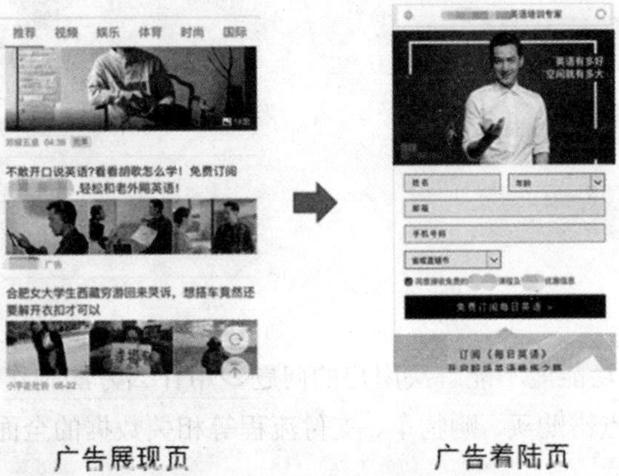

图 4-37

图 4-37 的左侧是广告投放展现页，右侧是点击广告展现后到达的广告着陆页。结合转化漏斗，如图 4-38 所示。

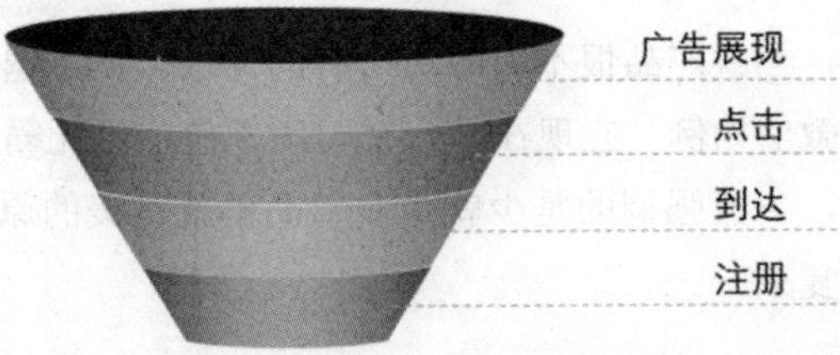

图 4-38

从广告展现到点击，我们关注点击率；从点击到真正进入页面，关注到达率；到达页面后，关注注册率。

图 4-37 是一则英语培训 DSP 广告，流量来源于百度移动 DSP。因为培训业务的交易流程比较长，很少能够达成立刻成交，所以设置的转化目标以注册、取到联系方式为标准。

以上是移动 DSP 广告，当然，我们还可以对投放的任意 URL 链接埋入数据监测代码，以达到数据收集的目的。

② 全站优化

发展阶段数据反馈的核心是关注整站优化，简单来说，运营负责人不仅要关注流量的数量和质量，还要关注产品的优化，如图 4-39 所示。

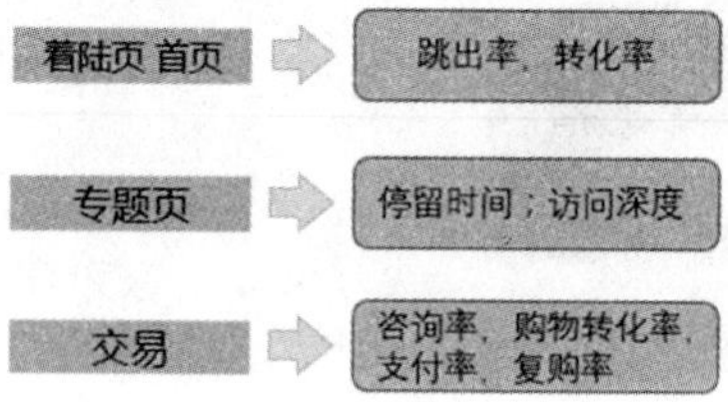

图 4-39

产品的优化包括：产品核心功能能不能解决用户的问题，用什么方法制作首页、着陆页；交易路径中客服沟通，点击购买、购物车、支付流程等相关数据的全面优化。

第三步：优化策略

数据的反馈、分析都是为了产品和营销的优化，运营人员可以从哪些方面做出重点思考，下面的思路希望对你有帮助。

（1）产品结构的优化

这个世界大部分的人都相信复杂，一款产品恨不得解决所有的需求。其实越简单越难，越是简单的产品越见功夫。以微信为例，它现在是一个无所不包的巨无霸。但是在发展早期，微信的创始人张小龙，一直强调的是少就是多、简单就是美的原则。为什么这样说？因为越简单，往往越复杂。

首先，简单不是简陋，使用不便和体验糟糕不是简单，是缺陷。其次，简单的产品需要对用户需求有深刻的认识，用户研究做到极致，才能够做出匹配的功能和设计，并且恰到好处地完成“简单”。微信的一些功能设计，往往是站在人性的角度做出思考，这是它的伟大之处。

（2）创意和着陆页优化

用户看到产品的第一印象，往往是一扫而过。想象一下你坐在时速 300km 的动车上，车外放置一块吸引你的广告牌。当然，广告牌和网络广告投放是两种不同的渠道，需要根据具体情况判断。在网络营销中，投放的创意与着陆页，和这块广告牌在某种程度上很相似。当用户在浏览网站时，被海量信息包围。要让他识别你的广告，并且点击，进入着陆页，且不关闭，保持浏览至成交，这就要需要从开始做到吸引，并且在几秒钟内告知用户你的产品是什么，以及带给他的好处。

创意和着陆页的优化，需要你带着那块高铁旁边的广告牌一起思考。时刻记住，用户的行为是扫描，不是浏览！

我们精心准备的文字，大部分受众可能根本不会看！但是很多运营人员喜欢把产品信息、优势等各种信息往页面上堆。期望用户能够在一个页面全部了解你的产品。这个时候，问问自己，当你坐高铁看到一幅密密麻麻的广告牌时，会怎么想。

着陆页的设计制作会贯穿推广始终，优化重点的重点包括文案撰写的优化，图片、用户体验的优化，等等。笔者也会在后文详细讲解。

（3）优化转化路径

① 什么是转化路径

如果用户在你的产品（网站）上停留 1 分钟，说明你的产品已经在吸引用户，你要考虑，可以用什么手段，让他停留 5 分钟、10 分钟，甚至每周都来看看。根据产品业务类型不同，有些产品是 APP 推广，重点是要客户下载。另一些业务的交易流程会比较长，比如医疗、培训、招商，需要用几天、几周、甚至几个月时间，才会产生转化。你的产品是否做到了根据不同业务形态，设置页面内容、优化转化路径呢？

什么是转化路径？百度百科说“转化路径是指用户在互联网上面做广告，网民通过展现量—点击量—浏览量—咨询量—购买量这一系列的转化途径”。笔者认为百科词条的解释不足以表达其含义或者核心。

笔者认为转化路径是：访客从登录网站到转化购买，这一系列行为的最优转化途径。

大部分人是这样认为的，对转化路径的研究是为了了解访客对转化路径中各个步骤的访问情况。通过转化路径报告，及时了解访客通常会在哪些步骤放弃对网站的继续访问，从而有效地改善网站质量。访客在已设定的各个转化路径上的访问情况，可以帮助了解转化路径中哪个页面的访客流失率最大，从而有针对性地改善转化路径页面以提升网站转化率。

但是笔者要强调的是，除了大多数人认为的对访客流失的挽回和提高页面质量之外，转化路径往往因为业务的不同，会有重大区别，同时还要根据流量的质量和数量，设计和调整转化路径。

不同业务模式转化路径，如图 4-40 所示。

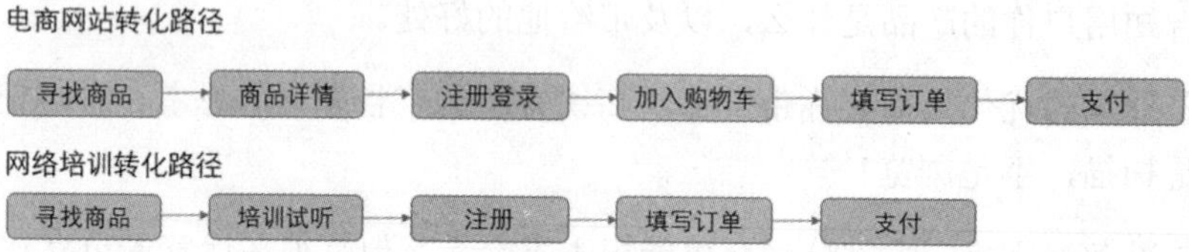

图 4-40

从图 4-40 中可以看到，不同业务间的转化路径不一样。一般的电商路径优化，我们会说怎么缩短购物流程、优化购物服务路径。如添加立即购物按钮，方便单品购物；优化注册登录流程，减少必填选项，如邮箱、地址等；禁止出现 12306 类奇葩验证码，如此等等。这些都是从功能上提出的要求，绝大多数运营经理、产品经理、市场经理到这里就止步了。

但是，我要讲的不是这些。从营销推广的角度来说，优化转化路径首先要找到转化路径，或者说设置最优转化路径。大家觉得不可思议，转化路径能够被设置？

从图 4-40 我们可以看到，在培训的转化路径中，试听是多么重要的环节，数据显示，凡是访客有试听，转化率可以大幅提高（前提是内容扎实），如果忽略了这个步骤，转化率一定比没有设置此环节要低。

在真实的推广环境中，实际情况是如何呢？大多数人都是一个思维，比如电商的思维：商品展示、下单、购买。你做活动！我也做活动！你发优惠券，我也发优惠券。这些都是没有根据自己业务思考如何设置转化路径。前面说到还要根据流量的数量和质量来设置转化路径。我们会在 SEM 章节讲解。

② 如何设置转化路径

你要知道用户进入着陆页后会做的 3 件事：

a．找到他有兴趣的产品

b．了解这里有什么服务，提供哪些有用的信息

c．验证你所说的，是否有购买的理由

我们说访客的行为几乎都是围绕以上 3 点在页面流转。同时，我们将网站页面定义为 A、B、C 三个层级，如图 4-41 所示。

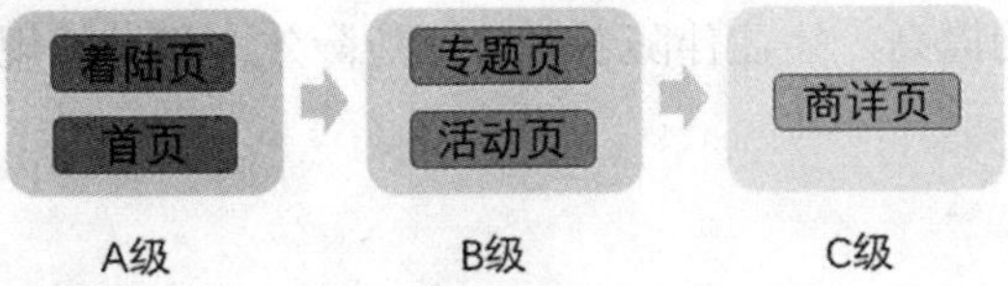

图 4-41

A 级是首页，是广告承接页，这一层级主要负责流量向 B、C 级移动。C 级主要负责流量在同级页面的流转达成转化。在这里，重点观察 B 级页面，我们要做到的是结合用户的目的，对访客行为和兴趣进行跟踪，甚至是预测。制作页面要满足用户需求，实现流量的同级流转，进而驱使流量向 C 级页面扩散，促使成交。

（4）营销内容和渠道内容的优化

渠道间的玩法不一样，价格也千差万别。按照什么标准选择媒体呢？按照单价付费、点击付费、千次展现付费或是按流量付费等，这些都不重要，重要的是有没有转化。有没有效果。

（5）技术层面优化

包括短信、付款、页面打开速度等环节的优化，例如访客在浏览完页面后，觉得这个产品是自己想要的，于是点击注册，接受验证码。请问验证码这个环节是不是可靠？笔者曾经数次遇到这种情况，某个网站的页面、活动、文案都做得出色，权衡之后决定在这里买，点击注册后，竟然收不到短信验证码，笔者尝试了两次之后，果断放弃，然后去了另一个网站，多么可惜啊。一个决定购买的访客背后，是多少的获客成本！

运营人员要根据产品的业务形态，梳理各层面技术细节，做出有针对性的优化。

（6）用户体验优化

需要考虑产品在各场景中的使用细节，改善用户体验。首先 PC 端和移动端就不一样。PC 端大家都比较熟悉了，使用细节、板块设置、跳转的各项优化也了然于心，但是移动端却大不一样。即使现在移动端流量大幅增长，某些行业甚至已经放弃了 PC 端推广，主攻移动端，但是，移动端的特点是否全部掌握了呢？是否做了功能的优化？另外，不同的使用环境也会造成使用体验的不同。

（7）ROI 优化

营销费用和产出的优化。前面也提到了营销费用不是越多越好，因为某一个渠道的总流量是客观限定的。营销费用的提高，往往伴随着产出随边际效应递减的规律。这就需要进行合理的规划和计算。

第5章

效果营销代表：百度 SEM 广告

搜索引擎为广大用户提供了海量信息，是全球网络人口高频使用的一种互联网产品。尽管目前网络产品很多，但是在很长时间内，搜索工具仍将会在互联网的浪潮中占据重要地位。

或许有朋友会问，为什么我要来学习 SEM 营销？而不是其他的？它在数据化营销中占有什么地位呢？

要回答这个问题，我们要先明确什么是网络营销。

网络营销：是企业整体营销战略的一个组成部分，是为实现企业总体经营目标所进行的，以互联网为基本手段营造网上经营环境的各种活动。总体来讲，凡是以互联网或移动互联为主要平台开展的各种营销活动，都可称之为网络营销，例如 E-mail 营销、博客与微博营销、网络广告营销、视频营销、媒体营销、SEM 竞价营销、SEO 优化排名营销等。以上方式都是网络营销中的重要手段，需要重点掌握。

如果从技术的成熟度、企业的使用范围、运营人员的操作空间、带来效果的迅速程度这些角度来看，SEM 营销可以作为突出代表。掌握了 SEM 的营销思维和优化方法，能够让你快速上手网络营销的其他任何方式，比如大家考驾照，一般都会去考 C1 照（手动挡），很少有人会考 C2 照（自动挡）。因为学会了开手动挡的车自然可以去开自动挡的车。SEM 营销就是我们运营、推广人员的 C1 驾照。

本章也将以百度竞价为切入点，向大家讲解 SEM 的营销思维、数据分析、账户的建立、优化实操方法等，力争把它讲全、讲透。

同时希望大家在阅读之后，学会举一反三，将其思维、操作方法运用到自己的产品运营推广中。

5.1 SEM及百度竞价

5.1.1 SEM概念及广告形式

1. 什么是SEM

搜索推广主要有两种模式：自然推广模式（SEO）和营销推广模式（SEM）。这里我们讲的就是SEM，也叫搜索引擎营销，即根据用户使用搜索引擎的方式利用用户检索信息的机会尽可能将营销信息传递给目标用户。

SEM相对于传统广告的最大特点在于其被动特质，这是因为搜索引擎从本质上说是一个为用户需求提供解决方案的平台。搜索引擎是用户主动表达需求的平台，用户来到这里就是为了获得一个解决方案。回忆一下自己，在用百度搜索时，是不是都带着一个问题？希望可以给自己一个答案。这一特质决定了搜索推广与众不同的营销特性——被动营销。就是消费者产生某种需求，通过搜索主动寻求相关的某类信息，企业的营销信息都是被动给受众的。

2. 百度搜索、神马搜索、360搜索

从现在公开资料来看，百度、神马、360、搜狗4大搜索引擎位居行业前列，它们囊括了中国大部分的搜索流量。下面我们分别介绍一下百度搜索、神马搜索、360搜索。

（1）百度搜索

百度搜索是全球最大的中文搜索引擎，2000年1月由李彦宏、徐勇两人创立于北京中关村，致力于向人们提供“简单、可依赖”的信息获取方式。Google的退出，使中国内地基本没有可撼动百度市场地位的公司。目前百度在国内市场占有率排名第一，相比其他品牌技术更加成熟，产品丰富，用户量大。

因为流量大、知名度高，所以是很多公司网络推广的重点渠道。也因为这样，竞争

非常激烈，使得关键词的价格水涨船高。其行业独大的地位，也使其处于舆论的风口浪尖。

（2）360 搜索

360 搜索由周鸿祎创立，其曾经三度涉水搜索界，从创立 3721，到任雅虎中国总裁时推出了“一搜”，再到雅虎收购 3721，与新浪合资成立一拍网，“红衣教主”三度出手却三度折返而回。

2016 年 2 月，360 宣布，将“好搜搜索”重新更名为“360 搜索”，域名也由“haosou.com”切换为更易输入的“so.com”，回归 360 母品牌，意味着 360 搜索将继续依托 360 母品牌的基础，形成差异化优势。

（3）神马搜索

神马搜索是 UC 和阿里巴巴于 2013 年成立合资公司后推出的移动搜索引擎，2014 年 4 月 28 日，UC（优视）正式宣布与阿里巴巴合作共同发布旗下移动搜索引擎品牌——神马搜索。

可能很多人都没听说过，这也是要讲神马搜索的原因，它的崛起与上网习惯从 PC 端转移到移动端的趋势密不可分。随着移动端流量的迅速增长，主打移动搜索的神马，可以用异军突起来形容，在移动搜索市场占有率已经是仅次于百度，排名第二的搜索引擎。

随着 360、神马、搜狗等搜索引擎的发展，未来的搜索引擎市场竞争将会越来越激烈，这也是用户喜闻乐见的，但是百度一家独大的格局在没有剧烈变动的情况下，仍然会持续下去。

对于推广、运营人员来说，在百度价格奇高的背景下丰富推广渠道，可以起到降低推广费用、优化 ROI 的目的，所以 360、神马搜索引擎的推广，是尝试渠道拓展的方式之一，很多公司也是这样做的。

3. 百度搜索推广展现形式

百度付费的推广有很多，在所有的百度产品中都可以看到不同的广告，丰富的推广形式能满足各方业务的需求，相信读者朋友一定见过不少。百度搜索推广的主要展现形式在搜索结果页面顶部和下部，广告链接均标有“广告”字样，如图 5-1 和 5-2 所示。

百度
手机
百度一下
网页 新闻 贴吧 知道 音乐 图片 视频 地图 文库 更多»
手机号码好号-0元购专属靓号 还可个性订制
www.10010.com 2017-06
广告
手机 苏宁易购618大促 6.18亿手机红包限量抢
cuxiao.suning.com 2017-06
惊爆 八核128G内存大屏幕智能手机599元
sz.jmwl6.com 2017-06
「天猫手机馆618」什么是好手机半价抢 豪礼送不停
shouji.tmall.com 2017-06
手机号码 到"818淘号网" 网上选号
www.818taohao.cn 2017-06
手机主页-中关村在线手机频道
mobile.zol.com.cn/

图 5-1

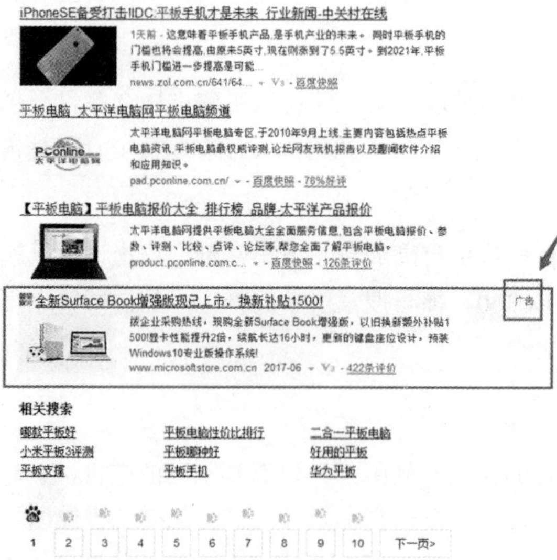
iPhoneSE备受打击!IDC:平板手机才是未来 行业新闻-中关村在线
news.zol.com.cn/641/64...
平板电脑 太平洋电脑网平板电脑频道
pad.pconline.com.cn/
【平板电脑】平板电脑报价大全 排行榜 品牌-太平洋产品报价
product.pconline.com.c...
全新Surface Book增强版现已上市，换新补贴1500!
广告
www.microsoftstore.com.cn 2017-06
相关搜索
哪款平板好
平板电脑性价比排行
二合一平板电脑
小米平板3评测
平板哪种好
好用的平板
平板支撑
平板手机
华为平板
1 2 3 4 5 6 7 8 9 10 下一页>

图 5-2

5.1.2　百度竞价基础流程

百度竞价业务流程如图 5-3 所示。

图 5-3

百度竞价广告的投放，从用户来源业务节点的流转、转化的角度来看，我们将其划分为 5 个关键点。下面我们将对这 5 个关键点进行说明。

（1）广告展现

（2）点击：点击竞价广告，点击的前提是吸引

（3）抵达：不是所有的点击都能有抵达

（4）咨询：着陆页应答客户咨询

（5）付款成交：客服针对性解决

5.1.3　竞价流程常见问题

1．展现阶段

用户在网站键入搜索词，寻找自己感兴趣的信息之后，网站页面会展现出对应的信息条目。我们所说的展现就是这一阶段。

这个阶段有什么核心特征呢？作为运营推广人员，我们要牢记，展现量有高低之分，且展现量的高低和用户需求的强弱呈反向关系。

需求量高的词，展现量低；需求中等，展现量亦中等；需求低则展现量高。

为什么这样说呢？简单点说，如果有 10 个人对你的产品感兴趣，是不是这 10 个人最终都会购买，成为你的用户呢？用户会利用网络对潜在产品进行比较、分析，最终形成购买决策。这一过程也反映在其键入的搜索词当中，这些搜索词代表了用户的不同购买阶段和需求，也体现了用户需求的高低。

高需求词，虽然展现不高，但是用户意图明确，转化率也比较高，例如品牌词就

是高需求词，是同业竞争的必争之地。也因为竞争激烈，该类词的价格也很高，根据不同的行业，一个点击十几元、几十元、上百元的都有。

低需求词，因为展现量巨大，其流量相对更多。但是因为其需求低，用户意图相对模糊，所以转化率低。

在实际推广过程中，推广人员往往秉承力抢高需求词、优化中需求词、搭配低需求词的原则来操作。

以上是一般情况下的操作。

一些老鸟级的推广人员也会用不同的操作方法，以达到营销目的，比如一位做服饰的朋友，因为高需求词太贵了，他则主抓低需求词。假设，100 元能带来 10 个高需求的点击，转化率为 30%，其中 3 人成交；如果反向操作，同样的 100 元，能够带来 20 个点击，转化率为 20%，其中 4 人成交，效果反而比高需求词要好（为了更加形象，所以数据假设得简单粗暴）。所以账户如何操作，想要获取什么流量，要根据营销费用的多少和业务模式的形态来具体考量。

2．点击

用户搜索关键词，看见创意展现进而被吸引点击，这里的核心是点击率的问题。

一些有实操经验的朋友会问，点击率多少算能接受？以前我会告诉大家一个多少范围的点击率，但是实际情况往往千差万别。

首先从行业来说，不同行业的推广有点击率之分。其次，同一个行业高需求词和低需求词的点击率要求往往也不一样。

对高需求词，我们都会希望高点击，低需求词普通一点没有关系。我们不用在意点击率数值范围多少才达标，我们要关注的是影响点击率的因素，以及优化。

影响点击率的几个因素如下所示。

（1）出价。出价越高，排名相对高，点击率越高。

（2）创意。好的创意，能够较好地吸引用户关注，帮助提高点击率。可以说，它是出价外最直接的影响因素。

以上是一般推广人员都知道的道理。而我要告诉你的是，创意不仅是吸引用户点击的因素，它还能帮助你筛选用户！

例如：一位做培训业务的推广人员，他的竞争对手往往都是以免费培训来吸引用户的，但是他反其道行之。直接在创意中标明“××培训（收费）”，这样虽然点击率要低，但是转化率高，帮助我们筛选到了高价值用户。这就是我要说的，点击率也并不是越高就越好，一定要具体问题具体分析。在竞价推广中，一个点击就是一个费用。特别是当一些需求相对低的词出价比较高的时候，费用也会提高，是一种浪费。

3．抵达率

抵达率是被很多推广人员忽视的一个重要指标。在抽象的业务流程讲解中，笔者一般也不提，但是在实际业务中需要重点关注。

什么是抵达率！

抵达率是访客点击推广广告后，成功进入网站的比率。

抵达率=访问次数/点击量

在百度推广中，抵达率越高，说明通过广告找到符合其初步搜索意向的网民越多。

抵达率往往被忽视，笔者曾经也遇到过这样的问题。核对了流量、页面、关键词、转化，都没有找到原因，后来发现是抵达率出了问题。

4．咨询

（1）访客搜索的内容和看到的内容一致吗？

创意里面写“赠送 100 元优惠券”，实际情况则是满 20000 元才能使用。设身处地地想一想，如果自己搜索到这样一个页面，你的第一反应是什么？

大家似乎都能理解，但是在实际业务中却经常出现类似的状况，比如用户搜索“×××培训课程有哪些”，点击进去，页面展示的是×××培训的费用信息。用户为什么要有耐心继续看呢？

（2）页面的内容是否能够吸引访客咨询。

（3）是否能够让访客随时联系到我们。

5．转化成交

很多行业对转化的定义都是不一样的，这些前面章节都有提到。产品电商是购买，培训、招商等业务则是咨询、留言等。

在转化环节，除了页面是否打动访客之外，最为重要的是客服的营销能力。不同的客服往往会有不同的效果。

我们在本章的第一节对 SEM 竞价推广的流程进行了讲解，目的是为了让大家更快地熟悉营销流程，帮助建立竞价推广的立体营销思维，这需要我们从多环节、多角度系统地着手。

大家也可以注意到，笔者在本节讲的这套营销流程是从访客、用户的角度来思考，放弃了从推广人员账户建立的角度。目的是让大家建立用户思维，多以用户的视角思考业务流程。

我们后面的章节除了会从推广人员的角度讲解怎么做，更多地也会从访客的视角来审视业务。

5.2 竞价的流量控制思维

5.2.1 百度竞价战略制定

竞价战略的制定主要就是回答 3 个问题，即 2H1W，如图 5-4 所示。

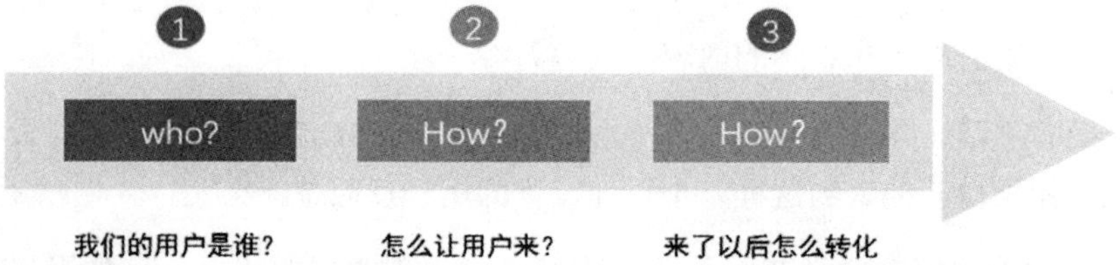

图 5-4

我们的用户是谁？

不管是做什么产品，我们的首要研究对象就是用户，用户画像越清晰，产品功能越易抓痛点，营销思路就越明确。

弄清楚用户是谁，做好人群分析、需求分析、产品分析、竞争对手的分析。

怎么让用户来？

怎么让用户来，说的其实是流量的引入问题。它包括流量的数量如何放大、流量质量如何控制、账户策略如何制定（关键词选取，计划、单元的分类，营销费用的配比）。

来了以后怎么转化？

作为优秀的市场总监，不仅需要解决流量的引入、质量和性价比的问题，还要思考流量的转化，包括着陆页的设计、客服话术的引导。

下面我们将根据战略制定的 3 个问题，开始深入学习。

我们的用户是谁包括两个方面：人群分析和需求分析。

1. 人群分析

人群分析主要对图 5-5 中的 5 个因素进行分析。在这里我们将使用百度指数（https://index.baidu.com/）作为参考重点。

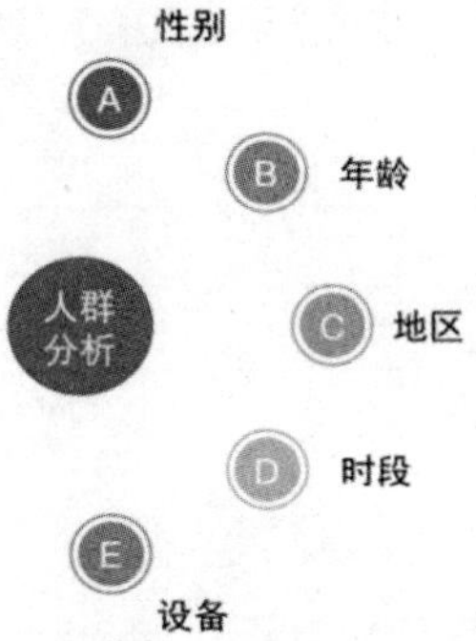

图 5-5

为了使大家更容易理解，笔者以案例的形式为大家讲解。假设你是一个做办公设备租赁、买卖的商家，应该如何来做人群分析。

我们可以在百度指数中输入你的核心关键词，单击“人群画像”，如图 5-6 所示。

图 5-6

“人群属性”一栏如图 5-7 所示。

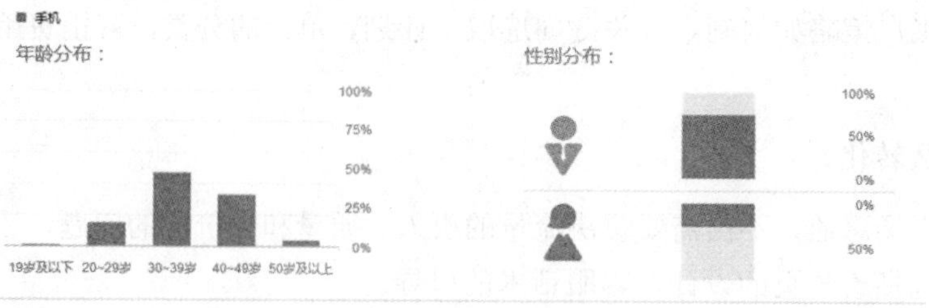

图 5-7

（1）性别分析

男女占比：7∶3。

搜索人群以男性为主。

（2）年龄分析

关键词“办公设备”的搜索人群的年龄结构如下。

30～39 岁：占比 55%

40～49 岁：占比 21%

20～29 岁：占比 22%

年龄结构以中青年为主。

（3）地区

主推地区的锁定以本公司产品的主要销售区域来划分，特别是一些结合本地服务的产品。如果是在全国销售，可以结合关键词搜索分布图，确定重点的需求地区。

（4）时段

时段主要是看哪些时间段有搜索需求，大家要特别留意，产品在不同时间段需求的强弱与其特性是分不开的。

图 5-8 是关键词“办公设备”在 2017 年 4 月的搜索指数。大家注意看圆圈部分，笔者在每一个波谷都用椭圆标出，这些波谷的时间日期，无一例外都是周日。

这是因为办公设备作为一种生产资料用品，基本上都是在工作时段，有需求的公司企业人员在查找，这是由该产品的基本性质决定的。同时，由此图可以了解到周二、周三是搜索的主力时段。

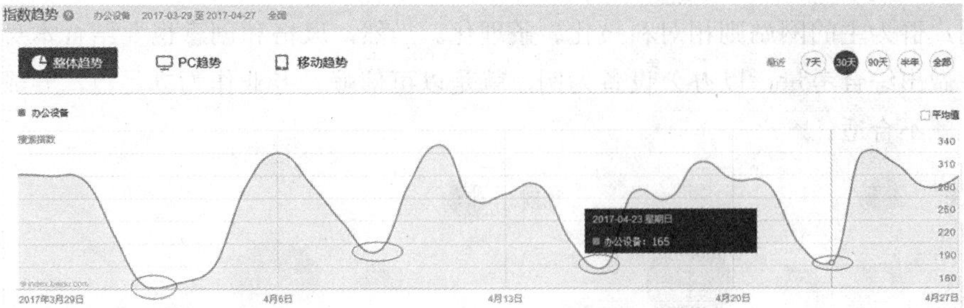

图 5-8

（5）设备

用户所使用设备可以从移动搜索指数了解到，如图 5-9 所示。

图 5-9

移动端与 PC 端搜索指数为 2∶3，PC 端占多数。

由此，我们对办公租赁业务的人群分析有了一个大致了解。当然这只是我们对“办公设备”这一单个关键词的分析，你也可以将多个核心关键词做细分分析，这里就不再赘述。

（6）人群分析的作用

有一定经验的推广人员往往能够做到上面一步，但是对于这份人群分析该如何使用则充满疑惑。下面笔者将介绍如何使用它。

如图 5-10 所示，设备、时段、地区的特点决定了你的账户搭建策略。PC 端和移动端的占比能够指导我们对不同设备的投放比例，哪个终端可以作为重点的推广终端；地区决定了广告的投放地域；时段决定了广告的投放时间。以“办公设备”这一关键词为例，我们可以确定周末可以少投，甚至不投，周一到周五则为重点时间段。

如图 5-11 所示，性别和年龄决定了网站整体风格和广告投放创意。这一点其实不难理解，男人和女人对于页面的风格要求是不一样的，也包括不同的年龄阶段，比如以女性为主体用户的网站，画风都是以漂亮、可爱、唯美为主，视觉刺激较强烈。以男性用户群为主的网站则相对科技化、条理化。当然，风格和创意也要结合本身的产品属性做出综合考量，以办公设备为例，就是以可信赖、专业作为立足点，弄成“花裤衩”就不合适。

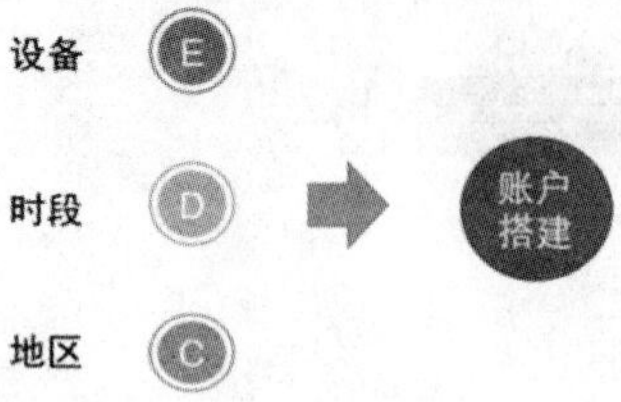

图 5-10

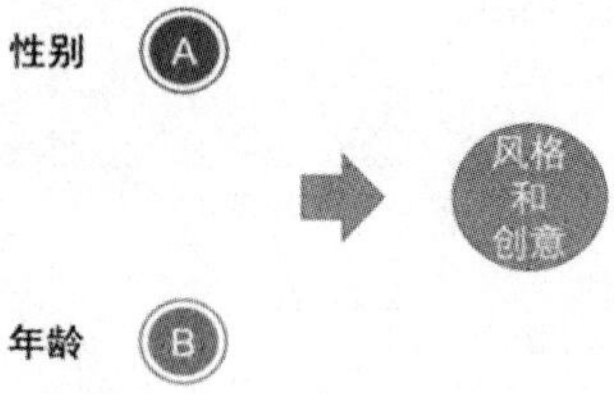

图 5-11

2．需求分析

什么是需求分析？

在竞价营销的范畴，我们对于需求分析的定义是，对访客的购买意向强弱的区分。而购买意向的强弱直接反映在访客的搜索关键词上。

通过什么途径来分析？

直接导出搜索词报告，检查访客的搜索关键词。

如果是新账户，可以利用关键词推荐工具收集关键词，看搜索词报告。

我们接着以办公设备租赁、买卖业务为案例来讲解。

现在我们收集了 3 个关键词，如下所示。

（1）×××品牌办公设备租赁

（2）办公设备租赁收费

（3）办公设备

从用户需求的角度来说，“×××品牌办公设备租赁”需求最高，“办公设备租赁收费”需求中等，“办公设备”需求最弱。一名访客从了解办公设备到成为该品牌的客户，存在着一个用户决策购买的过程，比如男孩子买车，女孩子买化妆品，从刚开始收集信息什么款式、分析比较款式差别，到确定哪个产品最合适，最后决定购买。这是一个从信息搜集到决策的过程。反映在搜索词上，我们可以看到，如果是搜索品牌词，表示用户知道你的品牌，肯定是高意向，他或许正在几个潜在的购买品牌中选择。而“设备租赁收费”这样的词，明显是在收集信息，还在初步了解业务的阶段。

而搜索“办公设备”这类词的访客，或许是要买设备、租设备，也可以是各种不相干的信息搜集。

以上解释了需求强、中、弱的缘由。下面来看一下面对 3 类需求程度的词，我们该怎么办？

强需求：“×××品牌办公室设备租赁”

思考：搜索这类关键词的人群希望得到什么？

我们要从用户的角度出发，思考这个问题，可以列出如下几项。

（1）首先访客已经知道了这个品牌，或许在比较这个是牌是否靠谱。

（2）已经觉得这个品牌不错，需要公司的电话、地址。

（3）希望进一步了解该公司的信息、口碑情况。

（4）希望了解该公司的具体租赁产品有哪些。

以上这些是不是访客有可能想了解的？

那么面对这样的访客，或者这种类型的关键词，我们在承接页面的信息设置上是否跟进、配套，能不能让访客找到其需要的信息。

特别要注意，在创意方面，你的文案撰写、简介，有没有做针对性的优化呢？

中级需求：“办公设备租赁收费”

面对中、低级需求的关键词，或者就以“办公设备租赁收费”这个关键词为例，我们该怎么做？如果在这里用强需求的文案、创意、页面来承接这部分关键词的流量，可以负责任地说，效果不会好。

那么针对这类词，我们可以制作专门的费用介绍页面。同时结合公司产品，在页面标明产品的优势、特点，增加客服、购买按钮，或者设计好转化路径，引导访客收藏页面，为下一步的转化打好基础。

5.2.2　百度竞价战略制定之账户策略

5.2.1 节我们从用户是谁出发，对人群分析、需求分析做了详细讲解。本节将从怎么让用户来这个角度继续说明。

正如之前所说，怎么让用户来，其实是流量的引入问题，它包括流量的数量如何放大和流量质量如何控制。

要做到上面讲的流量数量和质量的双重控制，核心就是账户策略的制定，包括关键词选取、设备如何投放、营销费用的配比，等等。

1．账户策略

账户策略是以用户为核心，以用户需求为出发点，结合企业自身情况，有计划地对竞价账户管理的过程，以达到对流量数量和质量的充分把控，进而提高营销效果。

账户策略包括基础策略和操作策略，如图 5-12 所示。

- 基础策略：通过基础层级的设置，达到对推广走向的控制，同时提高运作效率。
- 操作策略：通过账户层级的操作去控制流量的数量和质量。

2．影响账户策略制定的因素

对于账户策略，大家要注意的一点是，账户策略没有统一的规范，它需要我们根据不同情况来制定。

3．影响账户策略的因素

如图 5-13 所示为影响账户策略的因素。

图 5-12

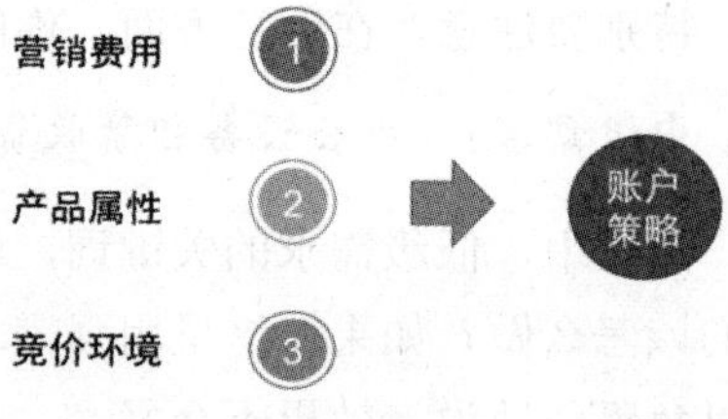

图 5-13

- 营销费用的高低直接决定账户的发展。费用多，可以从多维度引流；相反，费用少，受到的制约会更多。
- 产品属性。这里的产品属性主要讲的是产品的人群基数，冷门产品和人民群众喜闻乐见的大众产品推广起来肯定不一样。
- 竞价环境。这里的竞价环境主要讲的是同行关键词竞争情况，有时候同一关键词在不同时间点，竞争环境也不一样。热的时候大家抢，费用水涨船高，ROI降得一塌糊涂，怎么办？

案例 1：

假设我们的营销费用是每天 20000 元，由此来搭建一个账户。通过之前的用户分析方法可以完成如图 5-14 所示思维导图。

（1）基础策略

预算 20000 元，一般来讲可以算是一个大型账户。大型账户和小型账户的操作并不一致，这里先讲大型账户。我们需要根据费用对基础策略的因素进行费用配比。

因为我们的营销费用充足，所以在时段流量的选择上会有更大的空间。可以对不同时段的流量进行引入、测试优化。地区的选择以自己产品的重点销售区域为指导，投放设备费用可以根据关键词的搜索设备占比来分配，如图 5-15 所示。

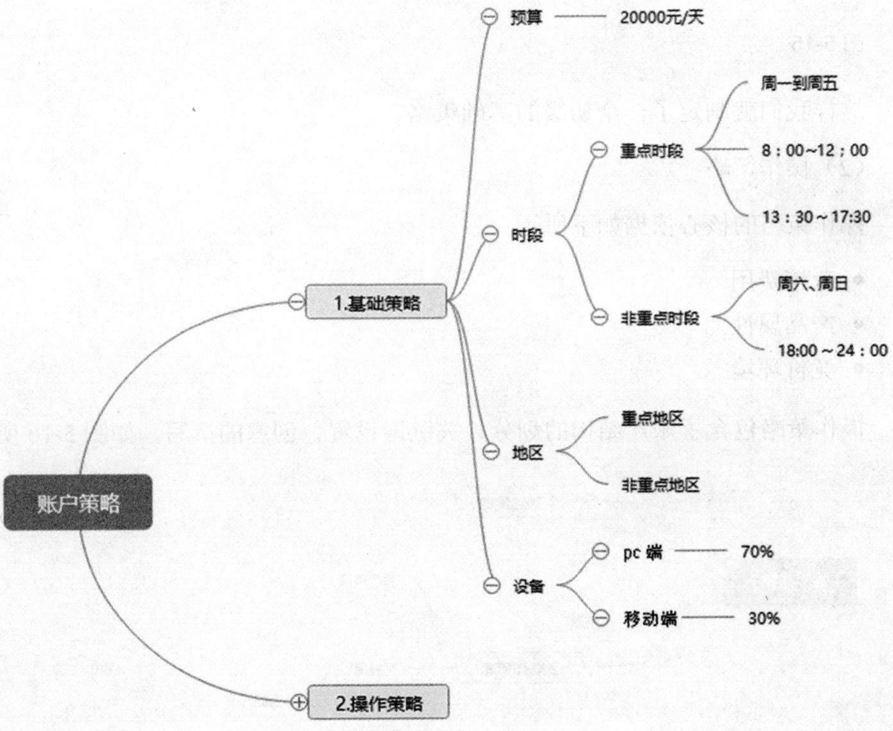

图 5-14

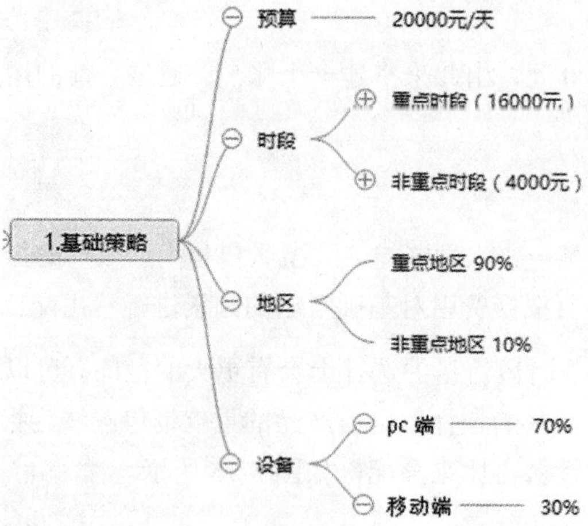

图 5-15

这样我们就制定了一个初级的基础策略。

（2）操作策略

操作策略的核心依据如下所示。

- 营销费用
- 产品属性
- 竞价环境

操作策略包含了账户结构的划分、关键词设置、创意的撰写，如图 5-16 所示。

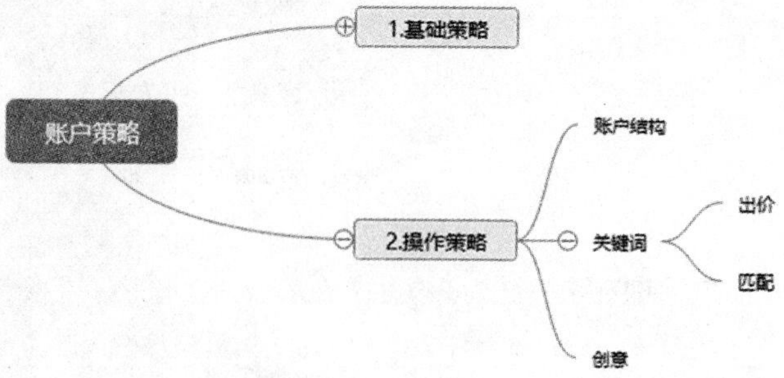

图 5-16

在完成了基础策略的搭建后，我们制定操作策略，如图 5-17 所示。

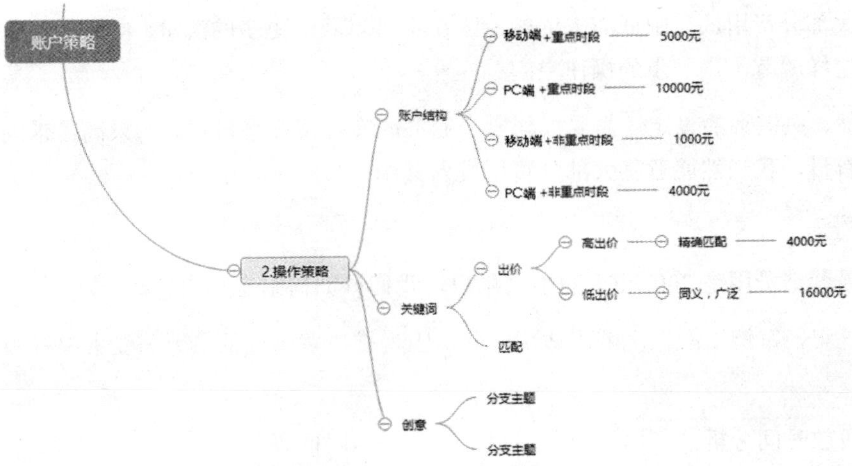

图 5-17

① 账户结构

账户结构在账户策略的制定中非常重要，结构划分得是否正确，是流量控制是否成功的核心环节。在这里，我们把账户结构分为 4 个维度，包括重点时段+移动端、非重点时段+移动端、重点时段+PC 端、非重点时段+PC 端。在账户结构中设立不同的维度，目的是为对不同来源的流量设定控制。

打个不恰当的比方，把竞价账户引入的所有流量看成是一个巨大的流量池，那么在账户结构中建立的不同维度，就好像人为地在账户这个流量池中，设定了 4 个流量龙头。不同的流量龙头，能够向流量池导入不同来源的流量。此时，我们可以很方便地打开或者关闭不同来源的流量。

我们可以按照图示的分配比例来分配流量。

② 关键词的选择

关键词根据需求划分成高需求和低需求两类词。对于高需求词，可以设置精确匹配，中低需求词设定同义或者广泛匹配。

正如 5.2.1 节所讲的，高需求词能带来高质量流量，但是在这里并没有把大部分费用都放入。这是因为在实际操作中，精确匹配的关键词因为搜索量小，有可能消耗不完费用，也有可能因为精确匹配关键词太贵，得不偿失。所以笔者并不建议大家争抢高需求词。

把大部分费用放在中低需求词的原因在于可以获取更多的流量，同时价格也能够接受。这样就有了进一步的操作空间。

当然，关键词的设定还需要根据自身业务的实际情况来设置。如果高需求词很便宜，又有量，我当然愿意将大部分费用投入其中。

案例 2：

假设营销费用是 200 元/天的小型账户，我们该如何制定账户策略？

在这里，案例 1 的情况就不适用于此，因为推广费用较低，更需要集中资源打歼灭战。

从投放时间分析，可以把所有费用都放到重点时间段。

在关键词的选择上，全部投放到高需求词，拿高质量流量，或者全部投入中低需求词，拿普通流量。但是正如前文所说，如果自己的产品用户基数大，精确关键词 2 元一个，200 元能获得 100 个流量。倘若我们能做到 0.5 元，低价跑量，200 元能获得 400 个流量。这时候如果再对页面进行优化引导，是否会有更好的效果？这需要我们具体分析和优化。

在设备投放上，可以都投，要关注移动端流量的起伏。

通过以上两个案例的讲解。我们对账户策略有了一个基本了解。坦白讲，我们需要打破传统的竞价思维，对账户进行精细化的管理，希望大家学习以后多思考、多操作。

5.2.3 账户结构的搭建

本节的主要目的就是希望大家可以掌握账户结构搭建的流程，了解账户结构搭建的常见维度和方法，能够具备根据自己产品搭建账户的能力。

希望大家在学完之后能够学会建立自己的账户。

1. 搭建账户结构的意义

（1）降低营销费用

控制多产品多地区的营销费用，如果你的产品在广东省和北京市都有销售，或者你除了做办公室设备租赁外，还做环保设备销售，就可以通过设置合理的账户结构以降低营销费用。

（2）有利于数据分析

同样，假设你既做办公设备租赁，也做环保设备销售。老板问你，最近办公设备的推广效果怎么样？如果你没有合理规划账户结构，这个问题没法回答。合理的账户结构能够有利于对数据细分、汇总，为往后的数据分析工作打下基础。

（3）操作有条理

合理的账户结构能够化繁为简，操作处理有的放矢。在实际工作当中，我们面对的数据，相当繁复，特别是大型账户。如果没有一个合理的账户结构，推广人员会迷失其中。

2. 账户的层级关系

首先带大家了解账户是怎么回事，如图 5-18 所示。

一个账户拥有 3 层的层级关系，分别是计划、单元、关键词。我们所有的关键词都要放入不同的计划和单元中。

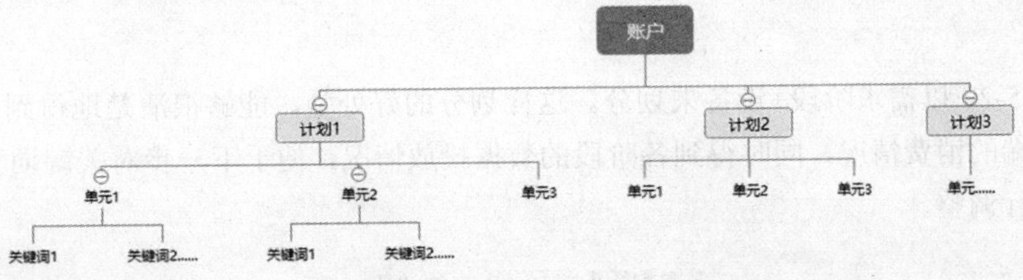

图 5-18

通过哪些维度区分不同计划和单元，放入相应的关键词，就是我们所说账户结构。合理的账户结构就是如何科学有效地划分计划、单元。

3. 账户结构划分

我们之前说制定科学合理的账户结构，那什么是合理的账户结构？就是要通过科学的维度划分来搭建账户，如图 5-19 所示。

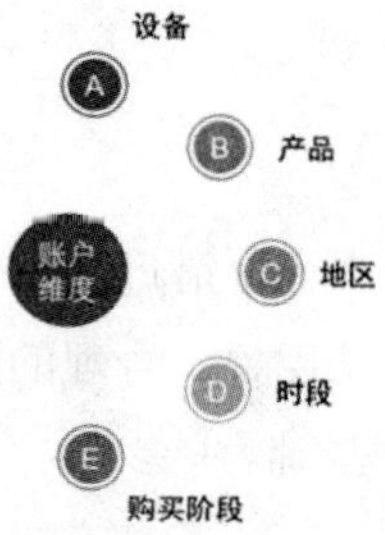

图 5-19

我们会以设备、产品、地区、时段、购买阶段作为主要的划分维度，下面通过一个案例，为大家深入讲解。

案例：

（1）单产品+单地区

继续以办公设备租赁业务为例，假设办公设备租赁业务是该企业的唯一业务，且只面向深圳经营，我们一般将此定义为单产品单地区业务。

单产品单地区业务主要的账户划分依据以“需求阶段+设备”来划分，如图 5-20 所示。

图 5-20 以需求阶段+设备来划分。这样划分的好处是，能够很清楚地得到 PC 端和移动端的消费情况，同时得到各阶段的数据投放情况，便于下一步对关键词和广告费用进行调整。

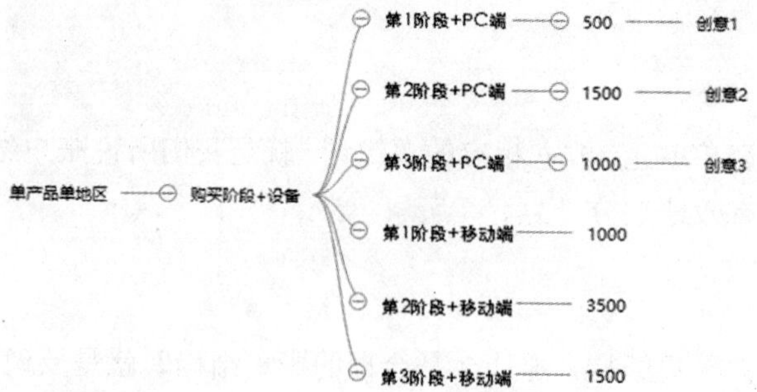

图 5-20

假设该账户是 10000 元/天的推广费用，PC 端与移动端的流量占比为 3∶7。PC 端分配 3000 元，移动端分配 7000 元费用。图 5-20 已经将费用分配到账户计划当中。

从其广告费配置可以知道，第 3 阶段关键词分配的费用较多。它的账户策略是以高质量词为主，拿到较多高质量流量，同时成本较高。

读者可以想想，如果现在这个策略效果很差怎么办？具体体现在拿到的词价格高得离谱，转化效果也不好。

此时，我们可以降低第 3 阶段计划的投放费用，加大第 1 阶段关键词投放力度，调低关键词价格。转为以低价关键词跑量的账户策略。

以上就体现出了合理的账户结构所具备的能够随时根据效果的变化，调整引入的流量的数量。

（2）单产品+多地区

如图 5-21 所示。单产品多地区的账户结构分类以“地区+设备”和“地区+阶段”两种模式为主。它们的区别是，主要根据自己业务的实际情况来划分。加入设备对业务的影响不大，就用“地区+阶段”的模式。

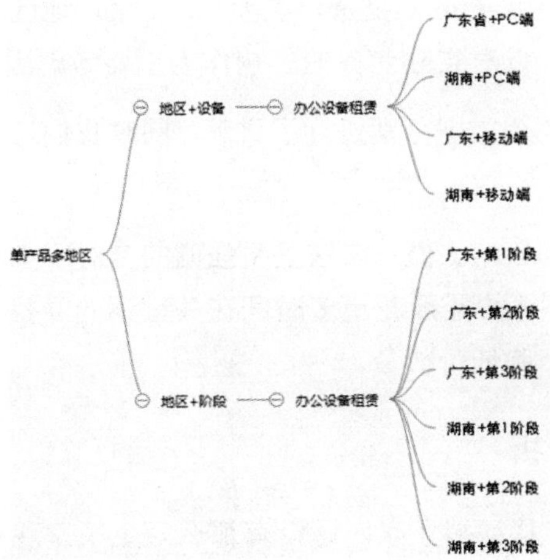

图 5-21

（3）多产品+单地区

如图 5-22 所示，多产品单地区的划分，以“产品+设备”和“产品+购买阶段”两种主要模式为主。选择哪一种模式主要看实际业务，以及设备和购买阶段的影响力。

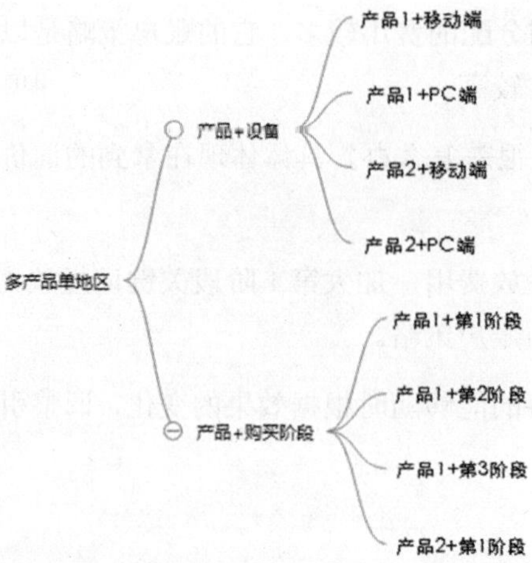

图 5-22

（4）多产品+多地区

多产品多地区的维度划分通常来说不建议弄得太复杂，主要以“产品+地区”的维度划分。设备和购买阶段是否作为维度，以对实际业务的影响作为主要考虑因素。

以上我们将账户结构的搭建维度按照 4 个类别分别进行了讲解，同时我们还要注意一个对账户影响的因素：营销费用。

营销费用的高低直接决定你用什么样的策略去做。在这里要强调的是对于小型账户而言，以上讲的策略其实稍显复杂。小型账户需要花更多时间在关键词的寻找、培养上，主抓核心词，或者主抓第一阶段词，跑低价放量。

5.2.4　百度移动端 SEM 推广分析

本节就百度移动端 SEM 做专题讲解，移动端大家应该没有那么陌生了，现在很多人已经开始逐渐主推移动端，事实也证明了移动端越来越重要。

1. 移动端推广出现的问题

根据过往对移动端推广的操作和观察，容易出现以下问题。没有做过的读者可以了解一下，正在做的读者，可以对照反思。

（1）账户结构没有区分移动端和 PC 端

这样做直接的后果是 PC 端和移动端的流量区分不了，如果账户没有分开，在分析搜索意向的时候会出现偏差，我们刚才说了一些意向不是特别明确的关键词，可能在 PC 端效果差，但是在移动端效果会比较好。如果放到一起进行分析，不知道移动端和 PC 端各花了多少钱，分析的时候就会出现严重的方向性错误。

（2）没有为移动端撰写创意

这会直接导致创意显示不全。创意里有一个移动创意优先的选项，很多人是没有做的，很多创意还是调用 PC 端的，导致根本看不明白。

（3）抵达率太低，页面直接调用 PC 端的

这个问题很严重，PC 端页面放在电脑上刚刚好，但是直接放到手机上，打开速度会变慢，移动端需要特别注意提高打开速度。不同于 PC 端，因为入口很难找，移动用户跳失后，往往就不会回来。移动端抵达率 70%以下的页面都是有优化空间的。

① 用户体验差

对于手机来说，因为是一个几寸的小屏幕，用户浏览体验没有 PC 好。可是现在，大部分移动端页面都存在排版密集，没有重点的问题，有些专门的承接页面，还不如文章页转化好。各种夸张颜色、图片、文字、排版，让人眼花缭乱，自己都不知道点击哪里。一些推广者直接用 PC 端页面承接，首页 Banner 图可以左右滑动，但是用手机滑动 Banner，多么难受啊。

② 转化点设置不科学

转化设置要么过多，要么过少。我们需要转化通道，但是不能过于密集，特别是当第 1 阶段流量比较大时，这样跳出率就会很高。

总体来说，我们越来越明确移动端的重要性，但是在实际的操作过程中，还是做得很粗糙。这需要我们把每一个细节控制得更好，下面我们展开对移动端的分析。

2．移动端人群属性

人群属性需要从 4 个方向来进行分析，如图 5-23 所示。

图 5-23

想要做好营销，一定要先研究人群，笔者之前强调过，营销效果好不好，对访客的了解程度是有很大关系的。所谓知己知彼，百战不殆，了解得越多，你就越有可能做好。

（1）对购买意向进行分析

笔者把移动搜索的主要使用场景分两种。

一种是紧急搜索，什么是紧急搜索？比如在一个陌生地方，中午到饭点了，请朋友吃中饭，找附近有什么好吃的。这时用手机搜索哪里有好餐馆。

还有一种就是闲暇搜索，比如在休息，或者上下班路上，正坐地铁，突然想到一个事，用手机搜索。现在的移动端常出现这两个极端情况，要么特别急，要么就是纯浏览，有做过移动端推广的朋友应该有这种体会。

（2）移动搜索的上网时段分析

移动端的上网时段与PC端有比较大的区别，PC端的增量时间段是9点、12点、18点、20点。但是，移动端是什么情况呢，7点、12点、18点、22点。7点就开始起量了，这与PC端完全不一样。现在大家早上起床之后，有的人习惯性的第一件事是刷手机，然后洗脸刷牙。上班路上，也会玩手机，特别在公交地铁上。中午12点有一个高峰，吃饭的时间也刷。我们可以回忆一下，自己在吃饭的时候，是不是也拿着手机在看？然后18点、22点是两个高峰。

通过时段分析。做竞价时就要考虑移动端和PC端时段的控制。假设预算一天就1000元钱，PC端和移动端都要分，如何分？可能PC端600元，移动端400元，如果全时段投放不够花，那么只选择几个时段，效果会更好。

（3）购买能力分析

我们再来看看购买能力，在大概2～3年前，我们分析人群的购买能力时，会发现那个时候移动端人群更加低龄化。大部分是学生，购买能力并不是特别强，但是最近我们分析移动端的属性时，显示移动端的主力人群已经集中在25～35岁这个年龄段，这个区间的购买能力比之前要强很多。也就是说，以前在移动端上推一些低端的产品很好卖，现在可以尝试一些高端产品来销售，因为人群购买力在整体变强。

（4）搜索特性的分析

从搜索特性来看。

a．搜索词更加简单。移动设备不同于电脑之处在于屏幕较小，打字不方便，所以移动端在搜索时，搜索词会被简化。例如在电脑上搜索“深圳吃货推荐好去处”，但是用手机一般会搜索“深圳吃货”。

所以在推广移动端时，会发现一个规律，移动端的转化词和 PC 端的转化词是不尽相同的。移动端的词会比较简单，而 PC 端会有很多长尾词。

长尾理论大家应该都知道，就是访客的搜索词越长，它的意向越精准，但是搜索量会比较少，在 PC 端去投这些长尾的效果是比较不错的，因为竞争比较少。虽然量不大，但效果还行，在移动端搜长尾的比较少。

b．下拉词出现较多。下拉词：在搜索框中输入关键词，下拉框中会出现推荐关键词，这个词我们通常称为下拉词，移动端的下拉词明显偏多。主要原因也是因为手机屏幕较小，大家不愿意打字，更多使用下拉框进行相关搜索。鉴于这种情况，下拉词一定要进行推广。

3．账户制定前的分析

（1）要不要分开建计划？

是不是要分开建计划，需要看预算。小账户一般不分，除了小账户外，建议分开。如果说账户的日均消费低于 300 元，个人建议就不分。这样出现两种选择，PC 端或者移动端，只选一种平台投放该如何选择？

案例：

关键词“办公设备设备租赁”，我们可以看百度搜索指数，如图 5-24 所示。

图 5-24

移动端占比不到 30%。像这样的情况，我们认为投 PC 端就够了。如果占比不太明显，移动端也可以投，费用比例在 8 成左右，测试 PC 端、移动端流量质量如何，确定有转化后，可以再单独建计划。

如果是非小型账户，预算在1000～2000元/天，这样就完全可以分开投放，包括多地区也可以分开投放。

（2）关键词如何选择

关键词选词有几个方向。

① 注意出价，移动端不像PC端有很细的账户结构，目前比较简单粗暴。比如说第1阶段词，通过多个大词，低价匹配，可以尽可能地放低价格。在PC端是精准高价的词，在移动端的推广，可以尝试低价、广泛。

② 活用大词，特别是新账户，可以直接用大词跑，用移动端这样跑量测试。当然如果你知道什么样的词转化率高，那还是精细操作。

③ 移动端搜索有一个特性，即它的变化性会少，搜索词会比较少，所以下拉词必须做。

（3）流量如何承载

以前做移动端推广时，会用一个比较低的价格跑量，导出搜索词报告，看哪些词价格低，流量又大，然后专门为这些词去写页面。这个思维就是，既然我们能拿到一些低价格的流量，就尽量去想怎么转化这部分流量。

常规打法是通过流量去优化页面，进阶玩法是通过优化页面选择合适的流量以达成转化。执行时首先分析页面能够承载哪些流量。首页搞不定流量的时候，先优化内容页。然后重点优化文章专题页面。回过头来，再找词。同样做到了对优化效果的控制。

4. 账户制定注意事项

（1）关键词的选择

做完账户策略后，根据画好的思维导图来进行关键词的扩充，关键词的选择，这里要注意对短词和大词的操作，比如“办公设备租赁”“上门换锁”这些词在本行业属于大词。在移动端往往对大词单独建立计划，或者至少是划分单元，这是关键词选择的时候需要注意的问题。

很多人做完账户搭建策略之后，会碰到什么问题呢？没有办法实操，经常会否定自己。要么钱花不出去，要么没有按照预定的策略走。这种情况怎么办呢？请注意！时刻用你的策略去验证，而不是被牵着鼻子走。

是想要拉低均价加大账户流量？还是想要提升账户流量质量？时刻记住操作的目的。

如果落地操作时没有遵循你的账户策略，之前做思维导图、创意规划就没有了意义。这是推广实操中很容易出现的问题。

（2）账户结构的搭建

移动端账户结构，计划可以细，单元相对粗。这是因为很多账户尽管单元数量较多，但是往往只有 2～3 个单元在消费，而消费的词也是流量比较大的词，实际操作时，往往把大流量词单独建计划。这样的好处是可以通过计划来控制预算。

很多小账户往往添加了成百上千的关键词，但是只有 2～3 个词有比较多消费，这时可以将其单独划出来，建计划，设预算，控制它的流量。效果不好，则下调价格，然后看其他计划的词是不是有展现和点击，同时再找新词。

（3）出价与匹配

移动端的出价与匹配可以遵循 PC 端的出价定律，高价精准、低价广泛。

5. 账户优化的思考

无论是 PC 端还是移动端，无论是 SEM 还是 DSP，优化原理是共通的，全网营销重点关注流量、页面、转化三个环节，我们所优化的就是这三个环节。

用一个思维导图表示如图 5-25 所示。

流量就是质量、数量；页面就是承载、体验；转化就是客服、跟踪、转化点。流量怎么控制？我们对流量控制上最大的判断核心是需求，一般来说：

- 需求低，质量低，数量多，价格低；
- 需求高，质量高，数量低，价格高。

要注意的是，在了解现有流量的需求情况下，先不要着急去控制，最重要的是：页面！

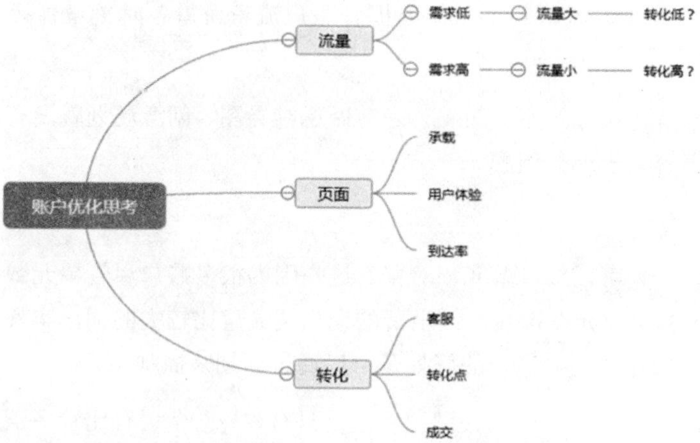

图 5-25

页面能不能承载，其实就是能不能转化的问题。有些推广者抢了很多好的词，价格贵、质量好，可是就是没有转化。所以需求高，不一定转化好。需求低，也不一定转化差。要通过页面能不能承载流量来判断。

这就需要对页面做出针对性的优化，对客服的培训做出专门部署，达到稳定的良性循环。

5.3 关键词设置办法

5.3.1 关键词收集和导入

账户的搭建流程如图 5-26 所示。

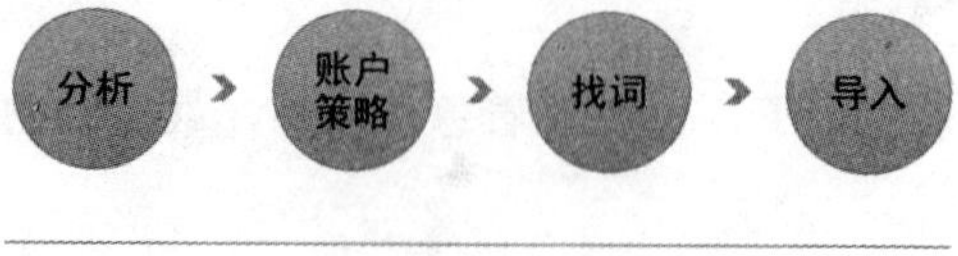

图 5-26

5.1 和 5.2 节对人群、需求、账户策略进行了讲解，本节将对关键词的收集和导入进行讲解。

1．找词

（1）从百度推广客户端，“添加”后台导出。我们以“办公室设备租赁”作为相关搜索词，找到下面的关键词组，单击“全部导出”，如图 5-27 所示。

图 5-27

（2）单击“更多工具”→“关键词拼装”，如图 5-28 所示。

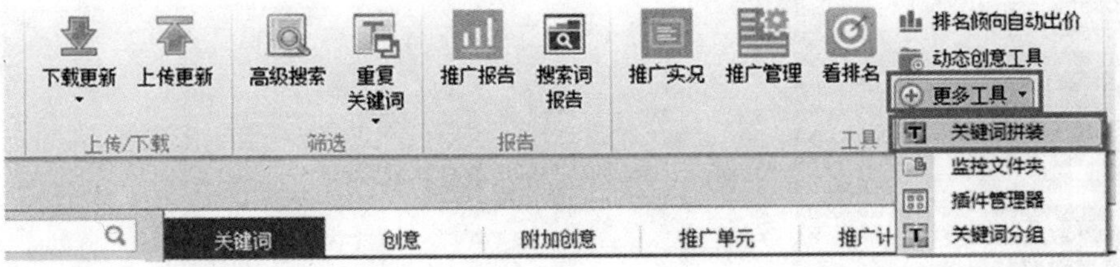

图 5-28

（3）弹出“关键词拼装”对话框，输入需要拼装的关键词，如图 5-29 所示。

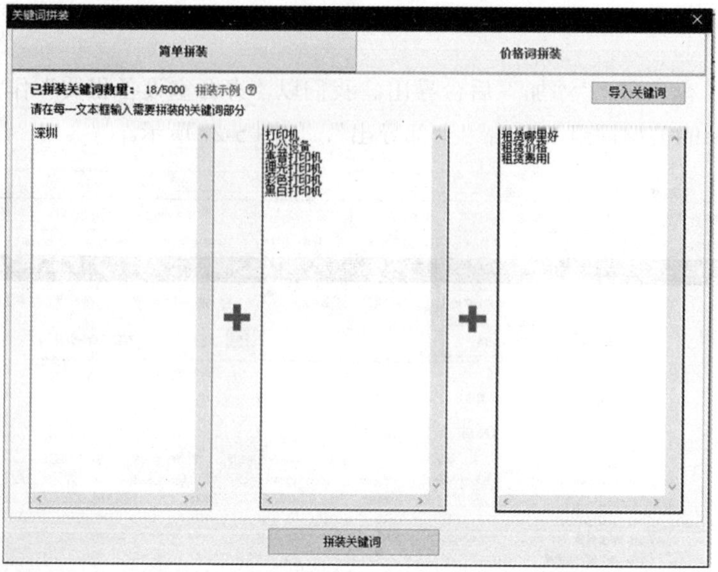

图 5-29

（4）单击“拼装关键词”按钮，得到关键词组，单击“全部导出”按钮，如图 5-30 所示。

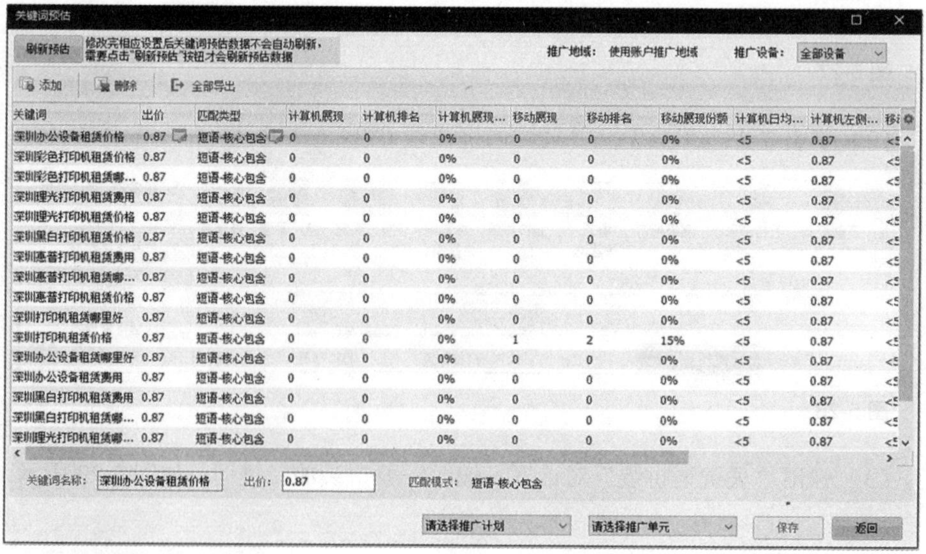

图 5-30

（5）导出之后的 Excel 表格分别如图 5-31 和 5-32 所示。

	A	B	C	D	E
1	关键词	展现理由	整体日均	移动日均	计算机日
2	办公室租赁		1,600	1000	580
3	办公室出租		680	400	290
4	设备租赁公司		20	<5	10
5	设备租赁		30	20	10
6	办公室设备租赁		<5	<5	<5
7	租赁办公室		<5	<5	<5
8	广州办公楼租赁		<5	<5	<5
9	办公室	黑马	510	270	240
10	服务式办公室出租		80	30	50
11	建筑设备租赁		<5	<5	<5
12	出租办公室		70	30	40
13	商务办公室出租		<5	<5	<5
14	办公室租赁公司		<5	<5	<5
15	小办公室租赁		<5	<5	<5
16	小办公室出租		<5	<5	<5
17	办公场地租赁		<5	<5	<5
18	活动设备租赁公司		<5	<5	<5
19	活动设备租赁		<5	<5	<5
20	办公设备租赁	移动黑马	30	20	10

图 5-31

	A	B	C
1	关键词	出价	匹配类型
2	深圳办公设备租赁价格	0.87	短语-核心
3	深圳彩色打印机租赁价格	0.87	短语-核心
4	深圳彩色打印机租赁哪里好	0.87	短语-核心
5	深圳理光打印机租赁费用	0.87	短语-核心
6	深圳理光打印机租赁价格	0.87	短语-核心
7	深圳黑白打印机租赁价格	0.87	短语-核心
8	深圳惠普打印机租赁费用	0.87	短语-核心
9	深圳惠普打印机租赁哪里好	0.87	短语-核心
10	深圳惠普打印机租赁价格	0.87	短语-核心
11	深圳打印机租赁哪里好	0.87	短语-核心
12	深圳打印机租赁价格	0.87	短语-核心
13	深圳办公设备租赁哪里好	0.87	短语-核心
14	深圳办公设备租赁费用	0.87	短语-核心
15	深圳黑白打印机租赁费用	0.87	短语-核心
16	深圳黑白打印机租赁哪里好	0.87	短语-核心
17	深圳理光打印机租赁哪里好	0.87	短语-核心
18	深圳彩色打印机租赁费用	0.87	短语-核心
19	深圳打印机租赁费用	0.87	短语-核心

图 5-32

（6）我们将两张表格中的关键词进行收集，按照 5.2 节的账户策略“购买阶段+设备”，开始搭建计划和单元，如图 5-33 所示。

TIPS：

一个账户可以做 100 个计划，1 个计划可以设置 1000 个单元，1 个单元最多可以有 5000 个关键词。这里要注意的是 1 个单元建议设置 10～20 个词，这样更方便优化。

	A	B	C
1	计划	单元	关键词
2	阶段2+PC	费用	深圳办公设备租赁费用
3	阶段2+PC	费用	深圳办公设备租赁价格
4	阶段2+PC	费用	深圳彩色打印机租赁费用
5	阶段2+PC	费用	深圳彩色打印机租赁价格
6	阶段2+PC	费用	深圳打印机租赁费用
7	阶段2+PC	费用	深圳打印机租赁价格
8	阶段2+PC	费用	深圳黑白打印机租赁费用
9	阶段2+PC	费用	深圳黑白打印机租赁价格
10	阶段2+PC	费用	深圳惠普打印机租赁费用
11	阶段2+PC	费用	深圳惠普打印机租赁价格
12	阶段2+PC	费用	深圳理光打印机租赁费用
13	阶段2+PC	费用	深圳理光打印机租赁价格
14	阶段1+PC	办公室	小办公室出租
15	阶段1+PC	办公室	小办公室租赁
16	阶段1+PC	办公室	租赁办公场所
17	阶段1+PC	办公室	租赁办公设备
18	阶段1+PC	办公室	租赁办公室
19	阶段1+PC	办公室	租用办公室
20	阶段1+PC	办公室	临时办公室出租
21	阶段1+PC	办公室	商务办公室出租
22	阶段1+PC	办公室	独立办公室出租
23	阶段1+PC	办公室	服务办公室出租
24	阶段1+PC	办公室	服务式办公室出租
25	阶段1+PC	办公室	出租办公室
26	阶段1+PC	办公室	出租小办公室
27	阶段1+PC	设备租赁	电脑设备租赁
28	阶段1+PC	设备租赁	施工设备租赁
29	阶段1+PC	设备租赁	视频设备租赁
30	阶段1+PC	设备租赁	活动设备租赁
31	阶段1+PC	设备租赁	活动设备租赁公司
32	阶段1+PC	设备租赁	建筑设备租赁
33	阶段1+PC	设备租赁	建筑设备租赁公司

图 5-33

2．导入

（1）接下来，将关键词导入。单击“批量添加”→“输入信息包含推广计划名称，推广单元名称”，单击“选择文件”按钮，直接将文件进行导入。或者直接复制表格中的关键词，然后单击“从剪贴板中粘贴”，即可。如图 5-34 所示。

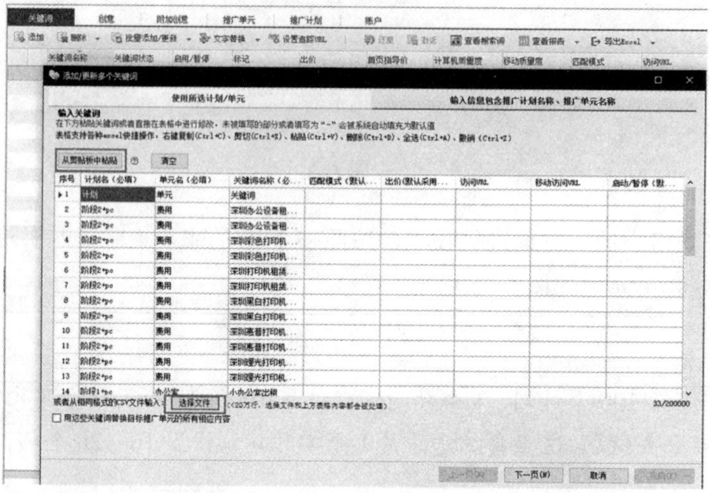

图 5-34

（2）单击“下一页”按钮，显示“新增的，2 个新推广计划，3 个新推广单元”，单击“完成”按钮，如图 5-35 所示。

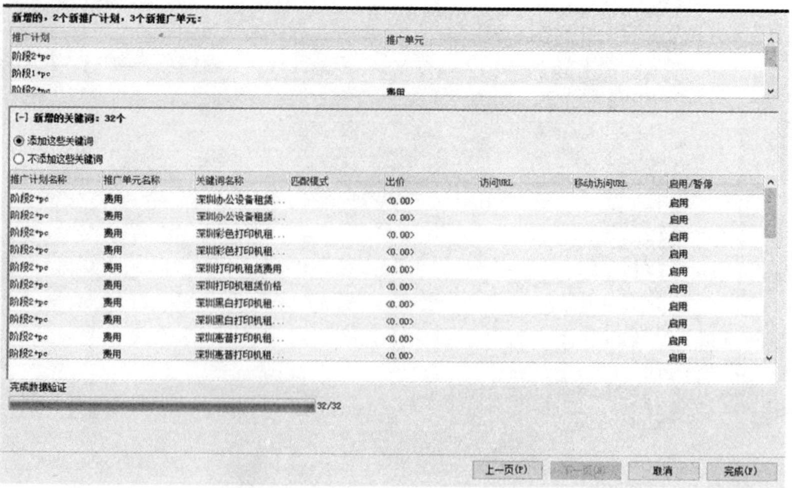

图 5-35

（3）最后，记得调整关键词的出价，账户建立完毕。

在我们做完了账户策略、人群分析、需求分析之后，有了操作的思路，再对关键词收集、分类、导入关键词。这样我们心里会预估哪些词可能会花多少钱，哪些关键词可能会少花钱，哪些词会有什么效果，并且做到有针对性的应对，做到心中有底。

5.3.2　购买阶段关键词的划分

如前所述，流量数量和质量的控制，是由账户结构决定的，那么直接作用于账户结构的是什么？就是关键词。如果把账户结构中不同的计划看成是流量池的水龙头，那么关键词就是打开水龙头的钥匙。关键词是账户的根本，控制了关键词就是控制了账户。账户 80%的问题都是关键词的问题，往深了说，控制好了关键词也就控制好了转化率。

每一个搜索词都代表访问者的需求，我们需要做的是用关键词和这些需求进行匹配。在投放关键词之前一定要了解关键词的购买阶段，它决定了账户结构、关键词的出价、匹配模式、创意撰写。

那么本节我们就来学习如何掌握关键词这把钥匙。

1．购买阶段划分

购买阶段就是讲消费者决策购买理论，一般来说，我们将消费者决策购买划分为 5 个阶段，具体如下所示。

第 1 阶段：问题认知

消费者认识到自己有某种需要时，是其决策过程的开始，这种需要可能是由内在的生理活动引起的，也可能是受到外界的某种刺激。

例如，对于想要减肥的人来说，内在影响可以是看到别人身材很好，自己也想瘦身；外在刺激，可能是男朋友刺激嫌弃太胖，想去减肥。

第 2 阶段：搜寻信息

访客对问题有了认知后，会尽量搜集这方面的信息。在没有互联网之前，我们更多会从长辈、老师、朋友处寻求帮助，查阅资料更多是去图书馆，互联网时代则更多依赖网络搜索。可以说网络搜索贯穿影响了消费者各个阶段的认知。

例如，想减肥的朋友，会在网上搜减肥方法、减肥药、跑步减肥、瘦身减肥等关键词。在这里，有减肥需求的朋友很多，但是还不能确定到底该如何减肥。

第 3 阶段：评价备选方案

在经过信息的搜集、汇总后，消费者对得到的相关信息进行分析、评估和选择，这是决策过程中的决定性环节。这个环节，消费者往往有几个倾向性的选择。如果预期通过吃药减肥，往往先确定下某些品牌，品牌关联信息是消费者最愿意搜集的。

第 4 阶段：购买决策

消费者对商品信息进行比较和评选后，已形成购买意愿，然而从购买意图到决定购买之间，还要受到两个因素的影响。

（1）客服。当然，我们有很多类型的成交属于静默成交，但是很多业务却绕不开客服这一关。好的客服，能够极大地提升转化率，促进消费者购买。

（2）活动。网站的活动页，专题页氛围。

第 5 阶段：售后评价

售后评价包括满意程度、二次营销。

消费者的满意程度取决于其对产品的预期与产品实际使用之间的差异。售后满意度决定了消费者是否重复购买该产品，决定了消费者对该品牌的态度，并且还会影响到其他消费者，形成连锁效应。

购买决策模型在各行各业都有使用。互联网崛起之前，广泛运用于各实体销售行业。

例如当你去 4S 店里看车时，如果销售人员问“有什么可以帮助您？”然后大谈车型特点，这肯定是新人。有经验的销售人员会问，“先生，您之前有了解过这车吗？都了解过哪些？”

为什么这样问呢？首先是希望向你介绍车的车型特点，另外一个重要原因，就是可以迅速判断，你目前处于购买阶段的第几阶段，然后根据不同阶段消费者的特点，对症下药。

在 SEM 的营销流程中，我们需要重点关注的就是第 1 到第 4 阶段。第 1 到第 3 阶段影响关键词的设置和优化，第 4 阶段影响客服、页面的调整。

2．SEM 购买阶段划分特点

第 1 阶段

需求特点：第 1 阶段人群的购买目的不够明确，随意性较大，需求低，多数喜欢搜索产品词、通用词，属于了解性搜索。

流量特点：此类关键词搜索量比较大。

价格：最低。

第 2 阶段

需求特点：处于对比阶段的人，比较纠结，需要对商家信誉、产品功能、费用等进行对比才能做出选择。多数喜欢搜索疑问词，属于选择性对比搜索，如××产品怎么样、××产品的费用等。

流量特点：中等，具体流量根据业务特点分析。

价格特点：中等。

第 3 阶段

需求特点：处于第 3 阶段的人，信息搜集和比较基本完成，属于高转化人群，这类人多数喜欢搜索品牌词。

流量特点：搜索量很少。

价格：价格最贵。

需要说明的是，这 3 个阶段的词是相对的，而不是绝对的，在不同时间不同场合下，关键词的需求阶段可能产生变化。

越是前端的搜索词，疑问词和通用词搜索量很高，转化效果却不好，如搜索 PMP 培训，这类通用词背后的需求是比较复杂的。

现在我们把所有关键词进行了分类，本节之前我们也讲到这个概念，把关键词以购买阶段划分为 3 个阶段。

每一个关键词的背后都代表了搜索者的一种需求，我们做的所有工作都是为了转化。下一步就是如何把需求变成转化的问题。

在本节可以先提一点，后面我们会详细说。

我们把需求进行细分，就是将不同的关键词划分为计划和单元，让不同的关键词搭配适合其需求阶段的创意，并且以不同的着陆页面进行分类配合，进而促成转化。可以说这是 SEM 的核心，这也是竞价营销的一个核心思维。

5.3.3 关键词的匹配方式和出价

5.3.2 节我们学会了如何通过购买阶段划分关键词。下一步面临的工作就是如何对关键词设置匹配和出价。

关键词的匹配与出价是流量控制的直接因素，要将匹配和出价做好，需在懂得其基本原理的基础上，在工作中不断地收集数据、测试投放。

1. 匹配方式

访客键入搜索关键词时，百度推广系统会自动挑选对应的关键词的推广结果，展现在网民面前。我们通过设置匹配方式，来决定网民搜索词与关键词之间可能的对应关系。

百度竞价为我们提供了 3 种不同的匹配方式，下面我们以关键词“办公设备租赁”为例，将各匹配方式下可能对应的搜索词展现出来。

（1）精确匹配

办公设备租赁

匹配词：办公设备租赁（与关键词字面完全相同的搜索词）

（2）短语匹配

短语匹配包括精确包含、同义包含、核心包含。

- 精确包含：

办公设备租赁

匹配词：办公设置租赁价格、办公设备租赁合同

（精确匹配+完全包含关键字及关键字的插入和颠倒形态的搜索)

- 同义包含：

办公设置租赁

匹配词：办公设备租赁价格、办公设备租赁合同、深圳办公设备出租、租赁办公设备

（精确包含+关键字的同义形态）

- 核心包含：

办公设置租赁

匹配词：办公设备租赁价格、办公设备租赁合同、深圳办公设备出租、租赁办公设备、办公室设备出租价格、办公设备 深圳出租

（同义包含+包含关键词核心部分或核心部分的插入、及该关键词插入颠倒形态的短语，并支持同义词匹配）

（3）广泛匹配

办公设备租赁

匹配词：办公设备租赁价格、办公设备租赁合同、深圳办公设备出租、租赁办公设备、办公室设备出租价格、办公设备 深圳出租、办公室出租、办公设备租赁型号系列

（精确匹配+短语匹配+关键词的相关变体形式）

无论是哪种匹配方式，关键词都能为账户定位不同意向的访客。借助于精准匹配和短语匹配，可以为我们定位强意向访客。广泛匹配则可以把推广页面展现给尽可能多的潜在客户，捕捉更多的商机。

2．关键词出价 4 原则

关键词出价的 4 原则如图 5-36 所示。

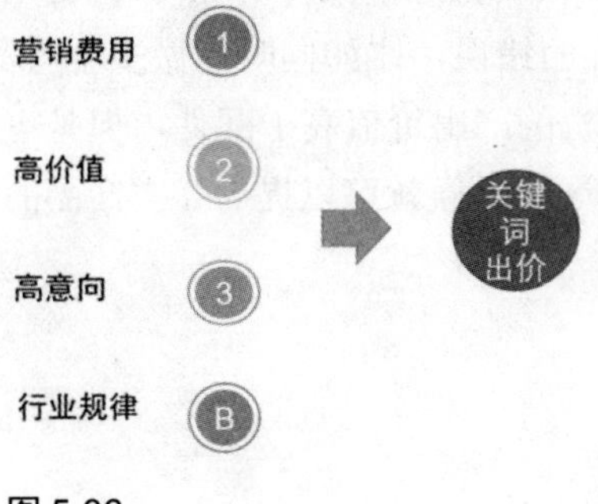

图 5-36

（1）营销费用

根据营销费用确定关键词出价。营销费用是根据营销目的来制作的，我们根据经验，分析得到具体营销费用数。用公式：

销售额=流量×页面转化率×客单价

=用户点击量×达到率×页面转化率×客单价

假设本次推广目标是完成100000元销售额，上级给到的营销费用是4000元，网站客单价100元，页面转化率4%，根据以上公式得到需要2500访客流量。假设到达率为80%，则外站推广需要吸引3125个点击。

点击成本=营销费用/总点击量

由以上公式算出，可以接受的单次点击成本为1.28元，超过1.28元的点击价格，从成本上来说，都是不能接受的。

其实该方法不只是可以用来计算关键词出价。任何推广渠道，只要是引入了流量，我们都可以用此方法计算流量的价格成本和营销转化。

倒推出每个点击的价格!!!（这很重要）

（2）高价值

所谓高价值，就是低价值关键词让位与高价值关键词。

假设：

A关键词均价2元，月消费2000元，产出8000元成交额

B关键词均价5元，月消费3000元，产出3000元成交额

这样的两个关键词，就需要我们加大A关键词的投入，同时降低B关键词的消费，提高ROI。在实际工作中，我们经常犯这样的错误，比如同时在做多个产品，a类产品是手机，b类品产品是手机配件。明显手机的产出价值高于配件，但是可能关键词的点击单价却差不多。营销费用是恒定的，这个时候就可以提高a类产品的广告费，进而提高产出。

（3）高意向

意向，就是购买意向决定出价。

① 购买意向与购买阶段有关

一般来说购买阶段的营销如图 5-37 所示，同时关键词的出价也需要自己去具体分析，自己的产品、页面、客服能转化第几阶段的关键词，测试这些关键词能够带来多少价值，投入产出比是否适配。

② 关键词的匹配模式指导出价，如图 5-38 所示。

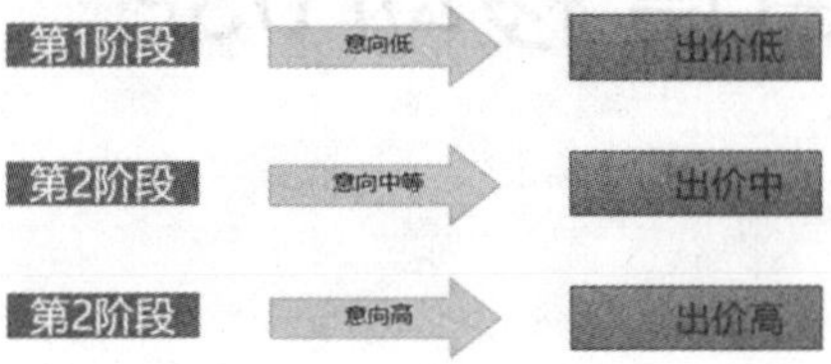

图 5-38

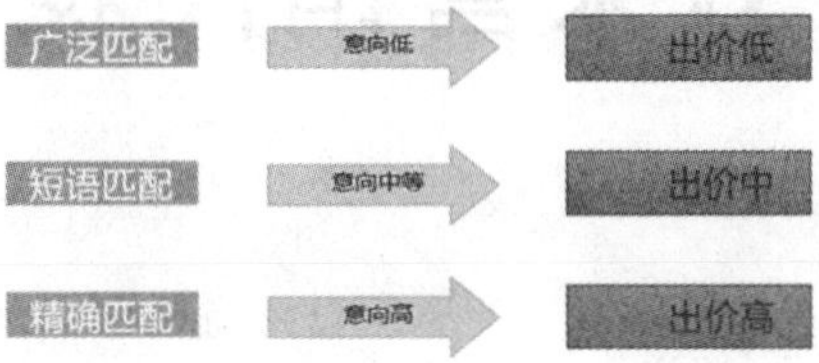

图 5-39

广泛匹配的优势是可以匹配出大量的关键词，提高广告的展现量。与此同时，伴随着出现大量非相关搜索关键词，带来的访客意向普遍偏低。

短语匹配和精确匹配相对广泛匹配来说，能够带来更加精准的访客。

（4）行业规律

关键词的投放力度和行业的发展密不可分，如图 5-39 所示为关键词“微商代理”的 2016 年到 2017 年 4 月的指数曲线图。

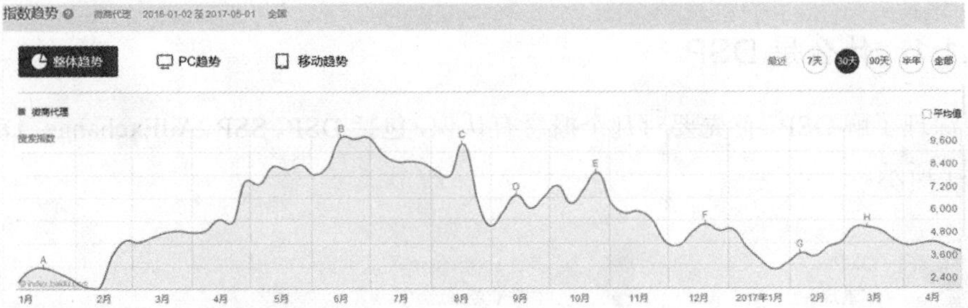

图 5-39

该公司的业务属于微商代理的招商，从 2016 年 2 月开始增长，6 月到达顶点，开始逐渐下降，2017 年 1 月到达谷底。这样的搜索指数与行业规律密不可分，1 月的时间节点是春节，几乎很少人会在春节期间找代理做加盟，这个时间点，推广人员可以适当减少广告投入，把更多的精力放在页面内功的优化上。

第6章

效果营销代表：百度移动DSP

DSP（需求方平台）会是未来几年迅猛发展的一种广告形式，有点像2013年或者2014年年初的移动端，移动端在刚刚兴起的时候，没有很多人重视，但是到了2016年，移动端已经成为大势。而从广告形式上说，DSP未来也会有长足的发展，目前DSP行业发展已经进入快速发展期，随着商家的推动以及客户对DSP广告的接受，市场规模很容易突破100亿元。

6.1 DSP概念及广告形式

6.1.1 什么是DSP

要深理了解DSP，首先要对几个概念有认识，包括DSP、SSP、AdExchange、DMP，如图6-1所示。

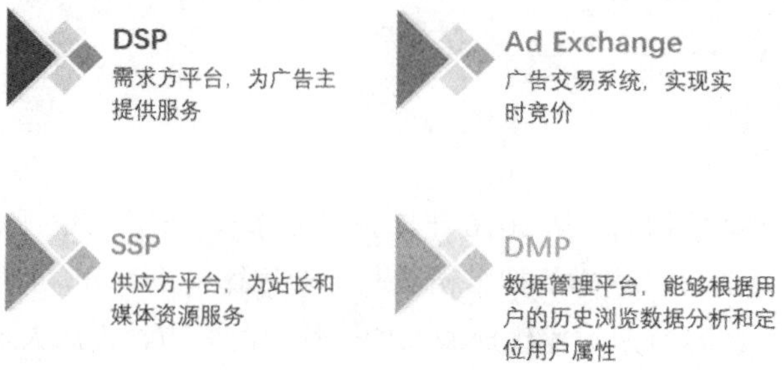

图6-1

DSP：从字面意义去解释，是需求方平台。

我们作为广告主，接触的是 DSP。DSP 是什么呢？它就是把我们的广告需求进行定向投放的平台。假设我是做金融的，希望很多白领、金领等相对高端的人群看到我的广告，于是我在 DSP 账户中制订计划，根据年龄、地区、人群、兴趣爱好、网站，来选择定向方式，然后进行投放。DSP 能够帮助我们更好地管理广告物料，有一个更好的投放环境，这是我们说的需求方平台。

SSP：字面意思是供应方平台，它为站长和媒体资源服务。假设我是一个个人站长，自己也在做博客或者论坛，没有一种变现的方式，那么我可以在自己的博客中加一些广告，因为如果靠自己去接广告，没有那么容易，于是会找到这个 SSP。现在百度也有 SSP 平台，就是百度站长。

AdExchange：简称 AD，是一个广告的交易系统。什么是交易系统？它是负责把 DSP 和 SSP 连接起来的一个系统。比如，作为广告主，我们在 DSP 平台上了一些物料、图片，要上信息流的广告。站长则有广告位可以去展示广告主的广告，当有访客进入这个网站时，网站就会发送一个请求，把访客的信息发送到平台，平台会根据网站信息的一些具体要求，到 DSP 平台去选择，通过实时竞价的原理，找到筛选出来的这条广告，通过这个交换的系统返回到这个网站中。这就是 DSP 的推广原理。

DMP 的概念比较容易理解，我们都有在用，比如百度统计。DMP 的统计工具会把网站展现多少、点击多少、花了多少钱、这条广告展现多少、点击率、花费等数据进行统计，方便我们做数据优化。

我们把 DSP 叫作需求方平台，把 SSP 叫作站长平台，把 AD 叫作广告交换系统，DMP 则是数据统计。这就是为什么当别人问：你做过哪些广告？回答自己做信息流广告会更加科学。因为你现在已经了解，回答说做 DSP 广告，其实是有点说不通的。只是因为 DSP 的概念比较流行，所以很多人都会说做 DSP 广告。

6.1.2　DSP 广告的特点

1. 需求低

通过前面章节的学习，大家对 SEM 竞价有了比较深入的了解。从 SEM 竞价的角度来看，访客均是主动搜索和点击。这部分人一般是有了一定的认知或者需求后找某个产品和服务。而 DSP 则是被动的。

2．覆盖面广

我们知道，主动搜索的人毕竟是少数，例如，搜索关键词“PMP 培训”，一天可能只有几百人。但是全中国正在学习 PMP，或者想学习 PMP 的人数绝不止这个数字。他们都有潜在的需求，只是还不知道怎么去做。所以 DSP 的覆盖人群数量是非常可观的，它可以帮助我们找到潜在的需求者。这是 DSP 的核心特点。

6.1.3 DSP 广告的付费形式

DSP 广告付费形式主要有两种：CPM 和 CPC。

① CPM：按千次展现付费。

这是相当重要的，有的朋友会觉得按照点击收费会比较踏实。在实际操作中，比如，一个广告，1000 次展现能够获得 5 次点击，每次的点击费用是 10 元，需要为这 5 次点击支付 50 元。假设按照 CPM 付费，如果我的创意非常好，展现 1000 次的价格是 30 元，而这 30 元有可能带来 10 次点击，那么每次的点击成本为 3 元。所以，到底应该选择哪种付费方式，需要通过计算来决定。

② CPC：按照点击次数付费。

6.1.4 DSP 的广告形式

DSP 广告形式较多，主要展示的平台是移动端。

① 信息流是我们用得最多的一种形式。信息流做得最多的是在手机上，大家在今日头条、腾讯新闻、浏览器等 App 中看到的几乎都是这种广告展现形式。含有大图、小图、文字链等内容的展现形式会比较常见。这里截取了几张图，包括内容页广告、评论页广告、新闻大图、小图等，如图 6-2 所示。

② DSP 广告类型还包括开屏广告、插屏广告以及横幅广告。什么是开屏呢？打开 App 的时候经常会有一个广告弹出来，这就是开屏广告。视觉冲击力比较强，如果我们要做品牌曝光，开屏广告就是一个较好的选择。

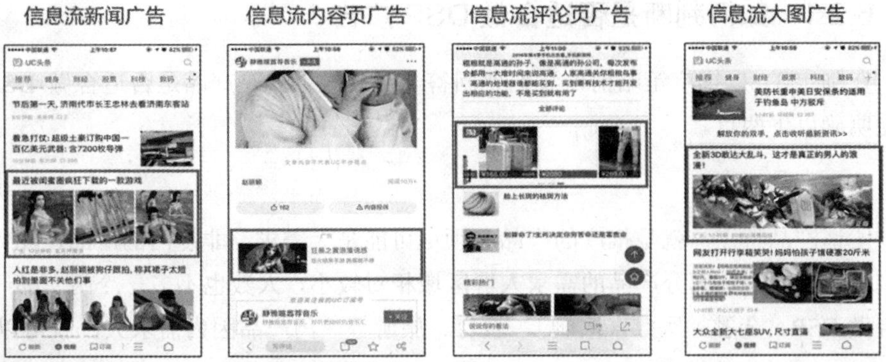

图 6-2

什么是插屏呢？例如，看视频的时候经常会弹出广告，这种广告就叫插屏广告，如图 6-3 所示。

图 6-3

③ 还有一种类型，叫积分墙、推荐墙、推荐页。它们也是 App 推广应用的广告形式。

6.2　百度移动 DSP 推广策略

6.1 节讲解了 DSP 的概念和原理，本节会介绍制定 DSP 的一个推广策略，大家可以思考一下，自己的业务应当如何去做。

6.2.1 如何判断是否适合做 DSP 广告

在制定 DSP 推广策略前，我们要回答一个问题，就是产品是否适合做 DSP。我们先明确以下两点。

（1）产品特点

所谓产品特点，就是推广的产品必须尽可能是大需求、非冷门的产品，比如，做印刷产品周边，这部分产品的需求人群区域相对较小，人数也不多。冷门产品一般不适合做 DSP。金融、医疗（限制）、教育、旅游等热门产品因为需求大，就可以做。

注意：在操作上可以分为旺季和淡季。针对不同的产品，在旺季前两三个月就可以开始，而且旺季应加大投放。比如，医疗人流，情人节那段时间的需求量会很大。

（2）平台特点

平台特点是指根据投放平台的人群属性，去判断选择哪一个平台。比如腾讯、百度、新浪、网易都有很多广告业务。一般来说，新浪和网易系偏商务；腾讯系偏娱乐，受众年龄不大；百度比较杂，因为自身平台流量不大，如百度糯米、手百，所以它对接了很多其他平台的流量。

经常浏览新浪、网易等网站的朋友应该知道，经常会看到卖貔貅、风水石、佛珠的广告链接，也有如卖保健品的。这是因为它的人群多为商务人员，中年人较多，购买能力较强。而百度则是减肥、祛斑、祛痘等各种产品都在卖。

综合来看，第一，根据自己产品的需求量大小，确定是不是偏热门的产品，来判断是否能在 DSP 上投。第二，通过对投放平台人群的属性分析，判断自己的产品目标用户群是否与之吻合。

需求是判断做还是不做；人群是判断在哪个平台上做。

6.2.2 根据人群制定推广策略

做到 DSP 的精准投放，首先要研究人群。对 SEM 竞价而言，访客往往是在找产品或者服务的信息，而 DSP 是根据访客的兴趣爱好来推荐广告的，所以访客并没有主动购买的需求。因此，流量质量不高。

为了做精准投放，我们从推广目的角度，将 DSP 的广告人群划分为 4 类，如图 6-4 所示。

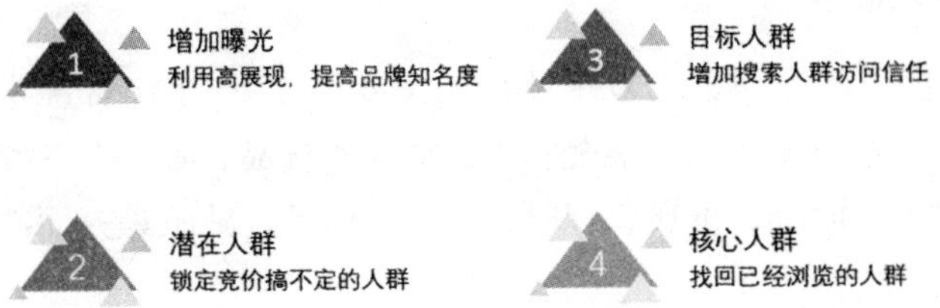

图 6-4

1．增加曝光

增加企业品牌曝光，如开屏广告使用得比较广泛，这里了解即可。

2．潜在人群

锁定竞价搞不定的人群，下面以案例的形式进行讲解，如图 6-5 所示。

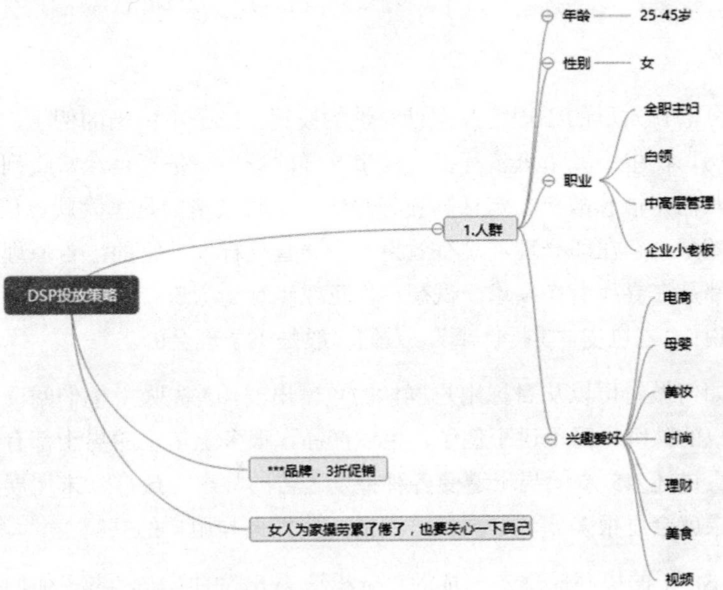

图 6-5

主营业务：美容。

人群：女性，年龄主要在 25~45 岁之间，职业以白领、全职太太、中高层管理者、私企老板为主。抗皱、护理的需求比较多。

她们的兴趣爱好有哪些呢？

需要注意的是，这里的兴趣爱好是从 DSP 推广的角度进行梳理的，如经常浏览哪些网站，电商类，淘宝、京东少不了；生活美妆类，如聚美优品、唯品会、寺库；母婴类，如豆芽、育儿经。还有时尚、健康、理财、美食、情感、减肥等方面都是这类人群的潜在兴趣点。

有朋友问我："老师，为什么我投 DSP 就是没有效果？"

注意：很大程度上是因为我们拿 DSP 的投放当原始竞价方式在操作。你是不是这样做的：比如，某某培训公司，广告承接页一开始就说自己的这个培训有多好，然后直接链接课程页，或者产品转化页。

DSP 和 SEM 人群分析的核心区别之一就是一个被动、一个主动，如果你正在看新闻或者视频，弹出的广告图片上写着"××培训 5 折促销"，这样的广告很快就划过去了，更别说点击。

应该怎么做呢？

需要针对这部分潜在人群的心理特点做针对性的设置。举个不恰当的例子，大家一定有过这样的经历，在中小城市逛步行街、夜市这样的场所，是不是经常收到免费杂志？其内容五花八门，情感故事、笑话、流行趋势，当然最多的是医院就诊信息。不用怀疑它有没有效果，存在即合理，没有效果不会一直这样发。它的广告原理和信息流其实差不多，都是在寻找潜在需求。试想：你正在步行街上逛，突然跳出一个业务员找到你，直接说："割包皮，3 折优惠"，人们一般是不予理会的。

信息流广告该如何做？可以从目标用户群体的角度出发，首先吸引他们阅读落地页，用文案寻求用户的共鸣。简单讲个例子，生发产品，很多上年纪的男士都有脱发的问题，那么落地页讲述 45 岁的男士遭受各种掉发之苦的故事，最后，末尾展现生发广告，这样的效果就会好很多。还需要从产品的角度挖掘与用户的共鸣。

其实，DSP 和 SEM 的核心原理是一样的。分析这类人群的需求，考虑他们关心什么事，可以用什么内容吸引他们，用什么转化他们。

本书中为什么要重点讲 SEM 和 DSP 的投放？因为你只要能够从原理上弄清其广告投放的思维。各位读者回到实际业务做任何广告投放，都会很坦然。万变不离其宗，所有产品的广告形式都相关无几，要学会举一反三，推陈出新。

3. 目标人群

什么叫目标人群？举个例子，在百度的信息流广告中，DSP 定向方式中有关键词定向，当访客搜索某个关键词之后，这部分人群可以找回来。它给我们提供了另一种解决方案，就是我的产品受众不一定特别广，但是流量质量却可以很高。如果说我们做一个关键词的定向，那么从这里来的流量质量相对会高很多。

4. 核心人群

核心人群就是访客进入过我们网站的人，目前只限在百度 DSP 上能实现。因为都装有百度统计软件，访客登录网站会记录 ID，这样就可以把这部分人群寻找回来。

因为用户访问过的网站就有所了解，成交意向会更高。面对这部分人群，完全可以利用打折和促销的方式进行吸引。相对的广告承接页面也就不一样了，这里就可以不再是“讲故事”，而是简单粗暴的促销，赤裸裸的产品推荐。

如果广告是为了宣传品牌，提高知名度，可以尝试增加曝光；如果针对购买的核心人群，就把我们的卖点、产品优势罗列展示。希望大家学会核心原理后，可以多加思考，举一反三。

6.3　百度移动 DSP 建户流程

很多人可能都没有操作 DSP 的经验，为了让大家有一个直观的认识，本节将带领大家建立一个百度 DSP 的推广计划，步骤如图 6-6 所示。

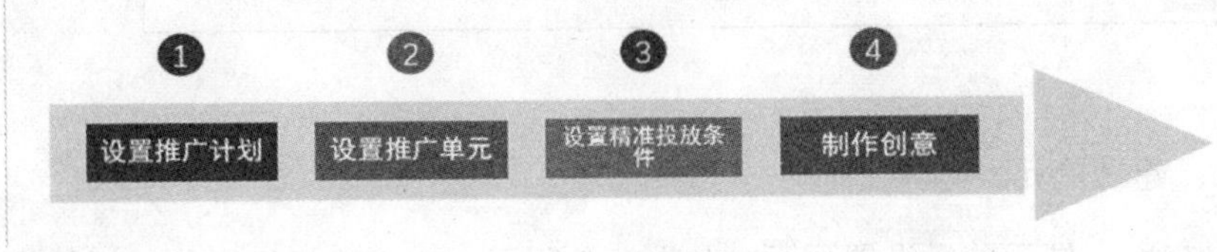

图 6-6

步骤 1：建立计划。

① 进入移动 DSP 首页，如图 6-7 所示。

图 6-7

② 单击建立计划，弹出计划设置页面。在这里选择计费方式、预算、开始结束日期等。注意：自建计划之日起每日最低消费额是 10 元，如图 6-8 所示。

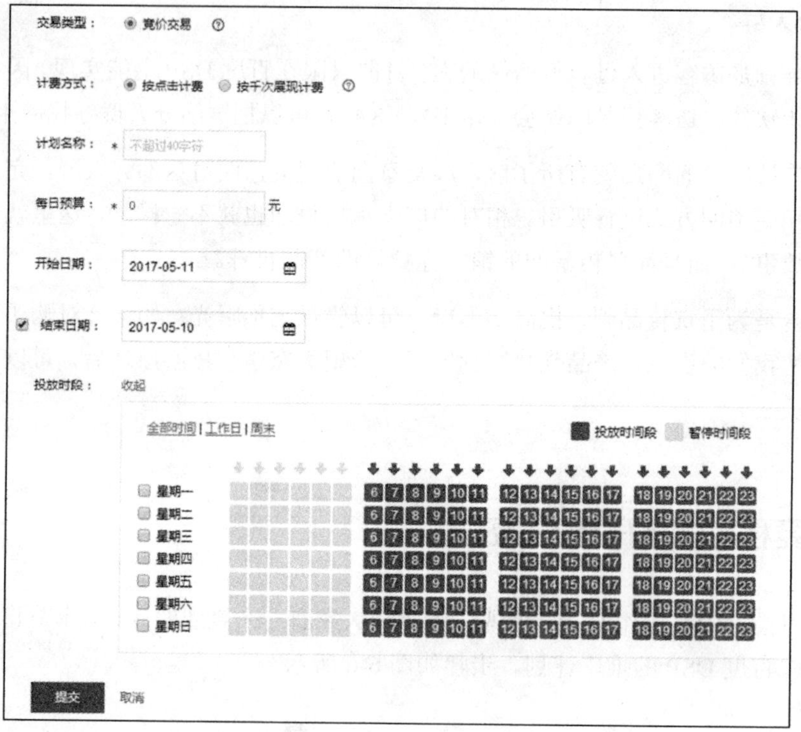

图 6-8

步骤 2：建立单元。

计划提交后，显示单元设置页面，如图 6-9 所示。这里选择推广位、媒体类型、推广方式。因为上一步选择了按点击付费，这里的单元出价是指点击单次的价格。选择不同的推广位，右侧会有对应推广位置的展示。

图 6-9

步骤 3：设置精准投放条件。

（1）设备投放

这里有运营商、网络类型、投放设备、操作系统等选项，如图 6-10 所示。

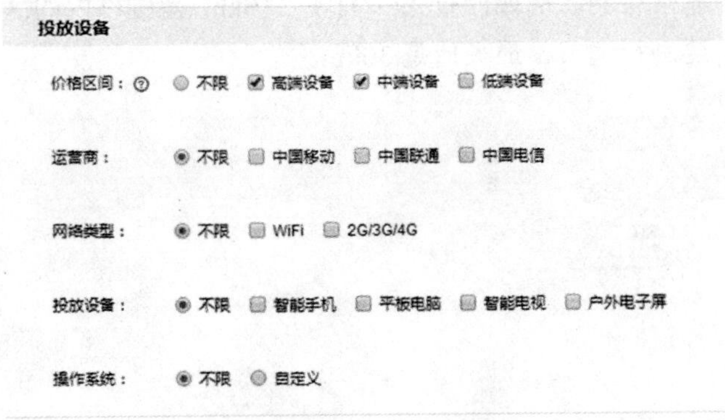

图 6-10

（2）投放区域

① 省市：主要从行政区域划分，包括省、市。

② 细分区域：包括区县、商圈、自定义。

- 区县：主要从城市以下的区县维度进行选择，如图 6-11 所示。

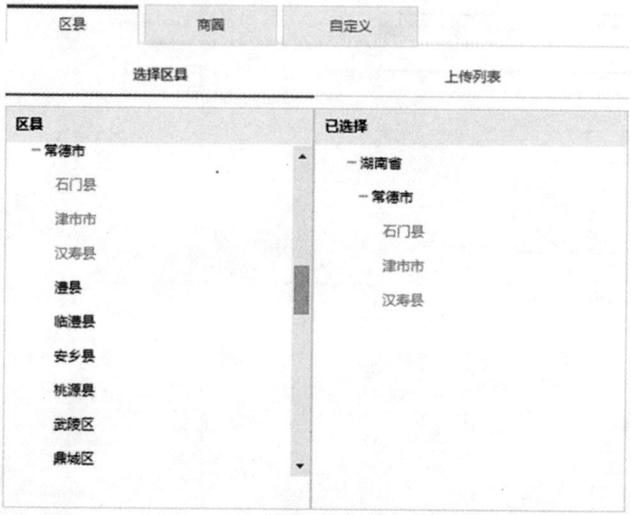

图 6-11

- 商圈：主要是对城市的主要商业区域进行划分，如图 6-12 所示。
- 自定义：这是百度 DSP 的一个升级功能，可以按照需要精确到某个地理位置，这对线下门店的推广非常有利。例如，查找深圳坪山 8km 范围以内的区域，区域范围可以按照需要进行调节，最大值是 30km。

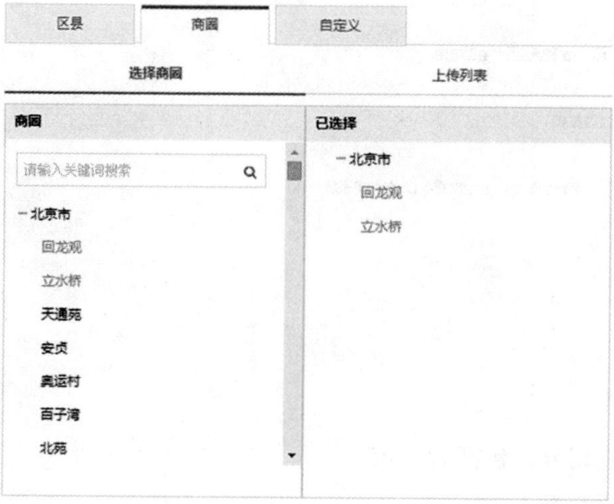

图 6-12

自定义还有一个不错的功能，就是可以定义商户和连锁店周边，并能上传连锁店地址列表，这对拥有较多线下连锁店的商家是一个福音，如图 6-13 所示。

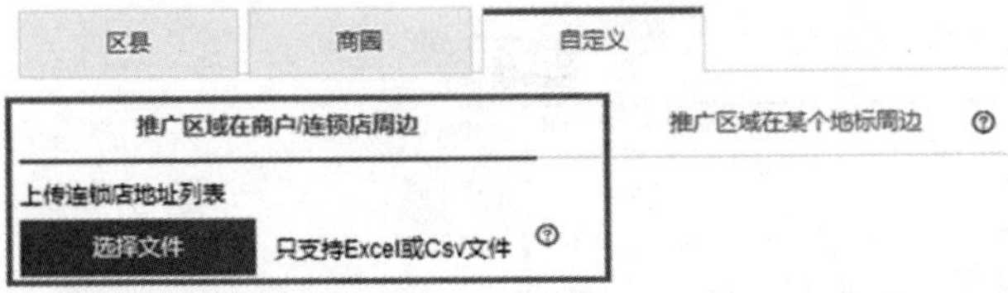

图 6-13

（3）投放媒体

投放媒体包括百度的自有资源以及从外部接入的资源，如图 6-14～图 6-16 所示。

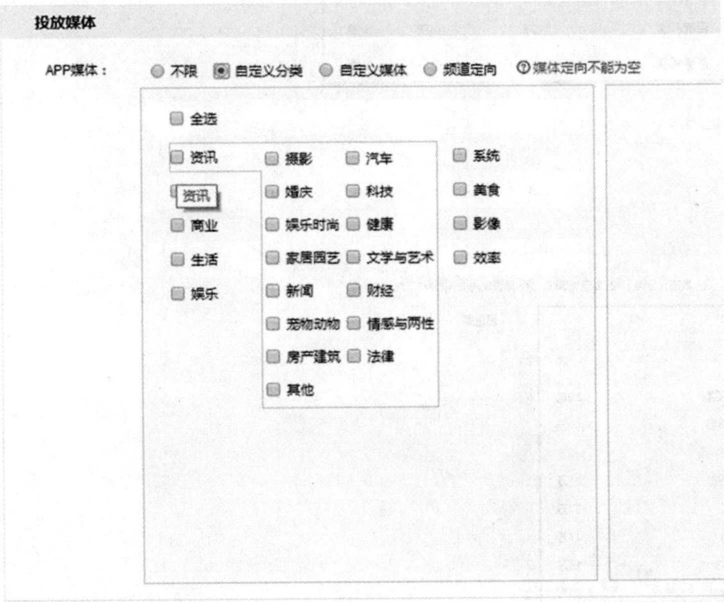

图 6-14

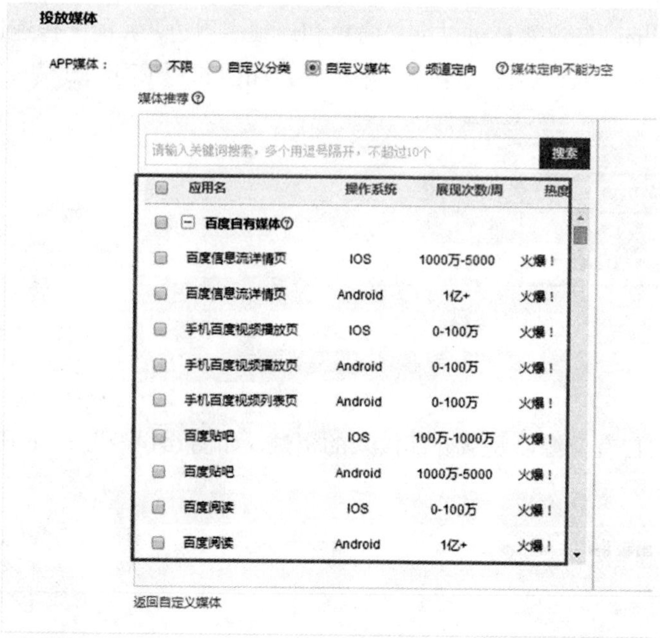

图 6-15

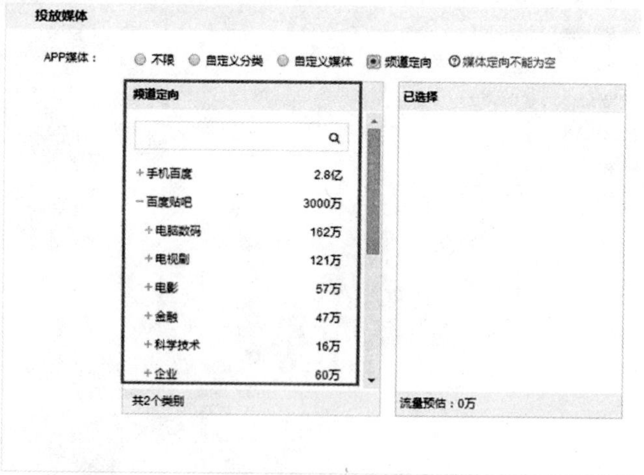

图 6-16

（4）投放受众

根据目标用户群体，选择其可能偏好的 App，在图 6-17 所示的区域尽量多选，只选一类会出现展现概率低、覆盖面窄的情况，如图 6-18 所示。

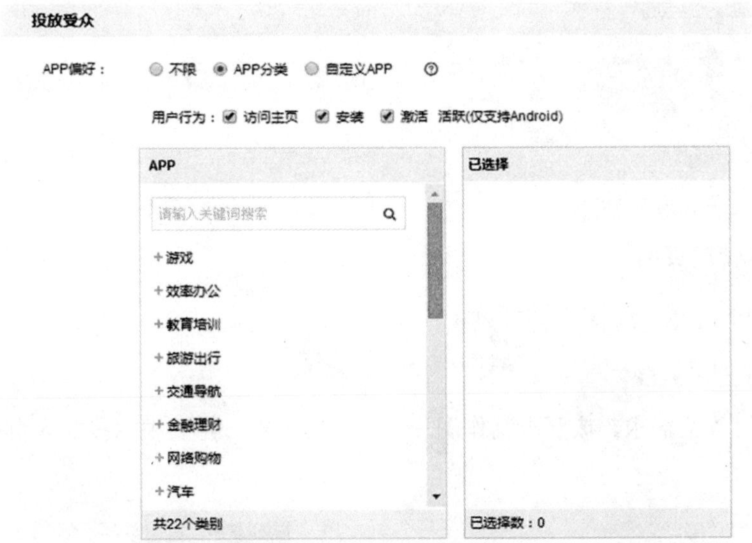

图 6-17

图 6-18

其中，投放受众中的再营销人群是一个很强大的功能，在这里可以设置对所有添加过购物车或者进入过我们网站的访客进行二次营销。这是一个很强大的功能，有兴趣的朋友可以多试试。

① 单击创建高级定制人群，如图 6-19 所示。

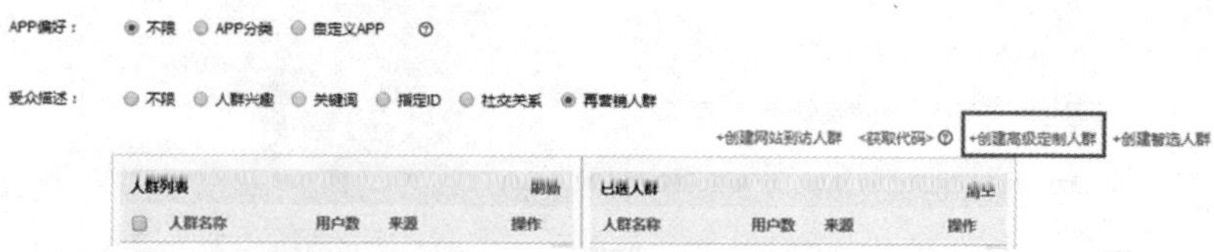

图 6-19

② 弹出人群管理页面。

③ 人群属性的设置，如图 6-20 所示。

步骤 4：制作创意。

根据选择的投放位需求，按要求制作图片。创意的设置一定要根据投放人群来设置，如图 6-21 所示。

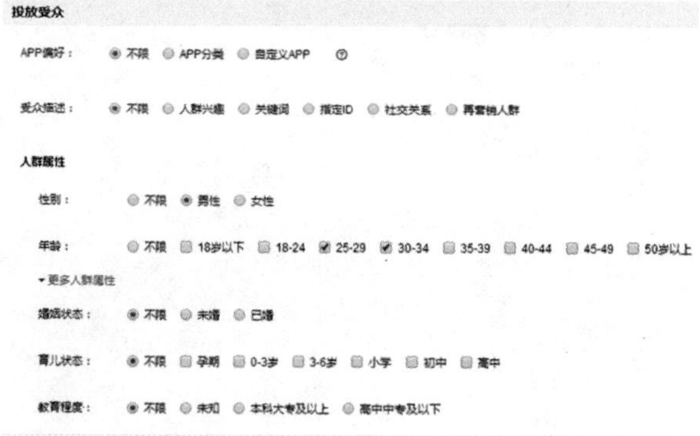

图 6-20

图 6-21

第 7 章

广告营销页制作

本书的主题是数据化营销，应该从数据和营销两方面展开讲解，那为什么要谈页面制作呢？这不是设计者要思考的问题吗？大家要知道，营销页面的制作是广告投放中的重要一环。如果需要做广告外投，并且希望有好的效果，就必须制作专门的广告承接页面。当你点开一个网络广告的推送链接时，打开的就是广告承接页，不同的只是根据业务类型和产品的个性化进行改进，如有些网站会把首页或者专题页作为广告着陆页。尽管形式不一，但是营销页制作的逻辑是一致的。其制作的好坏直接影响着广告的投放效果。运营人员只看页面的转化率，而不分析页面的好坏，就如同“只见树木，不见森林”。本章的目的就是向你介绍如何制作合格的广告承接页的营销页面。

7.1 营销页逻辑及用户需求挖掘

7.1.1 营销页精细运营及逻辑

1. 营销页精细运营

在 SEM 推广中，我们要根据不同的计划来制定销售页。为什么？这就是流量的精细化运营，之前也讲过，每一个关键词的背后都代表了不同层次的用户需求。如果只用一个页面包打天下，势必会造成页面内容与访客的心理预期不一致。

假设访客搜索第一阶段关键词“××减肥方法”进入承接页面，但是显示的内容却都是减肥的价格，或者其他非相关信息，势必会造成跳失率高、转化率低的情况。

广告营销页面仅仅凭借跳出率、二跳率等指标很难评估目标的完成度。因此，需要更多维度的分析。

① 从广告营销页上下游来说，用户从点击广告创意到进入营销页面，要注意点击率、到达率。从营销页面到站内下级页面的分流，要关注二跳率。传统的二跳率是除去跳出率之后，都算作二跳。建议根据广告营销页目标设置发生事件，只有点击某个页面才算为二跳。

② 用户在页面上的行为可以根据页面热力图、页面浏览百分比、下一步访问路径、页面停留时间等来分析。

③ 营销页分流分析，即分析从着陆页到其他页面的分流效果，如重点路径、用户兴趣点等。根据分流效果优化重点页面，从而做出引导。

不同的业务类型，其广告承接页面也不尽相同。各公司根据自己的业务、营销目的，会把首页、专题页、活动页作为广告投放的承接页面，这些都是变相的营销页面。对于优秀的营销页面，其内在逻辑是一致的。

2. 营销页逻辑

首先，了解营销页的制作逻辑，如图 7-1 所示。

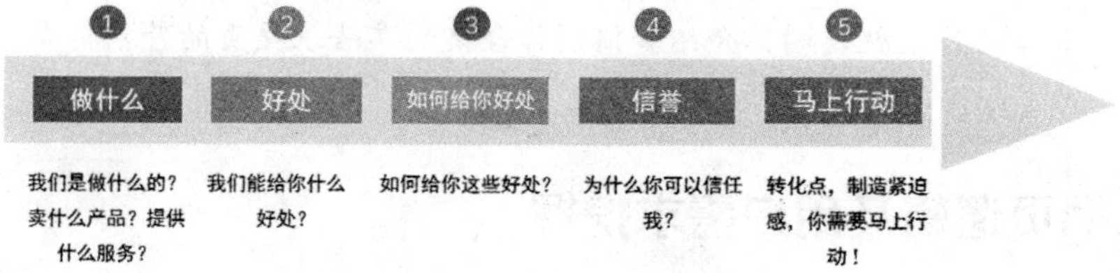

图 7-1

只要牵涉到交易，其营销页面的制作逻辑均是相似的，不同的只是根据产品受众的特点，将这个逻辑进行延伸与演化，使之有技巧、有侧重点地表现出来。当然，有人会说，很多具有创意的、炫酷的页面也很好。一般来讲，页面好坏的核心还要看数据，如果数据得以改善，当然可以变。但现实是，很多情况下页面漂亮，老板满意，但数据并没有改善。所以仍然希望大家在熟练掌握页面制作逻辑的情况下，再进行创意。

7.1.2　营销页包含哪些内容

营销页不要为了内容而填充，或者为了好看而制作。下面我们以一个减肥产品为例来讲解营销页主要包括哪些内容。

1．我是做什么的

网站的基础内容是告诉访客“自己做什么产品”，你没有来错地方，符合访客的心理预期，而不应该堆砌让人费解的文案。

例如，文案“巅峰减肥训练营，肥胖整体解决方案”，简洁明了（见图 7-2）。

图 7-2

2．能给你什么好处

文案：“历经 12 年考验”“客户分布全球 300 个城市”“帮助 16282 人成功减肥”“已累计消灭减肥 250376 斤”“业内满意度最高”等。需要注意的是：产品的好处需要在页面反复强化。如图 7-3 和图 7-4 所示。

图 7-3

图 7-4

3．如何给你好处（见图 7-5）

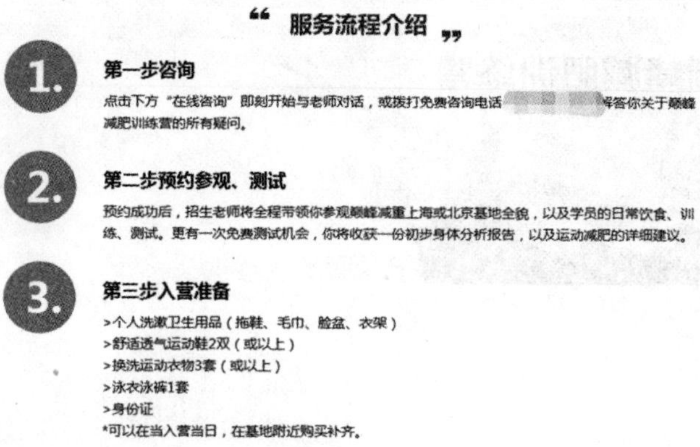

图 7-5

4．为什么你要信任我（见图 7-6）

图 7-6

5．现在就行动

“现在就行动”页面内容包括转化路径、咨询、在线报名入口等，如图 7-7 所示。同时，要注意制造购买的紧迫感，提高转化率。常见的如：“截至××月××日前报名，尊享报名费减半，赶快联系我吧。”“前 50 位报名的客户，可另外赠送××锻炼器械，帮助您圆梦减肥。”

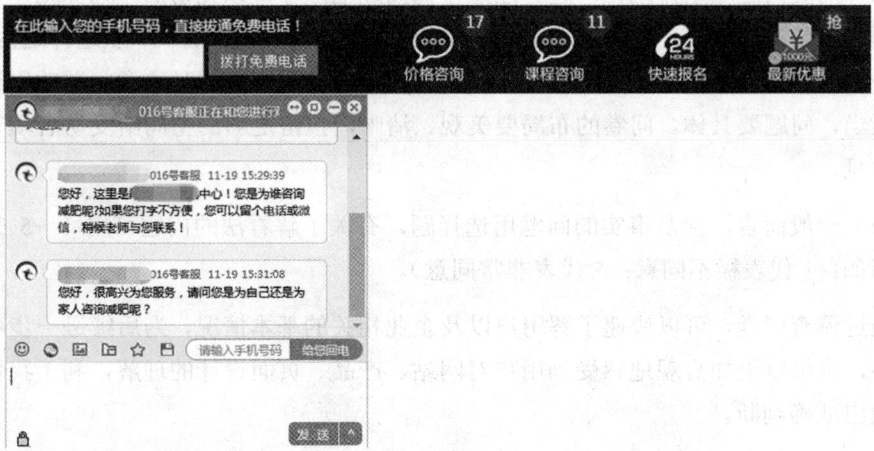

图 7-7

7.1.3　确定用户需求的 4 大方法

前面讲解了通过工具对用户属性进行分析的方法，本节将介绍 4 个常用的方法来确定用户需求，这也是笔者常用的几个实用性很强的方法。

1．调查问卷法

调查问卷法是用书面形式搜集材料的一种调查手段，被调查者填写关于问题的建议、意见，是一种获得资料信息的方法。

问卷内容包括：调查的目的、答题说明、问题和选项、受访者背景资料、致谢。

调查问卷法容易出现的问题是提问设计过于简单粗暴，所以在设置时要注意：客观性，问题符合客观实际情况；必要性，围绕调查目的设计最必要的问题；可能性，符合被调查者回答问题的能力，凡是超越被调查者理解能力、回答能力的问题，都不应该提出；自愿性，即考虑被调查者是否自愿真实回答。

在做调查问卷时，运营人员要特别注意以下几个方面。

（1）所列问题应简单明确。

（2）消除受访者的疑虑，一般一个问题只包含一个调查指标，切勿贪多求全。

（3）问题不要带有倾向性，不能诱导受访者回答。这个问题较易出现在运营新人中，为了迎合调查前的预判而设置问题。

（4）同类问题尽量排列在一起。注意排列问题的顺序，以先易后难为原则，开放性问题尽量放在后面。一般来说，问卷前面的问题是比较容易回答的，以选择题为主，同一个题目的所有选项必须相互排斥。问答题尽量放在卷末，同时注意问题的用词要精确适当，问题要具体。问卷的布局要美观、清晰，预留足够的空间给受访者填写资料及意见。

（5）一般而言，涉及事实的问题用选择题，有关了解看法的问题可用 1～5 来表示（例如：1 代表极不同意；5 代表非常同意）。

通过调查问卷，可以快速了解用户以及企业相关的基本情况，为后续进一步研究做准备，也可以更加直观地感受到用户对网站、产品、页面设计的理解，利于我们对业务做出准确判断。

用户反馈的问题不建议一味投其所好，而应该在理解其想法后取其精华，做出针对性的引导。

2．深度访谈法

上面对调查问卷法做了说明，但是其局限性也很明显，例如，调查问卷的结果完全取决于被调查者的合作态度以及自身认知，如果被调查者对调查的意义和目的认识不清，采取敷衍的态度随意作答，问卷结果就不能反映真实问题。所以，仅用调查问卷往往达不到目的，深度访谈法作为补充也是常用的调研方法之一。

在进行深度访谈时，运营人员要注意以下几个方面。

（1）良好的访谈氛围

一对一深度访谈，良好的氛围有利于与用户交心畅谈，否则只会越来越糟。因此，访谈氛围可以多下功夫，例如地点的选择，可以把选择权交给用户，让他来选择习惯的地点；双方见面的时候应该主动向受访者表示感谢；先聊一些轻松的话题，消除受访者的紧张情绪，再简单说明这次访谈的大致情况，尤其是要使用录音等记录形式的时候，一定要向受访者说清楚，并保证这些录音只会在内部使用，不会泄露用户隐私。

（2）及时调整访谈形式

受访者在访谈过程中可能会出现一些不可预知的情况，例如，受访者对某些问题有顾虑，或者中途有紧急事项需要处理，运营人员需要提前考虑到访谈过程中可能出现的突发状况，做出备案。

（3）充分准备

高效访谈需要准备好访谈大纲、引导性话术。缺乏经验的执行人员很容易被受访者所主导，受访者可能对其关心的事项说得滔滔不绝，而对访谈关键的事项绝口不提，运营人员要知道如何引导。

（4）敏感信息的披露

通过访谈，我们能很好地了解用户。从用户角度来说，也是了解公司绝好的方式，所以执行人员要做好对公司敏感信息的保护。缺乏经验的执行人员往往会在热络的聊天过程中暴露较多敏感信息。

深度访谈缺点：

能够做好深度访谈的运营人员，往往需要多年经验，调查结果也容易受执行人员态度和技巧的影响。因为占用的时间和经费较多，所以在一个项目中深度访谈的数量很有限。

3．观察法

观察法是笔者经常用到的方法，问卷和访谈会受到方法设计本身的影响，与真实情况往往也会出现偏差，但是观察法（这里指自然观察法）往往是在真实环境中发生的真实状况，均能反映出部分事实。

广告页制作前的调研工作经常用到观察法，例如，产品的研发、生产、销售、物流，用户的搜索、浏览、购买、使用各个阶段的行为，需要梳理过程中的关键步骤和特点进行优化。

4．体验法

简单地说，体验法就是模拟用户，从用户决策购买流程的角度做出体验。广告页在策划执行前，一定要自己先体验。除体验自己的产品外，还要体验竞品。这样可以得出真实的用户感受，也可以发现不足，挖掘产品和服务的特色，获得更多灵感。

例如，从网购角度来说，假设笔者要购买一款保暖帖，模拟用户输入关键词“保暖帖”，如图 7-8 所示。

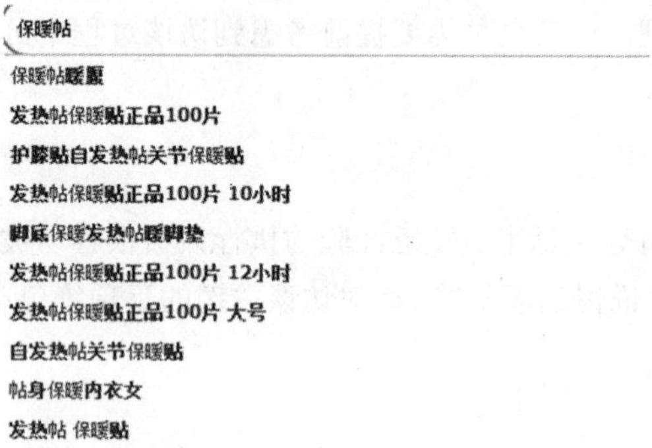

图 7-8

在这里得到下拉关键词，下拉关键词是用户经常搜索的相关关键词。如前所述，现在你已经明白每一个搜索词的背后都代表了用户的需求，那么这里能够从搜索词挖掘许多用户关注的信息。以“保暖帖”为例，可以知道用户关心使用的场景有暖腹、暖脚、关节保暖，以及产品是否正品、产品的发热时间、型号大小等。那么制作广告页时，就要根据以上信息，做出针对性的说明。

进入详情页后，浏览产品详情。笔者最关注的是评价，过滤掉一些刷单评价后，我们往往能够得到较多的用户需求信息。

除对发热的温度、时长很关注外，同类产品会经常出现变形的情况，如图 7-9 所示。

图 7-9

仔细浏览，可以发现许多之前没有考虑到的用户很关注的问题，针对这些问题完善页面内容的布置，或者做出差异化的卖点包装。大家可以像笔者这样，从用户路径入手来完善用户需求的搜集。

以上简单介绍了 4 种挖掘用户需求的方式，读者可以根据自己的业务形态找到适合自己的方法。

挖掘用户需求的最终目的是为了给用户一个解决方案，只有这个方案成为优势方案，才有机会实现我们的业务目标。广告页的撰写要结合笔者刚才说的思路，页面的制作就是一个让用户接受产品作为优势解决方案的信息的过程，希望大家多多思考。

7.2　营销页制作技巧

7.2.1　广告页信息传达的 6 大技巧

本节内容重点介绍 6 个常用的广告页信息传达技巧。

1．对比

所谓“没有对比就没有伤害”，长短好坏一比便知。同一事物，与不同的参照物做对比，其结果可能完全不一样，例如，长江、黄河很壮阔，但是与大海比就显得渺小，即便大海很辽阔，但是跟宇宙相比又是沧海一粟。

（1）价格对比

价格对比是最常用的使用场景，它让用户觉得很便宜，图 7-10 中的“178.00”与“79.00”形成对比。也许有人觉得这个策略没用，是的，价格对比在某些行业、人群的作用并不太明显，特别是标类产品，例如苹果手机。所以要发挥价格对比最大的效用，还要结合产品形态以及用户人群。

图 7-10

价格对比并不都是为了出售，如图 7-11 所示，商城旗舰版与商城基础版优化的功能相比，并不多，但是价格却高了不止一倍，且买旗舰版本的用户几乎没有！为什么要设旗舰版？这是同类产品的比较，因为旗舰版的衬托，让商城基础版显得很便宜，进一步影响你的决策，一般来说，用户既不会选择最便宜的，也不会选择最贵的，大多数会选择中间的专业版和商城基础版。虚拟一个价格最高的产品，形成主推产品的优势，提升产品销量，这是利用用户喜欢占便宜的心理。

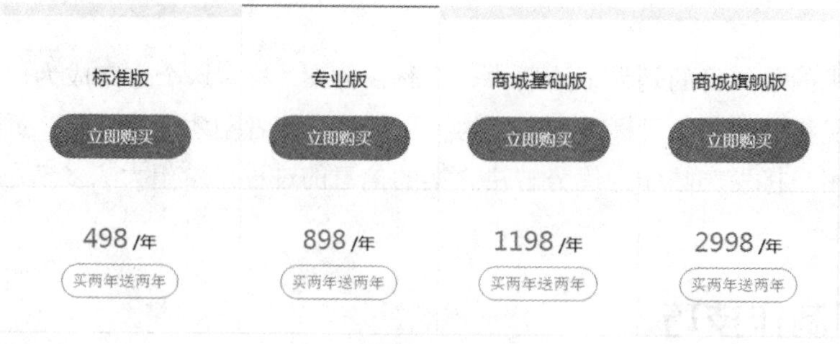

图 7-11

（2）产品对比

将产品进行对比是许多商家常用的方法，这里要注意的是，对比图片的制作尽量美观大方，否则易拉低产品的品牌形象，如图 7-12 所示。

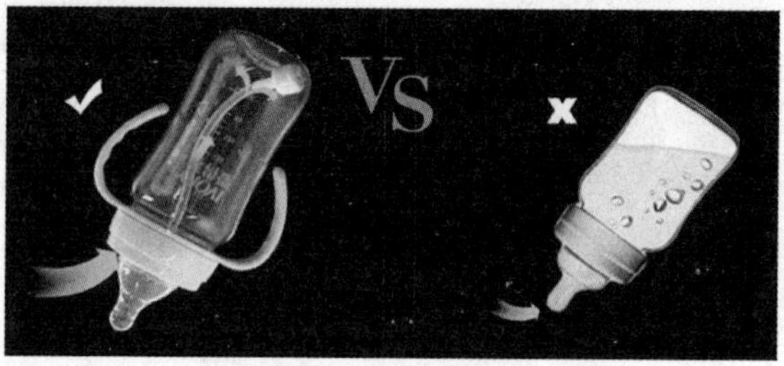

图 7-12

（3）属性效果对比

可以把产品的优势、效果与竞品进行对比，体现我方产品优势；也可以使用前后对比，体现出产品效果的优势。这类用法在美妆类目产品的应用非常多，如图 7-13 所示。

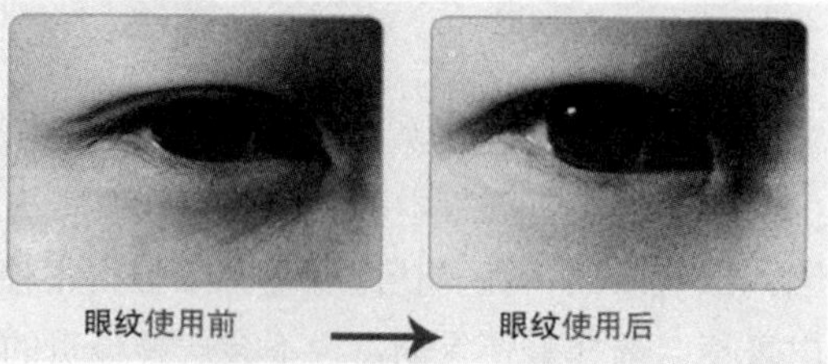

图 7-13

2．做实验

广告页中的实验展示，是用图片和视频来记录产品。图 7-14 是货柜承重测试截图，3 位女士直接躺上货架，用自己的体重验证产品是否合格。此类测试在该类目的应用非常广泛，用户能够很直观地了解产品特性。

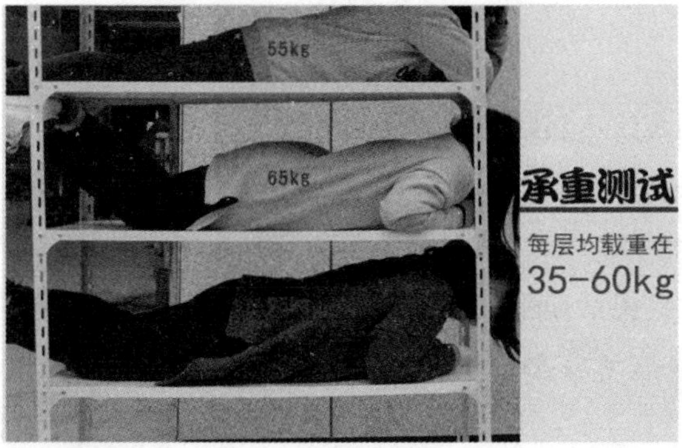

图 7-14

3．列数字

杰西卡·卡特伦认为，人类天生就具有数字直觉能力，当一串数字跳入视觉框时，就会不自觉地被吸引。这是非常有道理的，用极为浓缩的语言结合数字，往往让人充满阅读的期待。苹果的页面文案做得较好，数字的运营恰到好处，如图 7-15～图 7-17 所示。

全新超视网膜显示屏，
精工细造，精美绽放。

超视网膜高清显示屏采用的 OLED 显示面板，远非普通的 OLED。它按照我们的严苛标准量身打造，拥有 1,000,000:1 的对比度、高分辨率和出色的亮度、广色域支持，以及出众的色彩精准度，能够实现 HDR 显示。

图 7-15

iPhone 上迄今
最坚固耐用的玻璃面板。

机身前后面板都是全玻璃设计，采用了 iPhone 上迄今最坚固耐用的玻璃材料，其强化层比以往增厚了 50% 之多。我们运用七层染色工艺，精准控制色调和不透明度，并加入反射光学层来增强色彩。另外，玻璃面板还覆有防油渍涂层，让你能轻易抹去污迹和指纹。

图 7-16

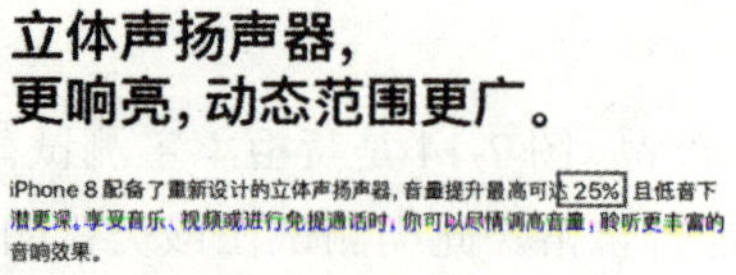

图 7-17

5．制图表

图表能够在有限的时间和空间范围内传达足够的信息。好的数据可视化图表可以达到“一图胜千言”的效果。你可以检视自己的页面浏览过程，全是文字的详情页往往会很快略过。

在广告页的制作过程中，要学会灵活使用图文结合的方式来表达信息。可以在柱形图、折线图、饼状图的基础上做延展变形，以达到更丰富的信息传递效果，如图 7-18 和图 7-19 所示。

图 7-18

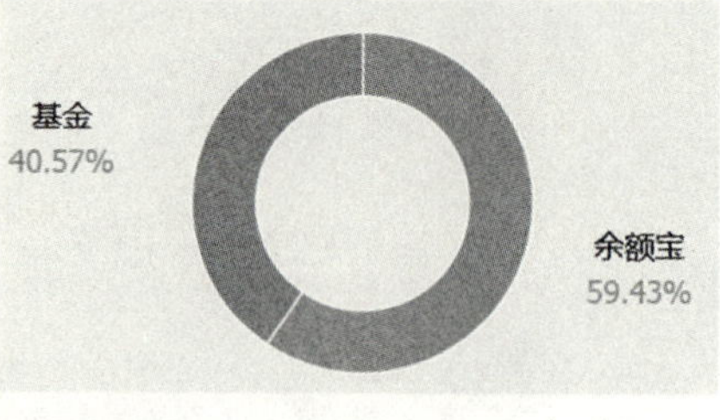

图 7-19

6．讲案例

“榜样的力量无穷的”，好的销售人员往往特别会讲案例故事。一个好的案例能充分将品牌及产品内涵和价值生动地呈现给用户。当你去实体店选购商品时，销售人员会用亲身经历或者客户购买的例子来告诉你产品的使用情况，并且大多数时候，作为访客的我们，都愿意相信这是真的。在网络营销中，讲案例的用法非常广泛。

案例通常包括产品案例、用户案例等。这里从用户案例的角度做重点说明，在广告页的制作中，用户案例是常用方法之一。图 7-20 是某培训网站呈现的用户案例。

图 7-20

案例应该包括的内容：标题；与目标用户重合的、有代表性的故事；故事里有这个人用完之后的好处；故事主人公对产品的指引。

案例撰写时要注意下面 4 个问题。

（1）标题。强调好处和结果。

（2）人物的设定。必须与目标用户群体重合，让读者有同类感。

（3）细节。案例细节很重要，可以增强真实感。

（4）语言风格。语言风格贴近目标用户。

一般来说，一个广告页面写 1～3 个案例，每一个案例代表一个潜在的用户群体，例如减肥产品，可以写一位 20 岁单身妹子的故事和一位 30 岁家庭妇女的故事，她们面临的烦恼和遇到的问题都不一样，这需要分别对待。

7.2.2 营销页制作误区

1. 如何选择配色

这里讲的不是根据色表来配色，而是从市场的角度进行配色选择。要做好配色工作，必须要对自己的用户群体有足够的了解。一个优秀的市场总监，必须要对网页的基础色彩有自己的想法，对颜色的选择不能仅凭个人喜好，而是要根据产品特点以及目标用户群的偏好进行选择。做好此项工作也就意味着成功了一半，剩下的就需要前端设计师的努力了。

案例：

产品：美妆用品

用户：女性

年龄：18~22 岁

偏好颜色：明快、可爱，通常以紫色、红色、粉色为主。根据产品定位不同，也有黑灰色系风格。

如果是中年人的生发产品，用这样的配色就不合理。比如婚庆用品，用蓝色、黑色做主色调就会显得更加不合时宜。配色需要根据产品特点和用户喜好进行设置，以达到用户对网站的期望值。

2. 如何选择配图

在实际工作中，营销页常常会因为配图不当而达不到效果。我们先看一些真实案例，如图 7-21 所示，箭头所指的“美发全科班”“更多课程”“优惠活动”全都是图不对文甚至是用场景效果图拼凑的。

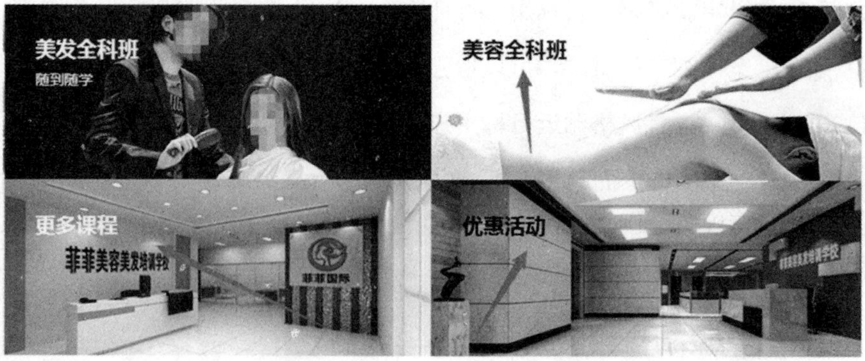

图 7-21

再看一个大型网站，如图 7-22 中的小熊、小汽车为什么会出现在这里？最大的可能性是设计者觉得这里太空了。

图 7-22

以上图片全都截取于真实的广告承接页面。不可否认，在实际工作中，大部分营销人员没有思考过如何选择配图的问题。

（1）配图目的

① 增强表现力

如图 7-23 所示，右侧的女学生可以增强中学生培训的表现力。在图 7-24 中，右侧手机图片的作用是提示扫码、下载手机 App。

图 7-23

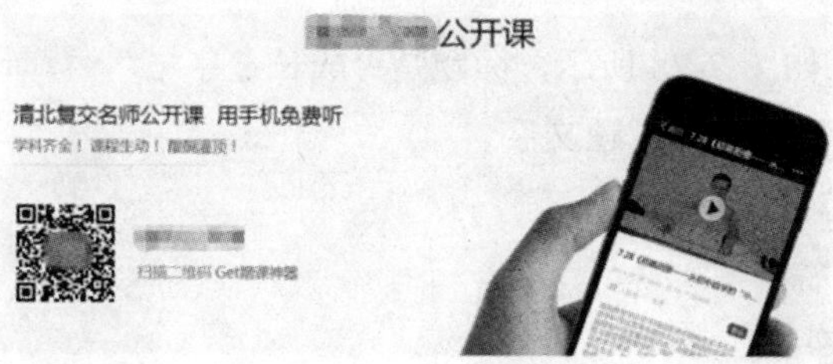

图 7-24

② 引发情感共鸣

如图 7-25 所示，这张图片应用在婚纱摄影业务的广告页面上就很容易引起用户白头到老的情感共鸣。

图 7-25

注意：与业务、文字无关的图片请远离。

2．配图思维

① 用户思维。先搞清楚目标用户是谁，围绕目标用户的喜好进行选择。如图 7-26 所示，幼儿教育产品应合理添加动画元素。

② 围绕营销页面的内容布置图片。如图 7-27 所示，图文并茂，表现力丰富。

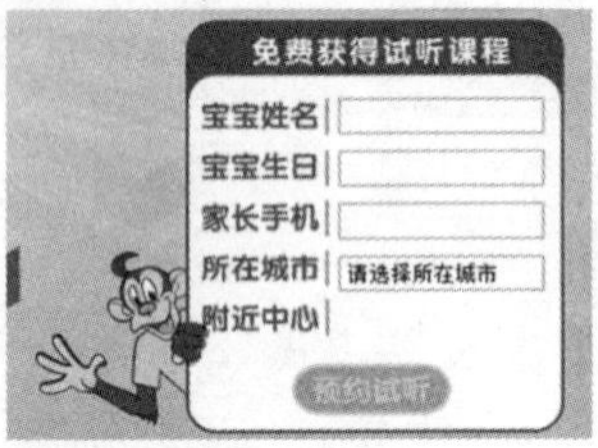

图 7-26

图 7-27

③ 能够完成页面的某个作用。如图 7-28 所示，标题是“成长金字塔”，背景选择的是一张用积木搭建的效果图，以配合说明标题文字。

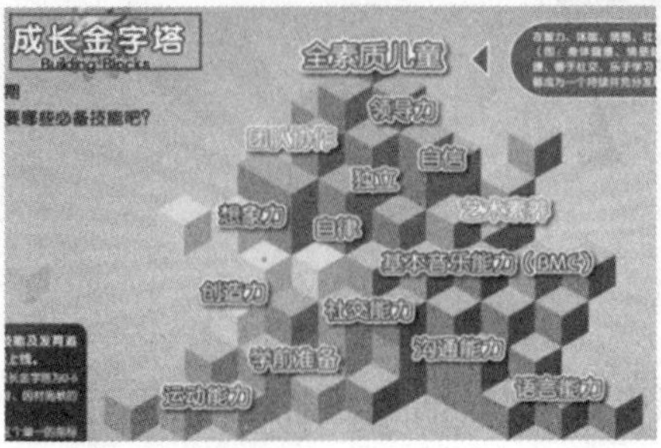

图 7-28

第8章

用 Excel 做数据分析

8.1 用 Excel 做数据分析之常用函数

数据化运营中最常用到的数据分析工具之一就是 Excel，但大家通常只是用 Excel 做表格统计。本章将结合笔者实际工作中运营、推广的业务，用案例的形式展现一些常用的 Excel 数据分析方法。

需要注意的是，本章的 Excel 分析用法不是对 Excel 工具的全面讲解，更多地着眼于实际业务中经常用到的功能，让运营人员少走弯路，快速上手。

本章的重点内容包括 Excel 常用快捷键、函数的介绍、用法展示，以及如何用数据透视表做数据分析，如何用 Power Query 提高数据分析效率。

8.1.1 Excel 基础快捷键

快捷键能极大地提高工作效率。本节不是快捷键的大全汇编，而是从实际工作中精选出的常用快捷键汇总，希望大家掌握。

1. Alt 键

Alt 键最大的帮助之一是让你养成使用快捷键的习惯，而非不假思索地用鼠标。下面举例说明。

（1）按下 Alt 键后，Excel 菜单栏显示数字、字母，如图 8-1 所示。此时，键入字母即可进入相应的工具栏。

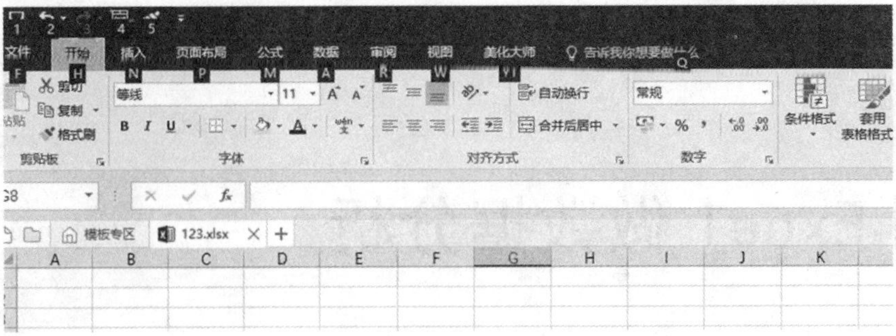

图 8-1

（2）在键盘上输入 n 键，进入“插入”工具栏，如图 8-2 所示，可以看到，进入其工具栏后，仍然显示了工具的对应字母，现在按需选取即可。

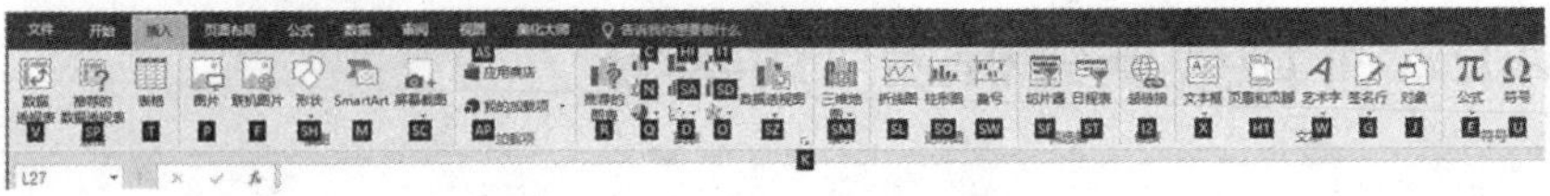

图 8-2

2．自定义快捷键选项

图 8-3 的箭头指向的就是快捷键区域。

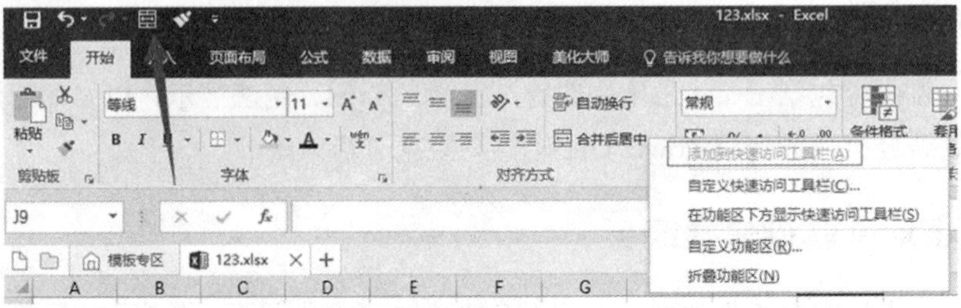

图 8-3

把常用的功能都添加成快捷键。这里把格式刷添加成了快捷键，如图 8-4 所示，用鼠标右键单击“格式刷”，选择“添加到快速访问工具栏”即可。

如果要对快捷键区域进行调整，如排序设置等，可以单击图 8-5 中的箭头指向处进行设置。

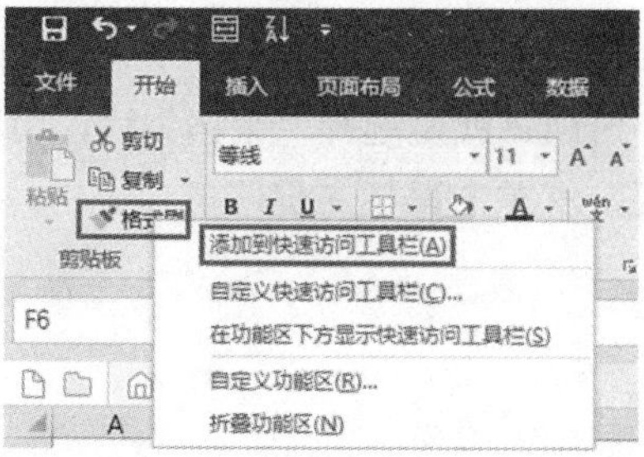

图 8-4

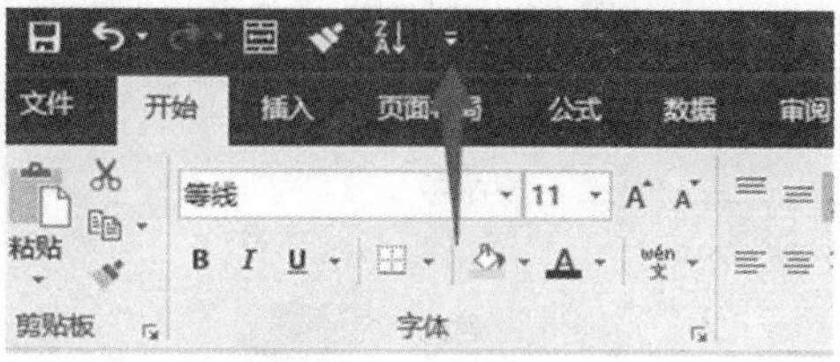

图 8-5

假设现在需要用到“格式刷”命令，我们用快捷键该如何操作呢？如图 8-6 所示，单击 Alt 键，就会显示出菜单栏中对应的数字和英文，再输入数字“6”即可。

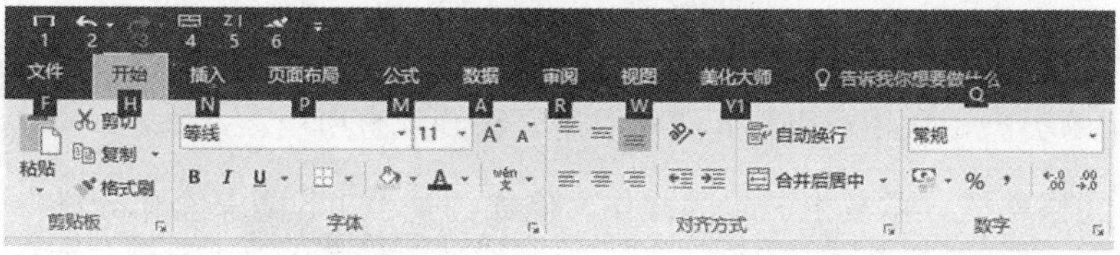

图 8-6

3. 格式刷

用过 Excel 的人都知道格式刷的好处。简单地说，它的主要作用是把之前设定的格式形式复制到新的工作区域，从而节省重新设置的过程。

案例：把图 8-7 左边“案例”的格式复制到“案例 2”。

首先，用鼠标左键单击“案例”，单击“格式刷”命令（或者用上文方法），鼠标光标变成一个带+号的刷子。然后用左键单击 “案例 2”的单元格区域，则该区域格式改变，如图 8-8 所示。

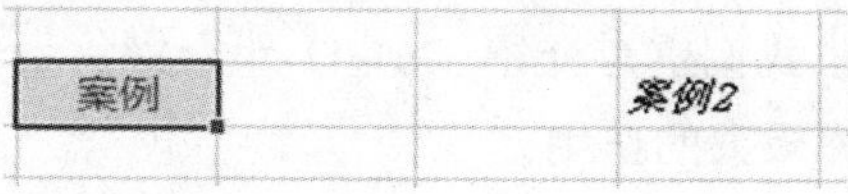

图 8-7

图 8-8

以上我们学会了格式刷的常用方法。在实际应用中，经常碰到的问题是，需要用格式刷复制的区域可能不止一个，而且几个区域之间也不相连。可是单击“格式刷”命令后，却只能选定一个区域。

假如现在要用格式刷将图 8-9 中写有“案例 2”的 3 个区域都变成“案例”的格式，之前的用法就很烦琐。这里告诉大家一个小窍门，就是选择“案例”后，用鼠标左键双击“格式刷”命令，此时，哪块区域需要，就单击鼠标左键即可。

		案例2	
案例			案例2
		案例2	

图 8-9

4．F4 键

F4 键的主要用途有以下两项。

① 在编辑公式的时候，先将公式中的单元格引用选中，然后按 F4 键，可以循环改变单元格引用的类型，从相对引用到绝对引用，再到混合引用。

② 复制单元格格式，重复上一步的操作。例如，先手工设置某个单元格字体为红色，然后只要选取任一单元格，按 F4 键即可设置为红色字体；或者插入一行，此时按 F4 键，可以重复插入行的操作。

5．Ctrl+系列键

Ctrl+C：复制快捷键。

Ctrl+V：粘贴快捷键。

Ctrl+H：替换。

Ctrl+F：查找。

Ctrl+Z：取消上一步操作的快捷键。

Ctrl+系列快捷键大家应该很熟悉了，这里我们重点介绍 Ctrl+H 组合键，当表格中有某个字符需要替换或者去除时，它能发挥极大的作用。

案例

如图 8-10 所示，要把表中的“$”字符删除，按下 Ctrl+H 组合键，显示弹出框，如图 8-11 所示，查找“$”，替换为空格，单击“全部替换”按钮，即可清除所有的“$”符号。

PPC	CTR	总成交金金额	总成交笔笔数	总收藏
3.72	1.62%	1488$	1	11
3.72	1.62%	1489$	1	11
3.72	1.62%	1490$	1	11
3.72	1.62%	1491$	1	11
3.72	1.62%	1492$	1	11
3.72	1.62%	1493$	1	11
3.72	1.62%	1494$	1	11
3.72	1.62%	1495$	1	11
3.72	1.62%	1496$	1	11
3.72	1.62%	1497$	1	11
3.72	1.62%	1498$	1	11
3.72	1.62%	1499$	1	11
3.72	1.62%	1500$	1	11
3.72	1.62%	1501$	1	11
3.72	1.62%	1502$	1	11

图 8-10

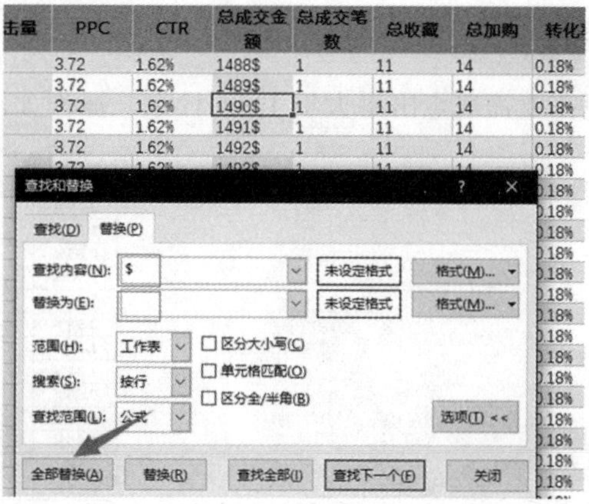

图 8-11

8.1.2　逻辑函数

1. IF 函数

（1）IF 函数的基本应用

IF 函数能够判断表格数值。

语法格式：

=IF(logical_text,[value_if_true],[value_if_false])

函数参数：

- logical_text：表示要判断的条件。
- value_if_true：表示当满足判断的条件时返回的值。
- value_if_false：表示当不满足判断的条件时返回的值。

例如：判断如图 8-12 所示的 299 这栏数字是否达到 1000 的标准。假设当数值大于或等于 1000 时达标；那么小于 1000 则未达标。操作如图 8-13 所示。

示例：	299	不达标		
	名称	第一参数：条件判断	第二参数：结果为真返回值	第三参数：结果为假返回值
公式：	if	299 < 1000	"不达标"	"达标"
翻译：	如果	299 < 1000	条件成立则返回"不达标"	条件不成立则返回"达标"

图 8-12

案例

现在要筛选点击率大于 1%的计划，操作如图 8-14 所示。

299	不达标	
	=IF(F59<1000,"不达标","达标")	

图 8-13

D	E	F	G
点击率		点击率大于1%	
0.85%		=IF(D2<1%,"否","是")	
1.50%		是	
0.65%		否	
2.50%		是	
1.12%		是	
0.93%		否	
1.63%		是	
1.32%		是	
0.66%		否	
0.76%		否	
0.85%		否	
0.96%		否	
0.36%		否	
0.54%		否	

图 8-14

在单元格中输入“=IF(D2<1%,"否","是")”，按 Enter 键即可。

（2）IF 函数嵌套应用

案例

将点击均价按低、中、高三类进行筛选，操作如图 8-15 所示。

低：＜1.5

中：1.5≤中＜3

高：≥3

在单元格中输入“=IF(G3<1.5,"低",IF(G3<3,"中","高"))”，按 Enter 键即可。

F	G	H	I	J
点击率	均价	点击率大于1%	均价分类	
0.85%	3.60	=IF(G3<1.5,"低",IF(G3<3,"中","高"))		
1.50%	3.20	是 IF(logical_test, [value_if_true], [value_if_fa		
0.65%	3.10	否	高	
2.50%	2.60	是	中	
1.12%	3.90	是	高	
0.93%	4.50	否	高	
1.63%	2.60	是	中	
1.32%	1.60	是	中	
0.66%	2.80	否	中	
0.76%	3.80	否	高	
0.85%	3.70	否	高	
0.96%	1.30	否	低	
0.36%	1.80	否	中	
0.54%	1.50	否	中	

图 8-15

2. AND 函数

AND 函数和 IF 函数常搭配使用。

语法格式：

=AND(logical1,logical2, ...),

函数参数：

logical1 和 logical2 为判断条件。

继续以案例形式讲解，接上例，当我们要查找点击率大于 1%，且均价小于 3 元的计划时，操作如图 8-16 所示。在单元格中输入“=IF(AND(F5>1%,G5<3),"是","否")”，按 Enter 键即可。

点击率	均价	点击率大于1%	均价分类	大于1%，均价低于3
0.85%	3.60	否		=IF(AND(F5>1%,G5<3),"是","否")
1.50%	3.20	是	高	否
0.65%	3.10	否	高	否
2.50%	2.60	是	中	是
1.12%	3.90	是	高	否
0.93%	4.50	否	高	否
1.63%	2.60	是	中	是
1.32%	1.60	是	中	是
0.66%	2.80	否	中	否
0.76%	3.80	否	高	否
0.85%	3.70	否	高	否
0.96%	1.30	否	低	否
0.36%	1.80	否	中	否
0.54%	1.50	否	中	否

图 8-16

8.1.3　日期函数

日期函数相对容易理解，做历史数据的分析比对时，经常会用到日期函数。希望大家认真学习。

1. TODAY 函数

TODAY 函数没有固定值，其结果不是固定不变的，它随着日期的改变而改变。在单元格中输入公式“=today()”，按下 Enter 键，即可得到当天的日期值，如图 8-17 所示。

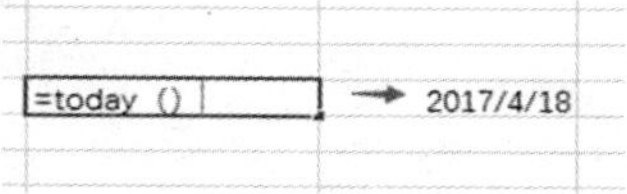

图 8-17

2. NOW 函数

NOW 函数没有固定值，其结果不是固定不变的，它随着日期的改变而改变。

在单元格中输入公式“=now()”，按下 Enter 键，即可得到当天的具体时间，如图 8-18 所示，相比 TODAY 函数，NOW 函数增加了小时数据。如果第一次没有显示小时数据，调整格式即可，如图 8-19 所示。

图 8-18

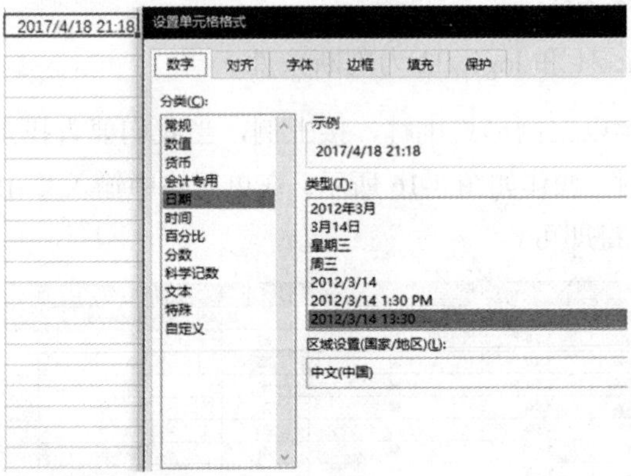

图 8-19

3. YEAR 函数

YEAR 函数没有固定值，其结果不是固定不变的，它随着日期的改变而改变。

在单元格中输入公式“=YEAR()”，按下 Enter 键，即可得到当前具体的年份，如图 8-20 所示。

4. MONTH 函数

MONTH 函数没有固定值，其结果不是固定不变的，它随着日期的改变而改变。

在单元格中输入公式“=month(K6)”，按下 Enter 键，即可得到当前具体的月份，如图 8-21 所示。

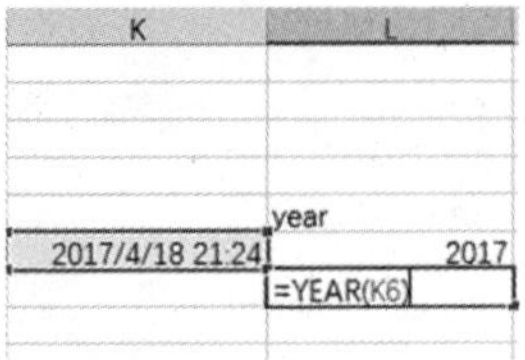

图 8-20

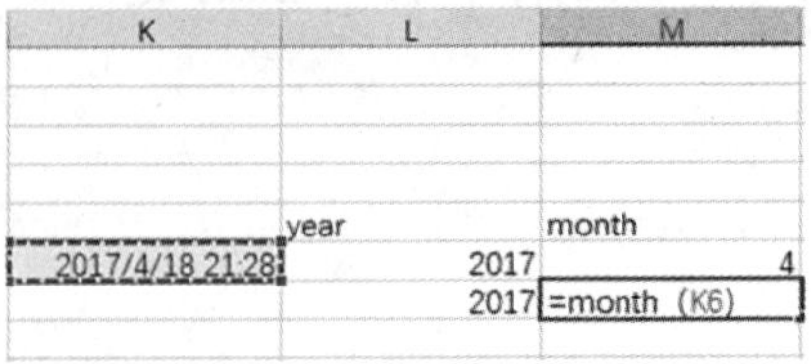

图 8-21

5．DAY 函数

DAY 函数没有固定值，其结果不是固定不变的，它随着日期的改变而改变。

在单元格中输入公式“=day(K6)”，按下 Enter 键，即可得到当月的日期，如图 8-22 所示。

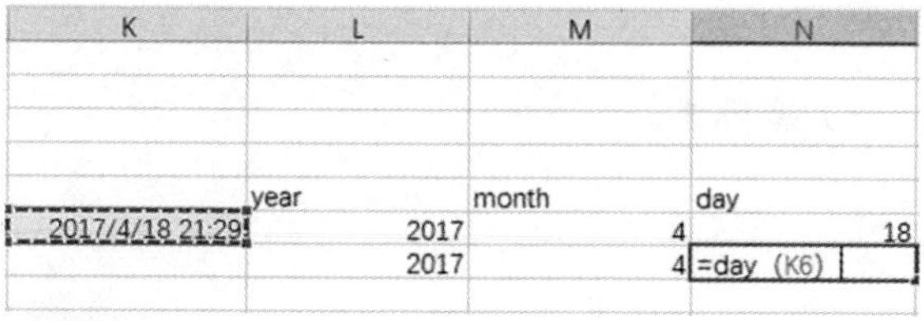

图 8-22

6．HOUR 函数

HOUR 函数没有固定值，其结果不是固定不变的，它随着时间的改变而改变。

在单元格中输入公式“=hour(K6）”，按下 Enter 键，即可得到当天的具体时间值，如图 8-23 所示。

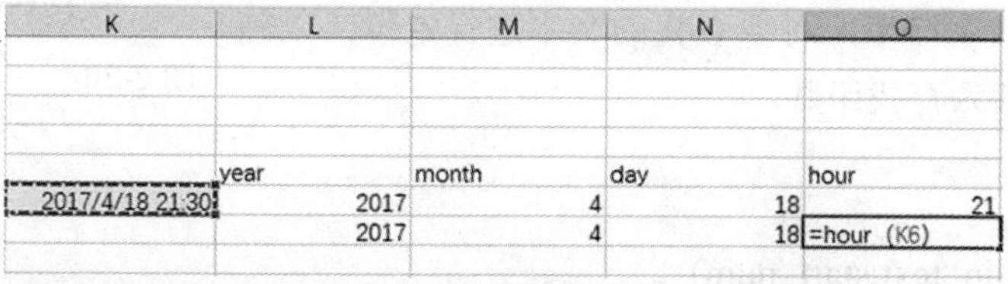

图 8-23

7．WEEKNUM 函数和 WEEKDAY 函数

WEEKNUM 函数表示解析的日期属于本年的第几周。

在单元格中输入“=weeknum(P5)”，按下 Enter 键，即可得到具体的周数，如图 8-24 所示，本例为第 16 周。

WEEKDAY 函数可以计算出该日的具体星期数。

在单元格中输入“=weekday(P5)”，按下 Enter 键，即可得到具体的星期数，如图 8-25 所示，本例为星期 3。

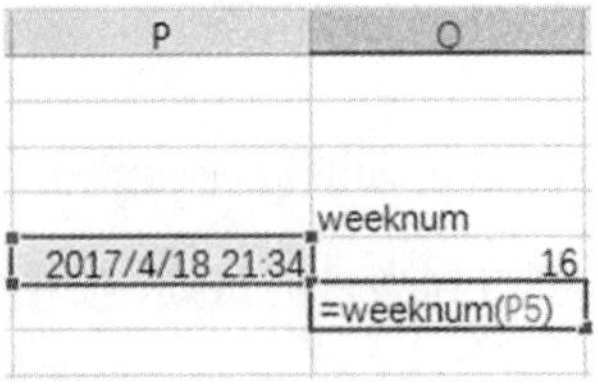

图 8-24

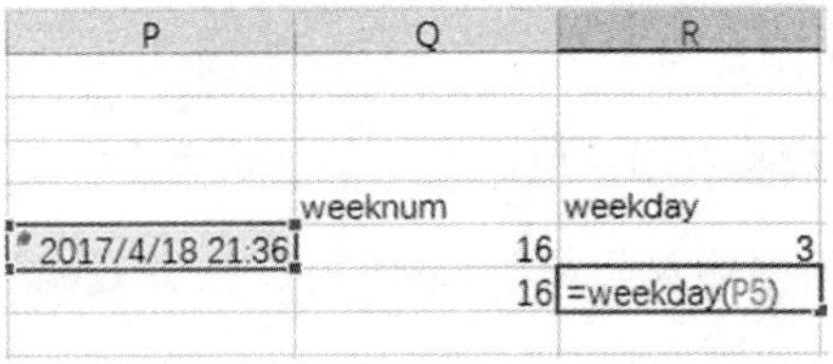

图 8-25

日期函数是非常基础的计算，请大家熟悉。

8.1.4 零件函数

1. LEN 函数

该函数表示返回文本串的字符数。它是计算单元格字符的长度函数。

举例：求“计划 A”含有多少个字符？

在单元格中输入“=LEN(N4)”，再按回车键，如图 8-26 所示。

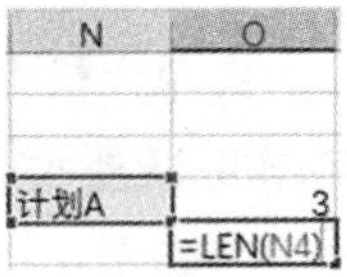

图 8-26

2. FIND 函数

该函数表示要查找的字符串，对要查找的文本进行定位，以确定其位置。我们一般称其为查找函数。

语法格式为：

=FIND(find_text,within_text,start_num)

参数含义如下。

- find_text：表示要查找的文本。
- within_text：表示文本所在的单元格。
- start_num：表示指定从第几个字符开始查找（可选，省略默认为 1，从第一个开始查找）。

举例：找出“计划 A-品牌词”中“品”字符在整个字符中第几位。

操作如图 8-27 所示，在单元格中输入“=FIND("品",N4)”，按 Enter 键，得到结果为“5”。

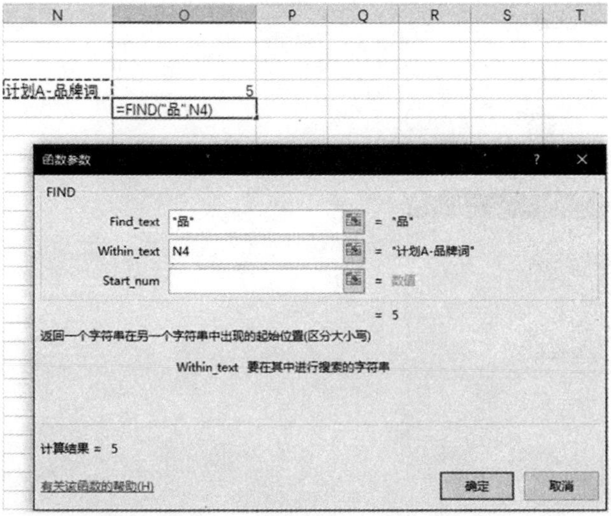

图 8-27

3．RIGHT 函数

RIGHT 函数属于截取函数。

RIGHT 函数的语法格式为：

=RIGHT(text,num_chars)

参数含义如下。

- text：表示要截取的字符串单元格。
- num_chars：表示截取的字符数。

举例：将“扩展计划 A-品牌词 001”中“001”这 3 个字符截取出来。

操作如图 8-28 所示，在单元格中输入“=RIGHT(N4,3)”，按 Enter 键后得到结果为“001”。

4．LEFT 函数

语法格式：

=LEFT(text, num_chars)

函数参数：

- text：表示要截取的字符串单元格。

- num_chars：表示截取的字符数。

图 8-28

举例：将“扩展计划 A-品牌词 001”中“扩展计划”4 个字符截取出来，如图 8-29 所示。在单元格中输入“=LEFT(N4,4)”，按 Enter 键后得到结果“扩展计划”。

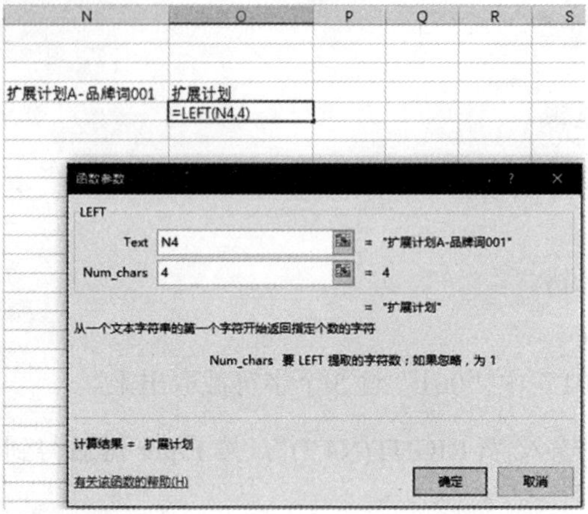

图 8-29

5. MID 函数

语法格式：

=MID(text, start_num, num_chars)

函数参数：

- text：表示要截取的字符串单元格。
- start_num：指定从第几个字符开始查找。
- num_chars：表示截取的字符个数。

举例：将“扩展计划 A-品牌词 001”中“计划 A”字符截取出来，如图 8-30 所示。在单元格中输入“=MID(N4,3,3)”，按 Enter 键后得到结果“计划 A”。

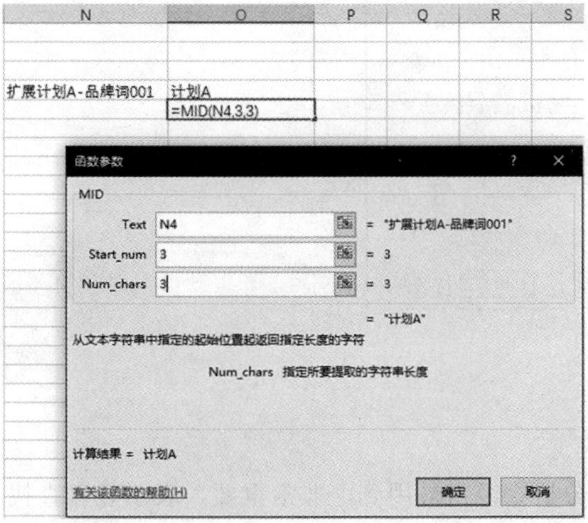

图 8-30

6．SUBSTITUTE 函数

该函数用来对指定的字符串进行替换，其语法格式如下：

=SUBSTITUTE (text,old_text,new_text,[instance_num])

函数参数：

- text：需要替换的文本。
- old_text：旧文本。
- new_text：新文本。
- instance_num：第 *n* 个旧文本（这里一般不填写，默认全部替换）。

举例：将“扩展计划 A-品牌词 001”中的“-”替换成“/”，如图 8-31 所示。在单元格中输入“=SUBSTITUTE(N4,"-","/")”，按 Enter 键即可。

一般来说，长度函数、查找函数、截取函数会搭配使用，初学者先学会初级的用法，再灵活使用。

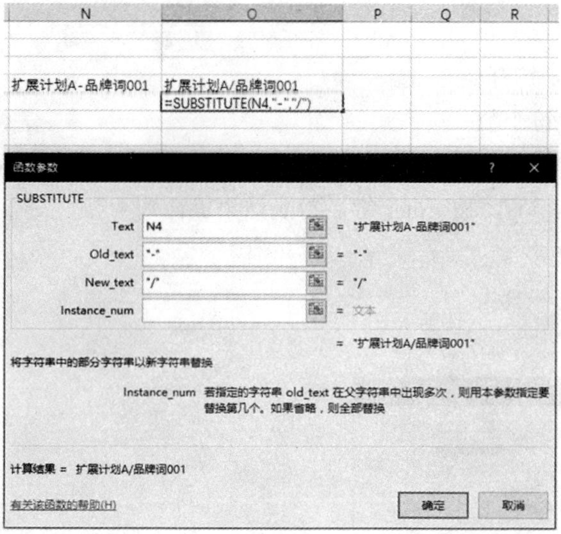

图 8-31

8.1.5　VLOOKUP 函数

VLOOKUP 函数在 Excel 数据分析中经常被用到，非常重要，表示竖直查找。我们在业务中经常遇到多表格数据，如前端数据和后端数据，需要统一整理后比较，这就需要用 VLOOKUP 函数对表格进行拼接。

该函数的参数对话框如图 8-32 所示，其语法格式如下：

= VLOOKUP(lookup_value, table_array, col_index_num, [range_lookup])

- look_value：查找值。
- table_array：查找范围。
- col_index_num：查找列数。
- range_lookup：精确匹配或者近似匹配。

举例：现在有一张表，如图 8-33 所示，左边是“关键词”“消费”数据，右边是“关键词”“对话数”数据。当然，真实的业务表会比这个复杂。现在要把“对话数”数据整合到“关键词”的“消费”数据中。在单元格中输入“=VLOOKUP(T3,$X$1:$Y$8,2,0”。

- T3：表示查找值。
- $X$1:$Y$8：表示数据查找的范围（注意：在选择灰色区域范围后，一定要按

F4 键，表示绝对区域）。

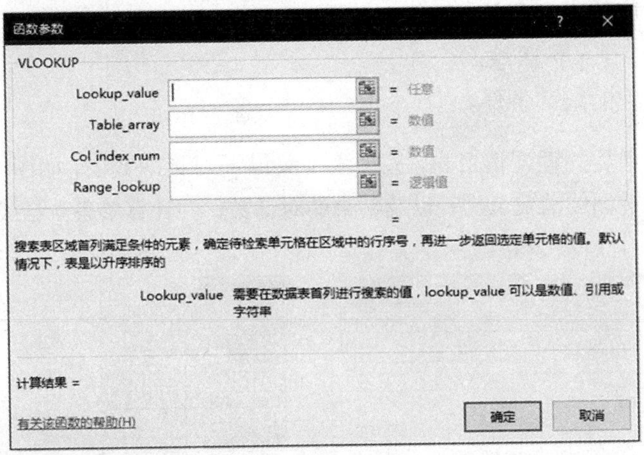

图 8-32

- “2”：表示数据查找范围的列数，本例中是第 2 列，即 2。
- “0”：表示精确查找（我们在做 Excel 的数据分析中，都是精确查找）。

在图 8-33 中，先查找了“三友 训练”这个关键词的对话数为 299 条。

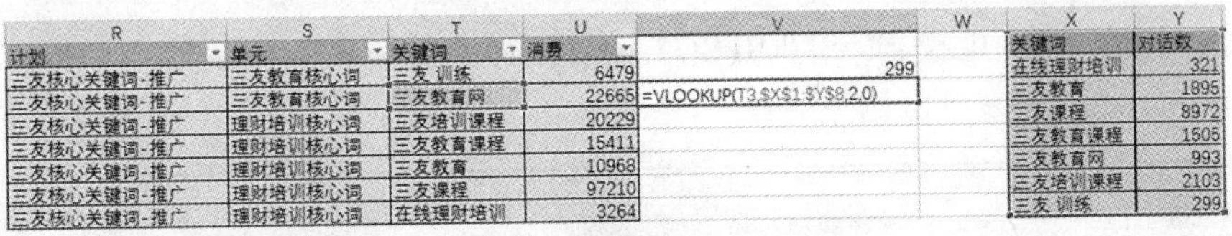

R 计划	S 单元	T 关键词	U 消费	V	W	X 关键词	Y 对话数
三友核心关键词-推广	三友教育核心词	三友 训练	6479	299		在线理财培训	321
三友核心关键词-推广	三友教育核心词	三友教育网	22665	=VLOOKUP(T3,$X$1:$Y$8,2,0)		三友教育	1895
三友核心关键词-推广	理财培训核心词	三友培训课程	20229			三友课程	8972
三友核心关键词-推广	理财培训核心词	三友教育课程	15411			三友教育课程	1505
三友核心关键词-推广	理财培训核心词	三友教育	10968			三友教育网	993
三友核心关键词-推广	理财培训核心词	三友课程	97210			三友培训课程	2103
三友核心关键词-推广	理财培训核心词	在线理财培训	3264			三友 训练	299

图 8-33

8.1.6　SUMIFS 函数

Excel 中的 SUMIFS 函数用于对一组给定条件指定的单元格进行求和。下面来看一下具体的使用方法。

函数格式：

=SUMIFS(sum_range,criteria_range1,criteria1,[criteria_range2,criteria2],…)

函数参数：

- sum_range：表示进行求和的单元格区域。
- criteral_range1：第一个条件区域，通常是指与求和单元格或单元格格式处于同一行的条件区域，在求和时，该区域将参与条件的判断。

- criteria1：第一个对应的求和条件。
- criteria_range2：第二个条件区域。
- criteria2：第二个对应的求和条件。

举例：现有两张表，一张是关键词消费表，另一张是关键词对话次数表，如图 8-34 所示。现在要计算每一个关键词的消费金额，以及带来的对话数，并计算单条对话成本。

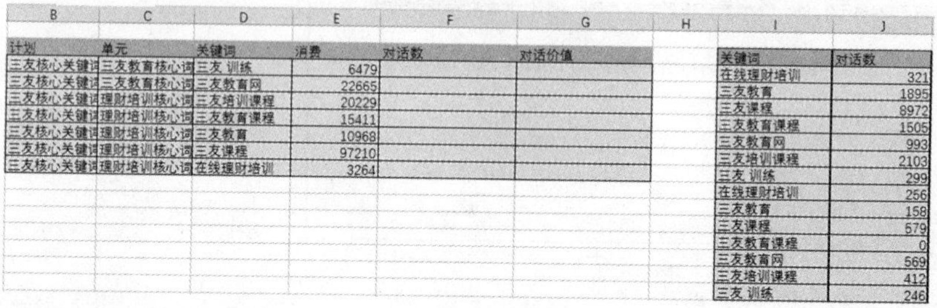

计划	单元	关键词	消费	对话数	对话价值
三友核心关键词	三友教育核心词	三友 训练	6479		
三友核心关键词	三友教育核心词	三友教育网	22665		
三友核心关键词	理财培训核心词	三友培训课程	20229		
三友核心关键词	理财培训核心词	三友教育课程	15411		
三友核心关键词	理财培训核心词	三友教育	10968		
三友核心关键词	理财培训核心词	三友课程	97210		
三友核心关键词	理财培训核心词	在线理财培训	3264		

关键词	对话数
在线理财培训	321
三友教育	1895
三友课程	8972
三友教育课程	1505
三友教育网	993
三友培训课程	2103
三友 训练	299
在线理财培训	256
三友教育	158
三友课程	579
三友教育课程	0
三友教育网	569
三友培训课程	412
三友 训练	246

图 8-34

对话成本的计算比较简单，难点是统计右边的单个关键词的对话总数，因为关键词有重复，所以需先得到单个关键词的对话数。

操作：在单元格中输入“=SUMIFS(J3:J16,I3:I16,D3)”，得到对话数为 545 条，如图 8-35 所示。

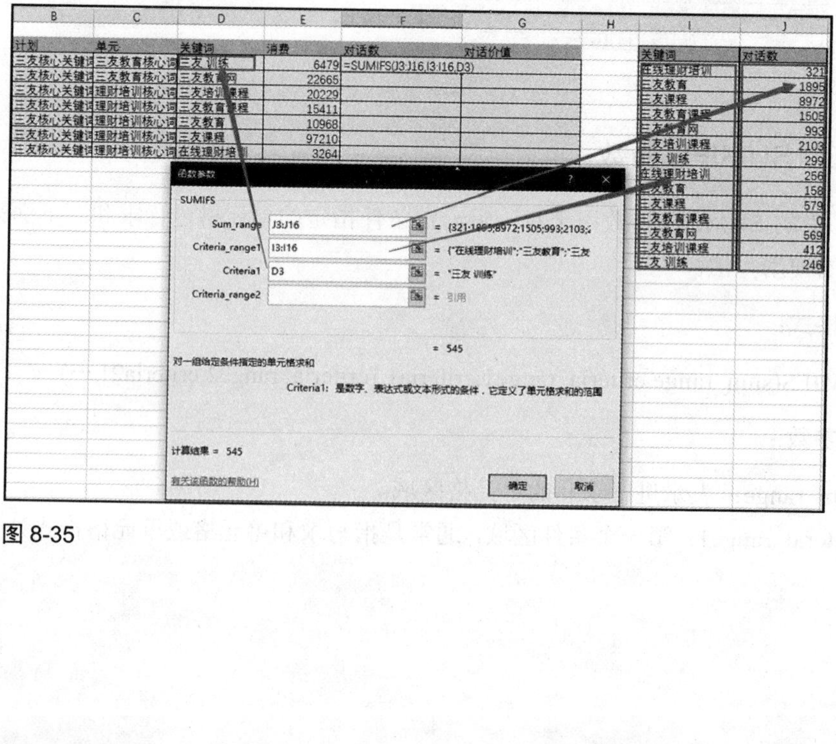

图 8-35

按 Enter 键后，结果如图 8-36 所示。双击如图 8-37 所示的下拉菜单，得到对话成本，在单元格中输入“=(E3/F3)”，计算单条对话成本，如图 8-38 所示。

关键词	消费	对话数	对话价值
三友 训练	6479	545	
三友教育网	22665		
三友培训课程	20229		
三友教育课程	15411		
三友教育	10968		
三友课程	97210		
在线理财培训	3264		

关键词	对话数
在线理财培训	321
三友教育	1895
三友课程	8972
三友教育课程	1505
三友教育网	993
三友培训课程	2103
三友 训练	299
在线理财培训	256
三友教育	158
三友课程	579
三友教育课程	0
三友教育网	569
三友培训课程	412
三友 训练	246

图 8-36

E	F	G
消费	对话数	对话价值
6479	545	
22665	1562	
20229		
15411		
10968		
97210		
3264		

I	J
关键词	对话数
在线理财培训	321
三友教育	1895
三友课程	8972
三友教育课程	1505
三友教育网	993
三友培训课程	2103
三友 训练	299
在线理财培训	256
三友教育	158
三友课程	579
三友教育课程	0
三友教育网	569
三友培训课程	412
三友 训练	246

图 8-37

E	F	G
消费	对话数	对话价值
6479	545	=(E3/F3)
22665	1562	14.51
20229	2515	8.04
15411	1505	10.24
10968	158	69.42
97210	579	167.89
3264	256	12.75

图 8-38

8.1.7　COUNTIFS 函数

COUNTIFS 是一个统计函数，用来计算多个区域中满足给定条件的单元格的个数。

语法格式：

= COUNTIFS (criteria_range1,criteria1,criteria_range2,criteria2,…)

函数参数：

- criteria_range1：表示第一个条件区域。为第一个需要计算满足某个条件的单元格数目的单元格区域。
- criteria1：第一个对应的条件。为第一个区域中将被计算在内的条件（简称条件），其形式可以为数字、表达式或文本。

案例 1

图 8-39 是一张关键词对话表，表中记录了每一次对话的关键词以及效果。现在要计算每一个关键词的对话数。

J	K
关键词	对话效果
在线理财培训	好
三友教育	好
三友课程	好
三友教育课程	好
三友教育网	一般
三友培训课程	一般
三友 训练	一般
在线理财培训	好
三友教育	好
三友课程	好
三友教育课程	好
三友教育网	好
三友培训课程	好
三友 训练	一般
富爸爸创业必修课	差
个人投资理财知识	差
现在如何投资理财	差
上班族投资理财	差
小额投资理财	差
个人小额投资理财	一般

图 8-39

操作：首先，要去重，即去掉重复关键词。这里先教大家一个去重的常用方式。

单击“数据”→“删除重复项”，如图 8-40 所示，结果如图 8-41 所示。

图 8-40

然后，利用 COUNTIFS 函数，在单元格中输入“=COUNTIFS(J3:J22,M3)”，如图

8-42 所示。按 Enter 键后，得到计算结果 2，双击下拉图标显示整列，如图 8-43 所示。

M	N
关键词	对话数
在线理财培训	
三友教育	
三友课程	
三友教育课程	
三友教育网	
三友培训课程	
三友 训练	
富爸爸创业必修课	
个人投资理财知识	
现在如何投资理财	
上班族投资理财	
小额投资理财	
个人小额投资理财	

图 8-41

图 8-42

案例 2

图 8-44 为关键词的消费、对话数，以及对话成本。现在要计算对话成本高于 15 元的数量。（需要说明的是，为易于理解，案例表都是经过简化的。在实际操作中，关键词成千上万也很普遍。）

M	N
关键词	对话数
在线理财培训	2
三友教育	2
三友课程	2
三友教育课程	2
三友教育网	2
三友培训课程	2
三友 训练	2
富爸爸创业必修课	1
个人投资理财知识	1
现在如何投资理财	1
上班族投资理财	1
小额投资理财	1
个人小额投资理财	1

图 8-43

E	F	G
消费	对话数	对话成本
6479	545	11.89
22665	1562	14.51
20229	2515	8.04
15411	1505	10.24
10968	158	69.42
97210	579	167.89
3264	256	12.75

图 8-44

操作：如图 8-45 所示，在单元格中输入“=COUNTIFS(G3:G9,>15)”，按 Enter 键后得到对话成本高于 15 元的有两个，如图 8-46 所示。

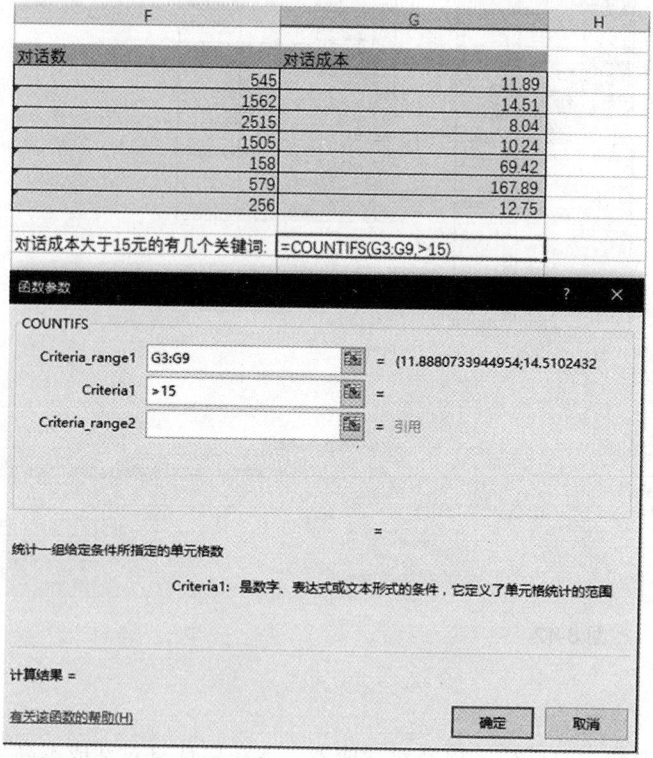

图 8-45

图 8-46

案例 3

计算图 8-47 中含有“教育”关键词的数量。

操作：说明一下，通配符“*”代表任意多个字符。在单元格中输入“=COUNTIFS

(D3:D9,"*教育*")”，如图 8-48 所示，按 Enter 键后得出含“教育”关键词的有 3 个，如图 8-49 所示。

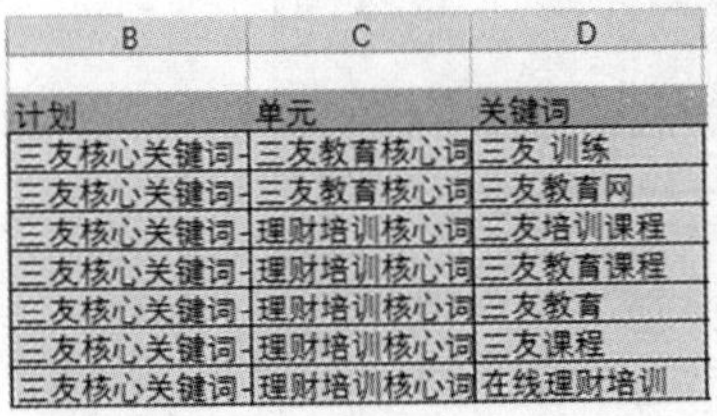

图 8-47

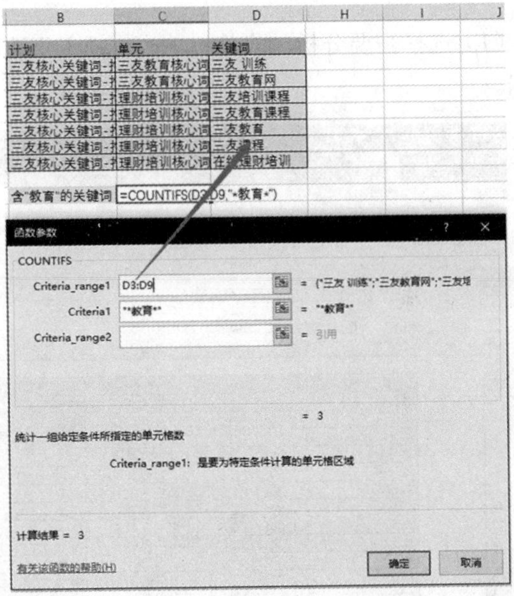

图 8-48

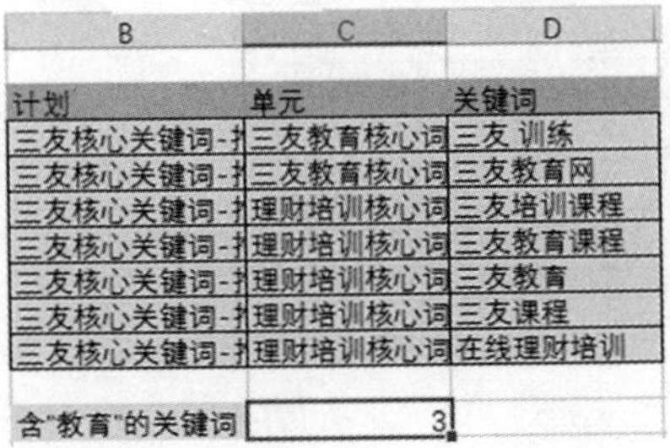

图 8-49

8.2　用数据透视表做营销分析

数据透视表（Pivot Table）是一种交互式的表，可以进行计算，如求和、计数等。能动态地改变表格的版面布置，以便按照不同的方式分析数据，还可以重新安排行、列和页字段。

8.2.1 创建数据透视表

创建数据透视表的步骤如下。

（1）选择需要分析的表格，单击“插入”选项卡，选择“数据透视表”，如图 8-50 所示。

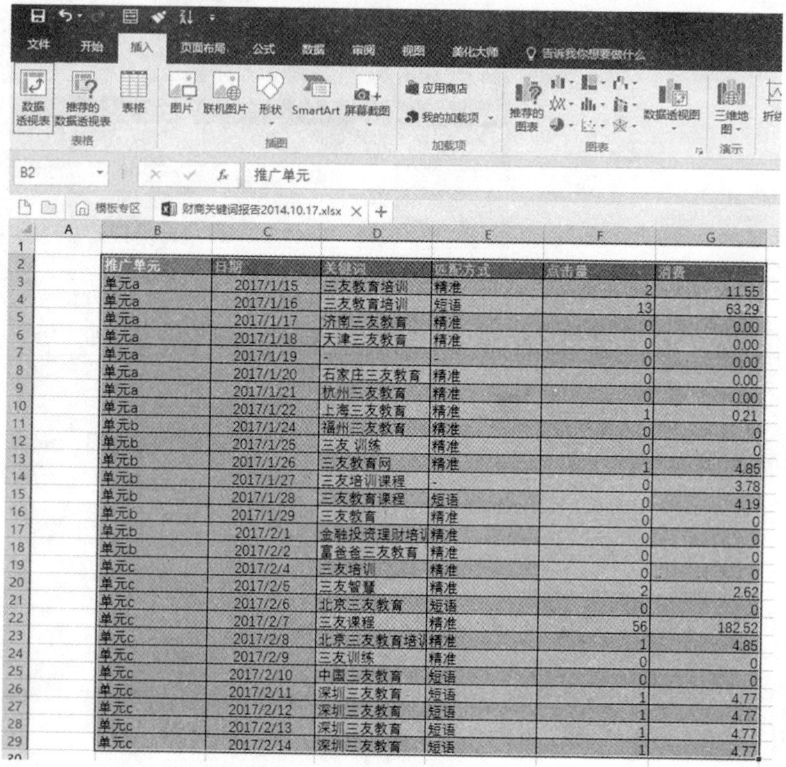

推广单元	日期	关键词	匹配方式	点击量	消费
单元a	2017/1/15	三友教育培训	精准	2	11.55
单元a	2017/1/16	三友教育培训	短语	13	63.29
单元a	2017/1/17	济南三友教育	精准	0	0.00
单元a	2017/1/18	天津三友教育	精准	0	0.00
单元a	2017/1/19	-	-	0	0.00
单元a	2017/1/20	石家庄三友教育	精准	0	0.00
单元a	2017/1/21	杭州三友教育	精准	0	0.00
单元a	2017/1/22	上海三友教育	精准	1	0.21
单元b	2017/1/24	福州三友教育	精准	0	0
单元b	2017/1/25	三友 训练	精准	0	0
单元b	2017/1/26	三友教育网	精准	1	4.85
单元b	2017/1/27	三友培训课程	-	0	3.78
单元b	2017/1/28	三友教育课程	短语	0	4.19
单元b	2017/1/29	三友教育	精准	0	0
单元b	2017/2/1	金融投资理财培训	精准	0	0
单元b	2017/2/2	富爸爸三友教育	精准	0	0
单元c	2017/2/4	三友培训	精准	0	0
单元c	2017/2/5	三友智慧	精准	2	2.62
单元c	2017/2/6	北京三友教育	短语	0	0
单元c	2017/2/7	三友课程	精准	56	182.52
单元c	2017/2/8	北京三友教育培训	精准	1	4.85
单元c	2017/2/9	三友训练	精准	0	0
单元c	2017/2/10	中国三友教育	短语	0	0
单元c	2017/2/11	深圳三友教育	短语	1	4.77
单元c	2017/2/12	深圳三友教育	短语	1	4.77
单元c	2017/2/13	深圳三友教育	短语	1	4.77
单元c	2017/2/14	深圳三友教育	短语	1	4.77

图 8-50

（2）在弹出的“创建数据透视表”对话框中勾选“现有工作表”（“现有工作表”是在分析表所在的页面直接创建；“新工作表”则在新的表页面创建），如图 8-51 所示，在现有页面中进行创建。

（3）单击“现有工作表”后，在现有页面单击选择数据表显示区域，如图 8-52 所示。

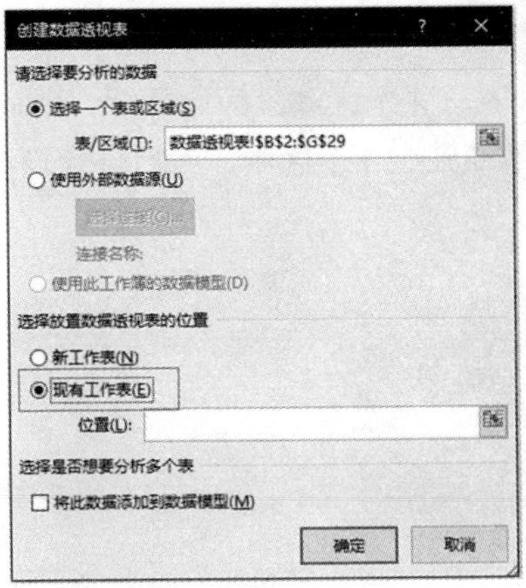

图 8-51

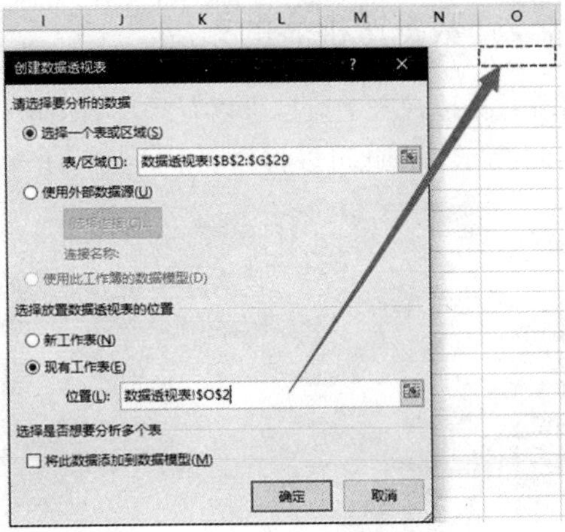

图 8-52

（4）单击“确定”按钮，创建完成，如图 8-53 所示。

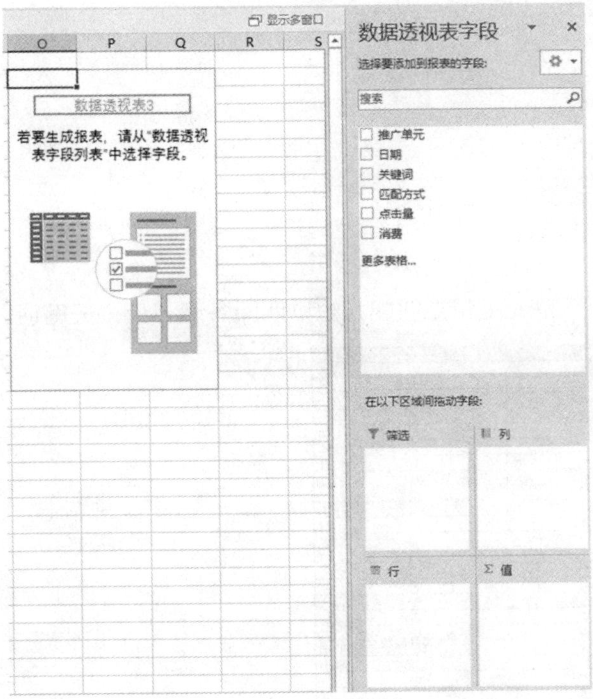

图 8-53

8.2.2 数据透视表的布局

打开数据透视表字段框可以看到，数据透视表有 4 个区域：筛选、行、列、值，如图 8-54 所示。在此可以将原表中的数列任意拖动到这 4 个区域，然后进行设置。

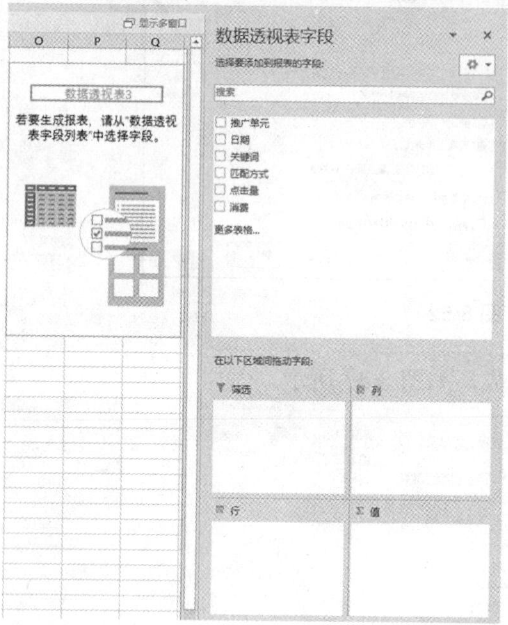

图 8-54

举例：计算图 8-55 中每一个单元里精准匹配和短语匹配各有多少个关键词。

推广单元	日期	关键词	匹配方式	点击量	消费
单元a	2017/1/15	三友教育培训	精准	2	11.55
单元a	2017/1/16	三友教育培训	短语	13	63.29
单元a	2017/1/17	济南三友教育	精准	0	0.00
单元a	2017/1/18	天津三友教育	精准	0	0.00
单元a	2017/1/20	石家庄三友教育	精准	0	0.00
单元a	2017/1/21	杭州三友教育	精准	0	0.00
单元a	2017/1/22	上海三友教育	精准	1	0.21
单元b	2017/1/24	福州三友教育	精准	0	0
单元b	2017/1/25	三友 训练	精准	0	0
单元b	2017/1/26	三友教育网	精准	1	4.85
单元b	2017/1/27	三友培训课程	短语	0	3.78
单元b	2017/1/28	三友教育课程	短语	0	4.19
单元b	2017/1/29	三友教育	精准	0	0
单元b	2017/2/1	金融投资理财培训	精准	0	0
单元b	2017/2/2	富爸爸三友教育	精准	0	0
单元c	2017/2/4	三友培训	精准	0	0
单元c	2017/2/5	三友智慧	精准	2	2.62
单元c	2017/2/6	北京三友教育	短语	0	0
单元c	2017/2/7	三友课程	精准	56	182.52
单元c	2017/2/8	北京三友教育培训	精准	1	4.85
单元c	2017/2/9	三友训练	精准	0	0
单元c	2017/2/10	中国三友教育	短语	0	0
单元c	2017/2/11	深圳三友教育	短语	1	4.77
单元c	2017/2/12	深圳三友教育	短语	1	4.77
单元c	2017/2/13	深圳三友教育	短语	1	4.77
单元c	2017/2/14	深圳三友教育	短语	1	4.77

图 8-55

操作：将推广单元和匹配项拖入行标签，将关键词拖入列标签，如图 8-56 所示。

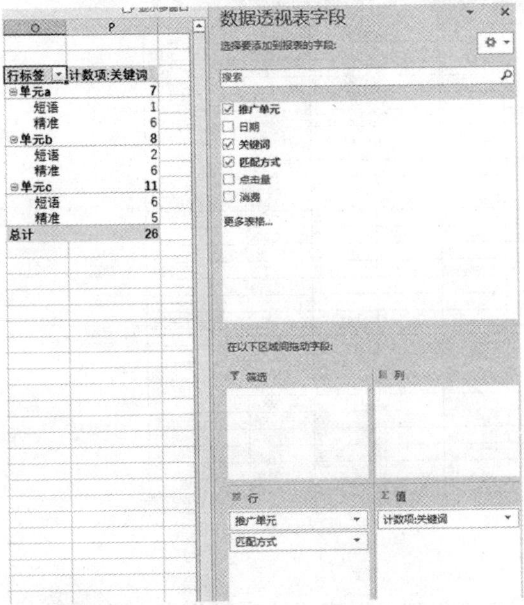

图 8-56

8.2.3　数据透视表使用前提

数据透视表正常使用的前提是原始表准确，并且满足以下要求。

- 有明确的表头，每一列的数据应该是同类型数据。比如，“计划”列下的都是文本，“数量”列下的都是数值型数据（不能是文本型数据）。
- 日期格式要标准。
- 原始表中无总结计算、无空格、无合并、无双表头。
- 表字段拆分精确。

下面通过案例知识实现更加直观的学习。如图 8-57 所示，根据上面所学知识，查找表中不准确之处。

下面对这张表格进行解读，如图 8-58 所示，问题如下：

① 表中有合并现象，需要拆分。

② 日期格式不标准。

③ 表中含有空窗。

C	D	E	F	G	H	I	J
推广单元	日期	关键词-匹配方式	转化数据				
			展现量	点击量	消费	点击率	平均点击价格
单元a	2017.1月15日	三友教育培训-精准	50	2	11.55	4.00%	5.78
	2017.1.16	三友教育培训-短语	151	13	63.29	8.61%	4.87
	2017/1/17	济南三友教育-精准	1	0	0	0.00%	0.00
	2017/1/18	天津三友教育-精准	6	0	0	0.00%	0.00
	2017/1/19		0	0	0		0.00
	2017/1/20	石家庄三友教育-精准	2	0	0	0.00%	0.00
	2017/1/21	杭州三友教育-精准	3	0	0	0.00%	0.00
	2017/1/22	上海三友教育-精准	2	1	0.21	50.00%	0.21
	2017/1/23	合计					
单元b	2017/1/24	福州三友教育-精准	1	0	0	0.00%	0.00
	2017/1/25	三友 训练-精准	1	0	0	0.00%	0.00
	2017/1/26	三友教育网-精准	13	1	4.85	7.69%	4.85
	2017/1/27	三友培训课程	7		0	0.00%	0.00
	2017/1/28	三友教育课程-短语	27		0	0.00%	0.00
	2017/1/29	三友教育-精准	10099		0	0.00%	0.00
	2017/2/1	金融投资理财培训-精准	490		0	0.00%	0.00
	2017/2/2	富爸爸三友教育-精准	64		0	0.00%	0.00
	2017/2/3	合计					
单元c	2017/2/4	三友培训-精准	832		486.88	0.00%	6.32
	2017/2/5	三友智慧-精准	80	2	2.62	2.50%	1.31
	2017/2/6	北京三友教育-短语	4	0	0	0.00%	0.00
	2017/2/7	三友课程-精准	759	56	182.52	7.38%	3.26
	2017/2/8	北京三友教育培训-精准	5	1	4.85	20.00%	4.85
	2017/2/9	三友训练-精准	57	0	0	0.00%	0.00
	2017/2/10	中国三友教育-短语	6	0	0	0.00%	0.00
	2017/2/11	深圳三友教育-短语	14	1	4.77	7.14%	4.77
	2017/2/12	深圳三友教育-短语	14	1	4.77	7.14%	4.77
	2017/2/13	深圳三友教育-短语	14	1	4.77	7.14%	4.77
	2017/2/14	深圳三友教育-短语	14	1	4.77	7.14%	4.77
	2017/2/15	合计					

图 8-57

④ 表中的合计项无须填写，数据透视表就可以完成这项工作。

⑤ “消费项”下有文本数据（文本型数据默认左对齐，数值型数据默认右对齐）。

⑥ “关键词—匹配方式”项需要拆分，否则无法做分类统计。

	A	B	C	D	E	F	G	H	I
1									
2		推广单元	日期	关键词-匹配方式	转化数据				
3					展现量	点击量	消费	点击率	平均点击价格
4		单元a	2017.1月15日	三友教育培训-精准	50	2	11.55	4.00%	5.78
5			2017.1.16	三友教育培训-短语	151	13	63.29	8.61%	4.87
6			2017/1/17	济南三友教育-精准	1	0	0	0.00%	0.00
7			2017/1/18	天津三友教育-精准	6	0	0	0.00%	0.00
8			2017/1/19		0	0	0		0.00
9			2017/1/20	石家庄三友教育-精准	2	0	0	0.00%	0.00
10			2017/1/21	杭州三友教育-精准	3	0	0	0.00%	0.00
11			2017/1/22	上海三友教育-精准	2	1	0.21	50.00%	0.21
12			2017/1/23	合计					
13		单元b	2017/1/24	福州三友教育-精准	1	0	0	0.00%	0.00
14			2017/1/25	三友 训练-精准	1	0	0	0.00%	0.00
15			2017/1/26	三友教育网-精准	13	1	4.85	7.69%	4.85
16			2017/1/27	三友培训课程	7		0	0.00%	0.00
17			2017/1/28	三友教育课程-短语	27		0	0.00%	0.00
18			2017/1/29	三友教育-精准	10099		0	0.00%	0.00
19			2017/2/1	金融投资理财培训-精准	490		0	0.00%	0.00
20			2017/2/2	富爸爸三友教育-精准	64		0	0.00%	0.00
21			2017/2/3	合计					
22		单元c	2017/2/4	三友培训-精准	832		486.88	0.00%	6.32
23			2017/2/5	三友智慧-精准	80	2	2.62	2.50%	1.31
24			2017/2/6	北京三友教育-短语	4	0	0	0.00%	0.00
25			2017/2/7	三友课程-精准	759	56	182.52	7.38%	3.26
26			2017/2/8	北京三友教育培训-精准	5	1	4.85	20.00%	4.85
27			2017/2/9	三友训练-精准	57	0	0	0.00%	0.00
28			2017/2/10	中国三友教育-短语	6	0	0	0.00%	0.00
29			2017/2/11	深圳三友教育-短语	14	1	4.77	7.14%	4.77
30			2017/2/12	深圳三友教育-短语	14	1	4.77	7.14%	4.77
31			2017/2/13	深圳三友教育-短语	14	1	4.77	7.14%	4.77
32			2017/2/14	深圳三友教育-短语	14	1	4.77	7.14%	4.77
33			2017/2/15	合计					

图 8-58

更正后的内容如图 8-59 所示。

L	M	N	O	P	Q
推广单元	日期	关键词	匹配方式	点击量	消费
单元a	2017/1/15	三友教育培训	精准	2	11.55
单元a	2017/1/16	三友教育培训	短语	13	63.29
单元a	2017/1/17	济南三友教育	精准	0	0.00
单元a	2017/1/18	天津三友教育	精准	0	0.00
单元a	2017/1/19	-	-	0	0.00
单元a	2017/1/20	石家庄三友教育	精准	0	0.00
单元a	2017/1/21	杭州三友教育	精准	0	0.00
单元a	2017/1/22	上海三友教育	精准	1	0.21
单元b	2017/1/24	福州三友教育	精准	0	0
单元b	2017/1/25	三友 训练	精准	0	0
单元b	2017/1/26	三友教育网	精准	1	4.85
单元b	2017/1/27	三友培训课程	-	0	3.78
单元b	2017/1/28	三友教育课程	短语	0	4.19
单元b	2017/1/29	三友教育	精准	0	0
单元b	2017/2/1	金融投资理财培训	精准	0	0
单元b	2017/2/2	富爸爸三友教育	精准	0	0
单元c	2017/2/4	三友培训	精准	0	0
单元c	2017/2/5	三友智慧	精准	2	2.62
单元c	2017/2/6	北京三友教育	短语	0	0
单元c	2017/2/7	三友课程	精准	56	182.52
单元c	2017/2/8	北京三友教育培训	精准	1	4.85
单元c	2017/2/9	三友训练	精准	0	0
单元c	2017/2/10	中国三友教育	短语	0	0
单元c	2017/2/11	深圳三友教育	短语	1	4.77
单元c	2017/2/12	深圳三友教育	短语	1	4.77
单元c	2017/2/13	深圳三友教育	短语	1	4.77
单元c	2017/2/14	深圳三友教育	短语	1	4.77

图 8-59

这里介绍几个重点操作。

① 如果表中的文本型数据缺少，用“-”代替；数值型数据缺少，用“0”代替。

② 标准日期格式请按“2017/1/12”式的格式。在“替换”栏中可以使用 Ctrl+H 组合键（查找/替换）功能，将非标准的字符替换成标准字符。

③ 表格的拆分步骤如图 8-60 和图 8-61 所示。

步骤 1：单击“数据”→“分列”菜单。

步骤 2：在弹出的“文本分列向导”框中直接单击“下一步”按钮，到第 2 步，选择“其他”，输入“-”，单击“下一步”按钮，完成。

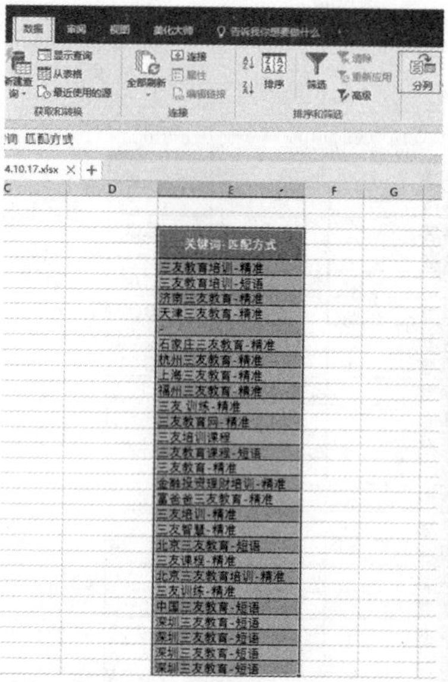

图 8-60

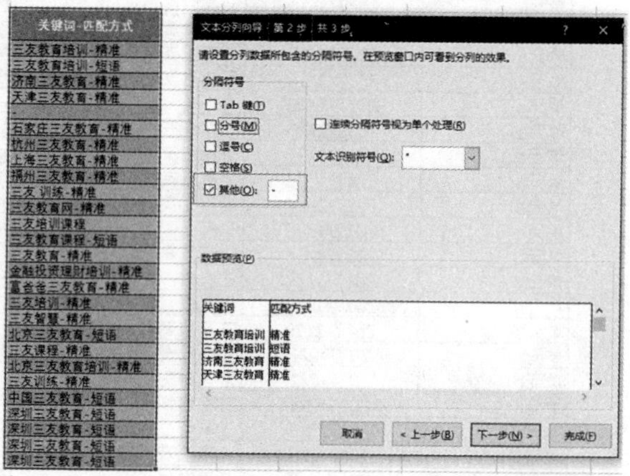

图 8-61

8.2.4 计算数据透视表字段

数据透视表建立后，有时需要对数据表内的字段进行计算。之前大家往往都是在原始表中完成，很麻烦。这里教大家如何更快地计算字段。

案例：如何用透视表计算如图 8-62 所示的单位点击成本？

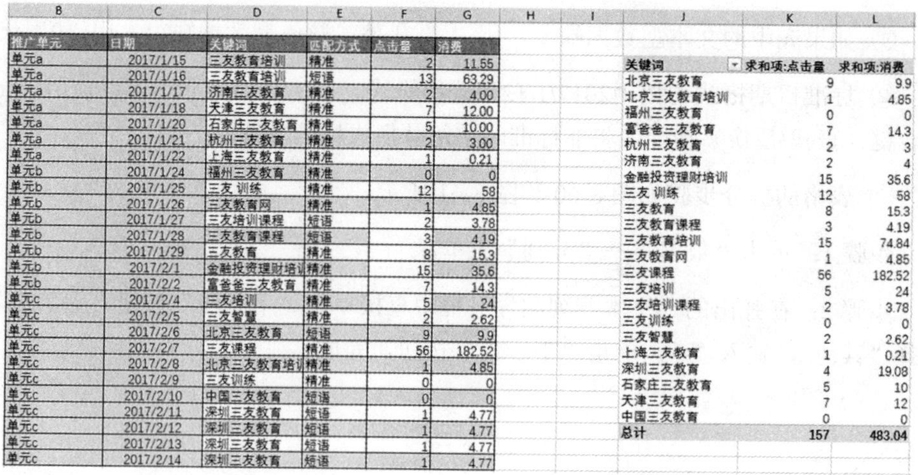

推广单元	日期	关键词	匹配方式	点击量	消费
单元a	2017/1/15	三友教育培训	精准	2	11.55
单元a	2017/1/16	三友教育培训	短语	13	63.29
单元a	2017/1/17	济南三友教育	精准	2	4.00
单元a	2017/1/18	天津三友教育	精准	7	12.00
单元a	2017/1/20	石家庄三友教育	精准	5	10.00
单元a	2017/1/21	杭州三友教育	精准	2	3.00
单元a	2017/1/22	上海三友教育	精准	1	0.21
单元b	2017/1/24	福州三友教育	精准	0	0
单元b	2017/1/25	三友 训练	精准	12	58
单元b	2017/1/26	三友教育网	精准	1	4.85
单元b	2017/1/27	三友培训课程	短语	2	3.78
单元b	2017/1/28	三友教育课程	短语	3	4.19
单元b	2017/1/29	三友教育	精准	8	15.3
单元b	2017/2/1	金融投资理财培训	精准	15	35.6
单元b	2017/2/2	富爸爸三友教育	精准	7	14.3
单元c	2017/2/4	三友培训	精准	5	24
单元c	2017/2/5	三友智慧	精准	2	2.62
单元c	2017/2/6	北京三友教育	短语	9	9.9
单元c	2017/2/7	三友课程	精准	56	182.52
单元c	2017/2/8	北京三友教育培训	精准	1	4.85
单元c	2017/2/9	三友训练	精准	0	0
单元c	2017/2/10	中国三友教育	短语	0	0
单元c	2017/2/11	深圳三友教育	短语	1	4.77
单元c	2017/2/12	深圳三友教育	短语	1	4.77
单元c	2017/2/13	深圳三友教育	短语	1	4.77
单元c	2017/2/14	深圳三友教育	短语	1	4.77

关键词	求和项:点击量	求和项:消费
北京三友教育	9	9.9
北京三友教育培训	1	4.85
福州三友教育	0	0
富爸爸三友教育	7	14.3
杭州三友教育	2	3
济南三友教育	2	4
金融投资理财培训	15	35.6
三友 训练	12	58
三友教育	8	15.3
三友教育课程	3	4.19
三友教育培训	15	74.84
三友教育网	1	4.85
三友课程	56	182.52
三友培训	5	24
三友培训课程	2	3.78
三友训练	0	0
三友智慧	2	2.62
上海三友教育	1	0.21
深圳三友教育	4	19.08
石家庄三友教育	5	10
天津三友教育	7	12
中国三友教育	0	0
总计	157	483.04

图 8-62

步骤如下。

（1）选中表中区域，单击“分析”→“字段、项目和集”，选择“计算字段”，如图 8-63 所示。

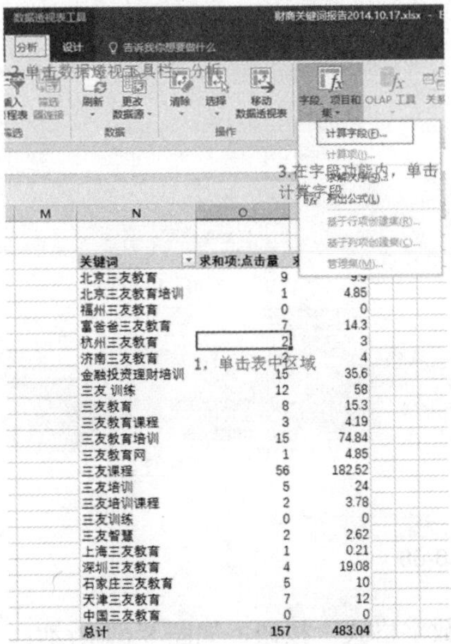

图 8-63

（2）在弹出的“插入计算字段”框中命名字段，插入计算字段，这里也可以修改字段。单击“确定”按钮，如图 8-64 所示。

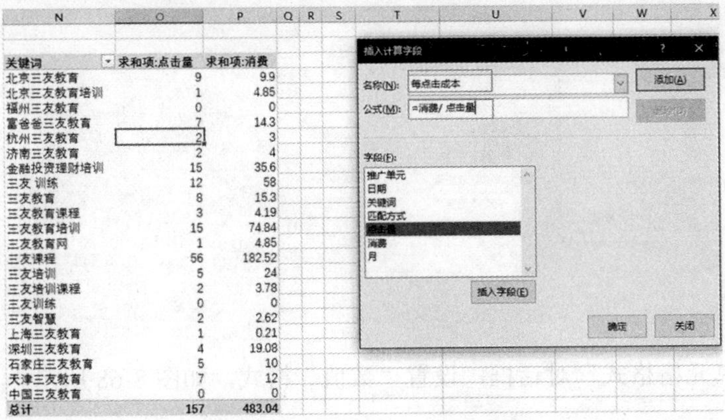

图 8-64

（3）得到如图 8-65 所示的表，但该表出现错误。接下来需要继续修改。

（4）首先改格式。

① 选择“每点击成本”，如图 8-66 所示。

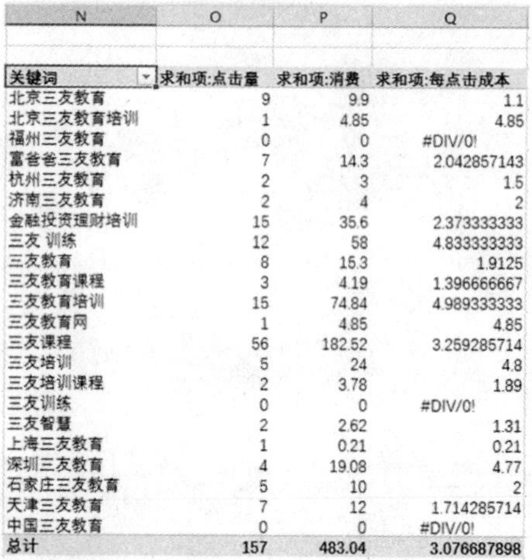

关键词	求和项:点击量	求和项:消费	求和项:每点击成本
北京三友教育	9	9.9	1.1
北京三友教育培训	1	4.85	4.85
福州三友教育	0	0	#DIV/0!
富爸爸三友教育	7	14.3	2.042857143
杭州三友教育	2	3	1.5
济南三友教育	2	4	2
金融投资理财培训	15	35.6	2.373333333
三友 训练	12	58	4.833333333
三友教育	8	15.3	1.9125
三友教育课程	3	4.19	1.396666667
三友教育培训	15	74.84	4.989333333
三友教育网	1	4.85	4.85
三友课程	56	182.52	3.259285714
三友培训	5	24	4.8
三友培训课程	2	3.78	1.89
三友训练	0	0	#DIV/0!
三友智慧	2	2.62	1.31
上海三友教育	1	0.21	0.21
深圳三友教育	4	19.08	4.77
石家庄三友教育	5	10	2
天津三友教育	7	12	1.714285714
中国三友教育	0	0	#DIV/0!
总计	157	483.04	3.076687898

图 8-65

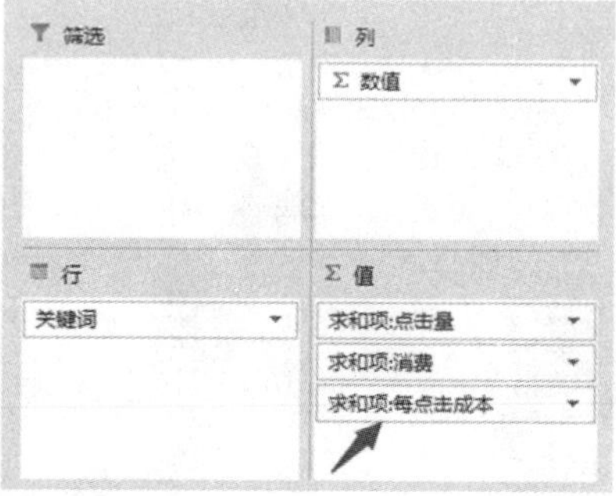

图 8-66

② 弹出“值字段设置”对话框，单击“数字格式”按钮，如图 8-67 所示。

图 8-67

③ 弹出“设置单元格格式”对话框，设置“数值”格式，如图 8-68 所示。

图 8-68

（5）修改报错。

① 选择表格后单击鼠标右键，在弹出的快捷菜单中选择“数据透视表选项”，如图 8-69 所示。

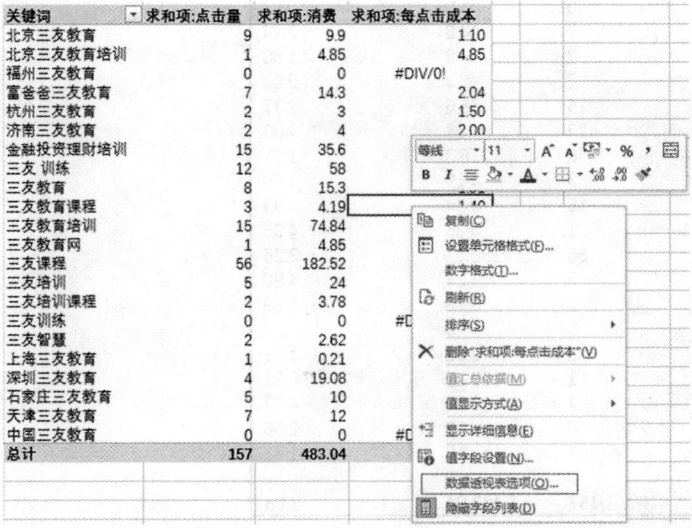

关键词	求和项:点击量	求和项:消费	求和项:每点击成本
北京三友教育	9	9.9	1.10
北京三友教育培训	1	4.85	4.85
福州三友教育	0	0	#DIV/0!
富爸爸三友教育	7	14.3	2.04
杭州三友教育	2	3	1.50
济南三友教育	2	4	2.00
金融投资理财培训	15	35.6	
三友 训练	12	58	
三友教育	8	15.3	
三友教育课程	3	4.19	
三友教育培训	15	74.84	
三友教育网	1	4.85	
三友课程	56	182.52	
三友培训	5	24	
三友培训课程	2	3.78	
三友训练	0	0	#D
三友智慧	2	2.62	
上海三友教育	1	0.21	
深圳三友教育	4	19.08	
石家庄三友教育	5	10	
天津三友教育	7	12	
中国三友教育	0	0	#D
总计	157	483.04	

图 8-69

② 勾选“格式”框中“对于错误值，显示”，如图 8-70 所示。

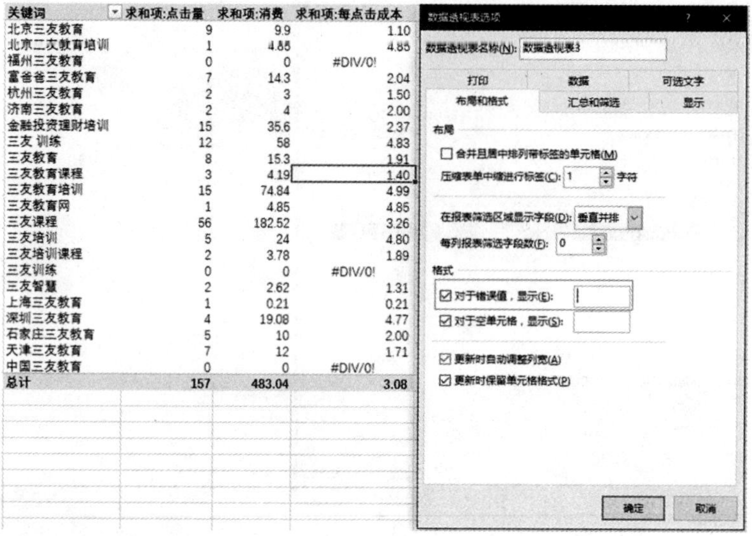

关键词	求和项:点击量	求和项:消费	求和项:每点击成本
北京三友教育	9	9.9	1.10
北京三友教育培训	1	4.85	4.85
福州三友教育	0	0	#DIV/0!
富爸爸三友教育	7	14.3	2.04
杭州三友教育	2	3	1.50
济南三友教育	2	4	2.00
金融投资理财培训	15	35.6	2.37
三友 训练	12	58	4.83
三友教育	8	15.3	1.91
三友教育课程	3	4.19	1.40
三友教育培训	15	74.84	4.99
三友教育网	1	4.85	4.85
三友课程	56	182.52	3.26
三友培训	5	24	4.80
三友培训课程	2	3.78	1.89
三友训练	0	0	#DIV/0!
三友智慧	2	2.62	1.31
上海三友教育	1	0.21	0.21
深圳三友教育	4	19.08	4.77
石家庄三友教育	5	10	2.00
天津三友教育	7	12	1.71
中国三友教育	0	0	#DIV/0!
总计	157	483.04	3.08

图 8-70

③ 得到正确的表格，如图 8-71 所示。

关键词	求和项:点击量	求和项:消费	求和项:每点击成本
北京三友教育	9	9.9	1.10
北京三友教育培训	1	4.85	4.85
福州三友教育	0	0	
富爸爸三友教育	7	14.3	2.04
杭州三友教育	2	3	1.50
济南三友教育	2	4	2.00
金融投资理财培训	15	35.6	2.37
三友 训练	12	58	4.83
三友教育	8	15.3	1.91
三友教育课程	3	4.19	1.40
三友教育培训	15	74.84	4.99
三友教育网	1	4.85	4.85
三友课程	56	182.52	3.26
三友培训	5	24	4.80
三友培训课程	2	3.78	1.89
三友训练	0	0	
三友智慧	2	2.62	1.31
上海三友教育	1	0.21	0.21
深圳三友教育	4	19.08	4.77
石家庄三友教育	5	10	2.00
天津三友教育	7	12	1.71
中国三友教育	0	0	
总计	157	483.04	3.08

图 8-71

8.2.5　总计百分比与父行汇总百分比

在实际工作中，我们经常需要对回收的广告投放数据进行分类分析。总计百分比和父行汇总百分比是经常会用到的功能。下面将以案例形式进行讲解，希望大家学会举一反三。

案例 1

如图 8-72 所示，现在需要知道不同单元内的关键词和消费占比，应该怎么做分析？

推广单元	日期	关键词	匹配方式	点击量	消费
单元a	2017/1/15	三友教育培训	精准	2	11.55
单元a	2017/1/16	三友教育培训	短语	13	63.29
单元a	2017/1/17	济南三友教育	精准	2	4.00
单元a	2017/1/18	天津三友教育	精准	7	12.00
单元a	2017/1/20	石家庄三友教育	精准	5	10.00
单元a	2017/1/21	杭州三友教育	精准	2	3.00
单元a	2017/1/22	上海三友教育	精准	1	0.21
单元b	2017/1/24	福州三友教育	精准	0	0
单元b	2017/1/25	三友 训练	精准	12	58
单元b	2017/1/26	三友教育网	精准	1	4.85
单元b	2017/1/27	三友培训课程	短语	2	3.78
单元b	2017/1/28	三友教育课程	短语	3	4.19
单元b	2017/1/29	三友教育	精准	8	15.3
单元b	2017/2/1	金融投资理财培训	精准	15	35.6
单元b	2017/2/2	富爸爸三友教育	精准	7	14.3
单元c	2017/2/4	三友培训	精准	5	24
单元c	2017/2/5	三友智慧	精准	2	2.62
单元c	2017/2/6	北京三友教育	短语	9	9.9
单元c	2017/2/7	三友课程	精准	56	182.52
单元c	2017/2/8	北京三友教育培训	精准	1	4.85
单元c	2017/2/9	三友训练	精准	0	0
单元c	2017/2/10	中国三友教育	短语	0	0
单元c	2017/2/11	深圳三友教育	短语	1	4.77
单元c	2017/2/12	深圳三友教育	短语	1	4.77
单元c	2017/2/13	深圳三友教育	短语	1	4.77
单元c	2017/2/14	深圳三友教育	短语	1	4.77

图 8-72

步骤如下。

① 把“关键词”拖到行标签，把“消费”拖入列标签，如图 8-73 所示。这里需要注意的是，表格的分类值可以重复添加，在这里“消费”值就添加了两次。

② 选中需要计算的列值后单击鼠标右键，在“值显示方式”中单击“总计的百分比”，如图 8-74 所示。

③ 得到每一个单元内每一个关键词的消费百分比，如图 8-75 所示。

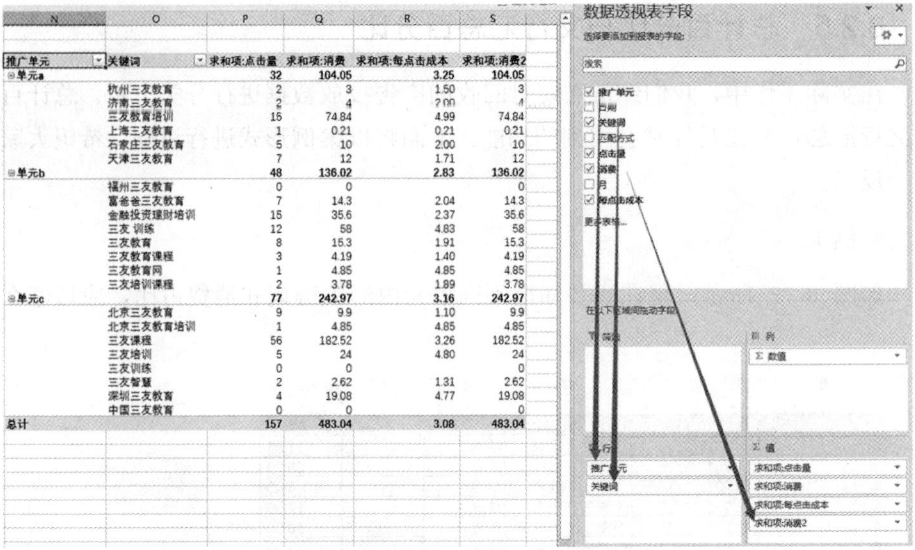
数据透视表字段
选择要添加到报表的字段:
搜索
推广单元
日期
关键词
匹配方式
点击量
消费
月
每点击成本
推广单元
关键词
求和项:点击量
求和项:消费
求和项:每点击成本
求和项:消费2
单元a
杭州三友教育
济南三友教育
三友教育培训
上海三友教育
石家庄三友教育
天津三友教育
单元b
福州三友教育
富爸爸三友教育
金融投资理财培训
三友 训练
三友教育
三友教育课程
三友教育网
三友培训课程
单元c
北京三友教育
北京三友教育培训
三友课程
三友培训
三友训练
三友智慧
深圳三友教育
中国三友教育
总计

图 8-73

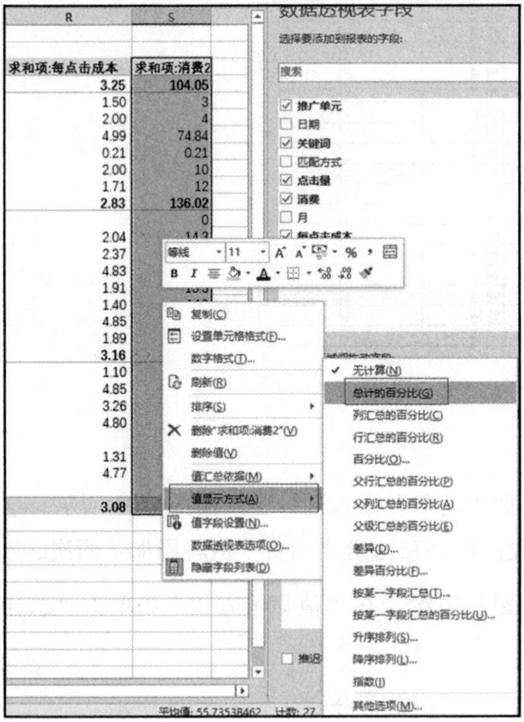
求和项:每点击成本
求和项:消费2
数据透视表字段
选择要添加到报表的字段:
搜索
推广单元
日期
关键词
匹配方式
点击量
消费
月
复制(C)
设置单元格格式(F)...
数字格式(T)...
刷新(R)
排序(S)
删除"求和项:消费2"(V)
删除值(V)
值汇总依据(M)
值显示方式(A)
值字段设置(N)...
数据透视表选项(O)...
隐藏字段列表(D)
无计算(N)
总计的百分比(G)
列汇总的百分比(C)
行汇总的百分比(R)
百分比(O)...
父行汇总的百分比(P)
父列汇总的百分比(A)
父级汇总的百分比(E)
差异(D)...
差异百分比(F)...
按某一字段汇总(T)...
按某一字段汇总的百分比(U)...
升序排列(S)...
降序排列(L)...
指数(I)
其他选项(M)...

图 8-74

推广单元	关键词	求和项:点击量	求和项:消费	求和项:每点击成本	求和项:消费2
⊟单元a		32	104.05	3.25	21.54%
	杭州三友教育	2	3	1.50	0.62%
	济南三友教育	2	4	2.00	0.83%
	三友教育培训	15	74.84	4.99	15.49%
	上海三友教育	1	0.21	0.21	0.04%
	石家庄三友教育	5	10	2.00	2.07%
	天津三友教育	7	12	1.71	2.48%
⊟单元b		48	136.02	2.83	28.16%
	福州三友教育	0	0		0.00%
	富爸爸三友教育	7	14.3	2.04	2.96%
	金融投资理财培训	15	35.6	2.37	7.37%
	三友 训练	12	58	4.83	12.01%
	三友教育	8	15.3	1.91	3.17%
	三友教育课程	3	4.19	1.40	0.87%
	三友教育网	1	4.85	4.85	1.00%
	三友培训课程	2	3.78	1.89	0.78%
⊟单元c		77	242.97	3.16	50.30%
	北京三友教育	9	9.9	1.10	2.05%
	北京三友教育培训	1	4.85	4.85	1.00%
	三友课程	56	182.52	3.26	37.79%
	三友培训	5	24	4.80	4.97%
	三友训练	0	0		0.00%
	三友智慧	2	2.62	1.31	0.54%
	深圳三友教育	4	19.08	4.77	3.95%
	中国三友教育	0	0		0.00%
总计		157	483.04	3.08	100.00%

图 8-75

案例 2

仍以本节案例 1 为例进行介绍，如果要计算每一个关键词在所在计划中的消费占比，应该如何设置？

步骤如下。

① 选中需要计算的列值后单击鼠标右键，在“值显示方式”中单击“总计的百分比”，如图 8-76 所示。

② 得到表格，如图 8-77 所示。

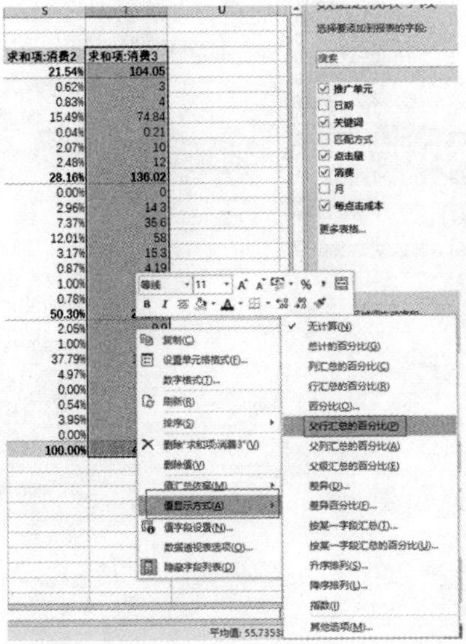

图 8-76

关键词	求和项:点击量	求和项:消费	求和项:每点击成本	求和项:消费2	求和项:消费3
	32	104.05	3.25	21.54%	21.54%
杭州三友教育	2	3	1.50	0.62%	2.88%
济南三友教育	2	4	2.00	0.83%	3.84%
三友教育培训	15	74.84	4.99	15.49%	71.93%
上海三友教育	1	0.21	0.21	0.04%	0.20%
石家庄三友教育	5	10	2.00	2.07%	9.61%
天津三友教育	7	12	1.71	2.48%	11.53%
	48	136.02	2.83	28.16%	28.16%
福州三友教育	0	0		0.00%	0.00%
富爸爸三友教育	7	14.3	2.04	2.96%	10.51%
金融投资理财培训	15	35.6	2.37	7.37%	26.17%
三友 训练	12	58	4.83	12.01%	42.64%
三友教育	8	15.3	1.91	3.17%	11.25%
三友教育课程	3	4.19	1.40	0.87%	3.08%
三友教育网	1	4.85	4.85	1.00%	3.57%
三友培训课程	2	3.78	1.89	0.78%	2.78%
	77	242.97	3.16	50.30%	50.30%
北京三友教育	9	9.9	1.10	2.05%	4.07%
北京三友教育培训	1	4.85	4.85	1.00%	2.00%
三友课程	56	182.52	3.26	37.79%	75.12%
三友培训	5	24	4.80	4.97%	9.88%
三友训练	0	0		0.00%	0.00%
三友智慧	2	2.62	1.31	0.54%	1.08%
深圳三友教育	4	19.08	4.77	3.95%	7.85%
中国三友教育	0	0		0.00%	0.00%
	157	483.04	3.08	100.00%	100.00%

图 8-77

注意，这两个操作在数据分组中经常会用到，应当重点掌握。

8.2.6 切片器的使用

切片器在数据分析中具有非常重要的作用。下面以案例形式来介绍。

图 8-78 是一张投放计划数据表的截图。因为截图的限制，实际的时间跨度从 2016 年 1 月到 2017 年 7 月，包括 A、B、C、D、E 共 5 个计划。如果现在要看某一个计划的数据，如何使用切片器进行制作？

	A	B	C	D	E	F	G	H
1								
2		日期	账户	推广计划	推广单元	展现量	点击量	消费
3		2016/1/1	b	计划A	三友教育核心词	50	2	11.55
4		2016/1/2	b	计划A	三友教育核心词	151	13	63.29
5		2016/1/3	b	计划A	三友教育核心词	1	0	0
6		2016/1/4	b	计划A	三友教育核心词	6	0	0
7		2016/1/5	b	计划A	三友教育核心词	3	0	0
8		2016/1/6	b	计划A	三友教育核心词	2	0	0
9		2016/1/7	b	计划A	三友教育核心词	3	0	0
10		2016/1/8	b	计划A	三友教育核心词	2	1	0.21
11		2016/1/9	b	计划A	三友教育核心词	1	0	0
12		2016/1/10	b	计划A	三友教育核心词	1	0	0
13		2016/1/11	b	计划A	三友教育核心词	13	1	4.85
14		2016/1/12	b	计划A	三友教育核心词	7	1	3.78
15		2016/1/13	b	计划A	三友教育核心词	27	1	4.19
16		2016/1/14	b	计划A	三友教育核心词	10099	572	3355.92
17		2016/1/15	b	计划A	三友教育核心词	490	4	20.96
18		2016/1/16	b	计划A	三友教育核心词	64	6	20.63
19		2016/1/17	b	计划A	三友教育核心词	832	77	486.88
20		2016/1/18	b	计划A	三友教育核心词	80	2	2.62
21		2016/1/19	b	计划A	三友教育核心词	4	0	0
22		2016/1/20	b	计划A	三友教育核心词	759	56	182.52
23		2016/1/21	b	计划A	三友教育核心词	5	1	4.85
24		2016/1/22	b	计划A	三友教育核心词	57	0	0
25		2016/1/23	b	计划A	三友教育核心词	6	0	0
26		2016/1/24	b	计划A	三友教育核心词	14	1	4.77
27		2016/1/25	b	计划A	三友教育核心词	3	1	1.53
28		2016/1/26	b	计划A	三友教育核心词	5	0	0
29		2016/1/27	b	计划A	理财培训核心词	3	0	0
30		2016/1/28	b	计划A	理财培训核心词	13	1	4.68
31		2016/1/29	b	计划A	理财培训核心词	101	8	45.54
32		2016/1/30	b	计划A	理财培训核心词	2	0	0
33		2016/1/31	b	计划A	理财培训核心词	1509	91	634.89
34		2016/2/1	b	计划A	理财培训核心词	3	0	0
35		2016/2/2	b	计划A	理财培训核心词	4	0	0
36		2016/2/3	b	计划A	理财培训核心词	1	1	5.2
37		2016/2/4	b	计划A	理财培训核心词	1	1	4.05
38		2016/2/5	b	计划A	理财培训核心词	3	1	0.62
39		2016/2/6	b	计划A	理财培训核心词	2	0	0

图 8-78

步骤如下。

① 创建数据透视表，如图 8-79 所示。

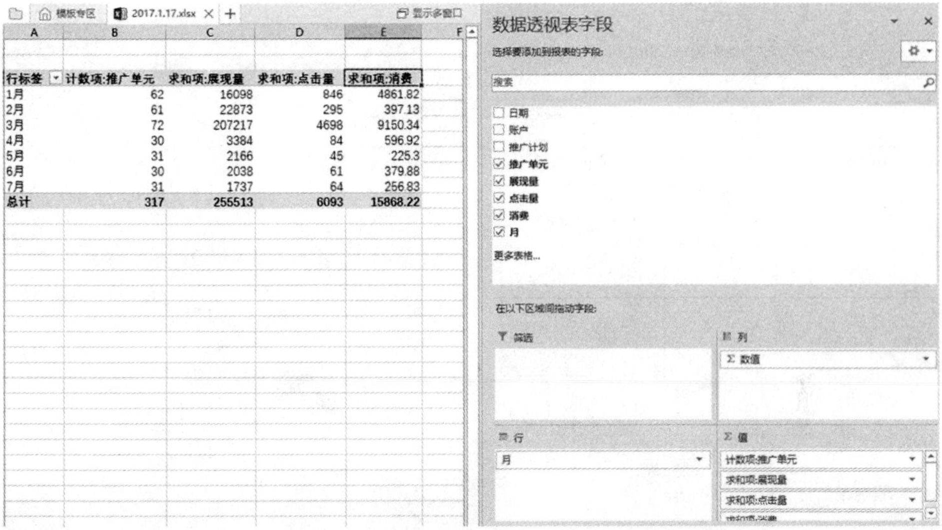

图 8-79

② 现在要查看单个计划的数据情况，需要创建切片器。将鼠标光标放入数据透视表中，在“推广计划”项上单击鼠标右键，选择“添加为切片器”，如图 8-80 所示。

图 8-80

③ 得到推广计划的切片器效果，如图 8-81 所示。单击任意切片器的推广计划，即可快速显示对应的计划数据。每一个表格的分类都可以建立单独的切片器、多个片切器的数据交叉筛选。

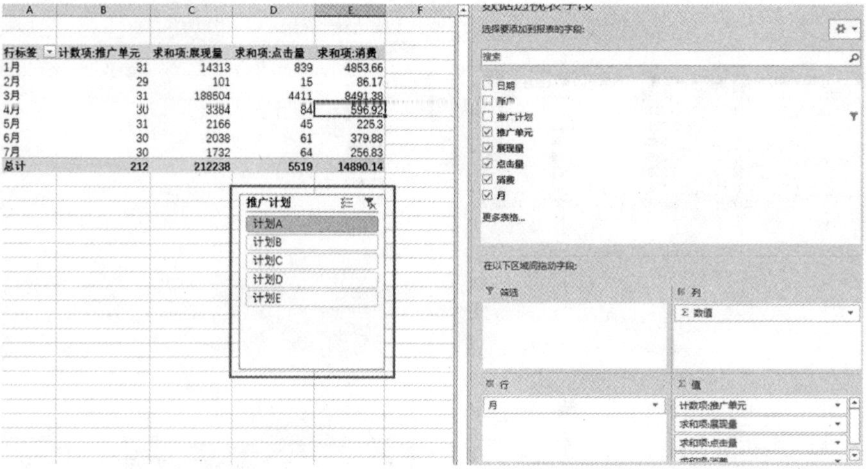

行标签	计数项:推广单元	求和项:展现量	求和项:点击量	求和项:消费
1月	31	14313	839	4853.66
2月	29	101	15	86.17
3月	31	188504	4411	8491.38
4月	30	3384	84	596.92
5月	31	2166	45	225.3
6月	30	2038	61	379.88
7月	30	1732	64	256.83
总计	212	212238	5519	14890.14

图 8-81

8.2.7 数据透视表字段分组

数据透视表的字段分组功能可以让我们更加灵活地找到想要的数据。

案例 1

已知如图 8-82 所示的 1~7 月的数据，希望得到各季度汇总的数据。该如何做？

步骤如下。

① 用鼠标右键单击需要创建的列，然后选择“创建组”命令，如图 8-83 所示。

行标签	计数项:推广单元	求和项:展现量	求和项:点击量	求和项:消费
⊞1月	62	16098	846	4861.82
⊞2月	61	22873	295	397.13
⊞3月	72	207217	4698	9150.34
⊞4月	30	3384	84	596.92
⊞5月	31	2166	45	225.3
⊞6月	30	2038	61	379.88
⊞7月	31	1737	64	256.83
总计	317	255513	6093	15868.22

图 8-82

图 8-83

② 在弹出的“组合”框中勾选“季度”，单击“确定”按钮，如图 8-84 所示。

③ 现在得到了按季度分类的数据，但是季度汇总的数据并没有显示，如图 8-85 所示。

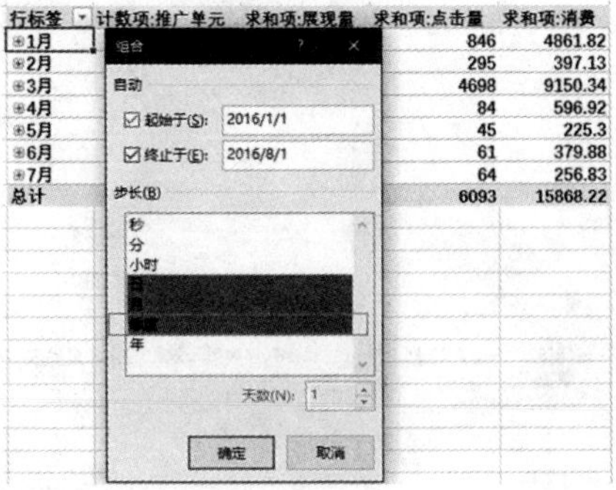

图 8-84

	A	B	C	D	E	F
1						
2		行标签	计数项:推广单元	求和项:展现量	求和项:点击量	求和项:消费
3		⊟第一季				
4		⊞1月	62	16098	846	4861.82
5		⊞2月	61	22873	295	397.13
6		⊞3月	72	207217	4698	9150.34
7		⊟第二季				
8		⊞4月	30	3384	84	596.92
9		⊞5月	31	2166	45	225.3
10		⊞6月	30	2038	61	379.88
11		⊟第三季				
12		⊞7月	31	1737	64	256.83
13		总计	317	255513	6093	15868.22

图 8-85

④ 用鼠标右键单击“季度”，单击“分类汇总‘季度’”，如图 8-86 所示。

⑤ 得到季度汇总数据，如图 8-87 所示。

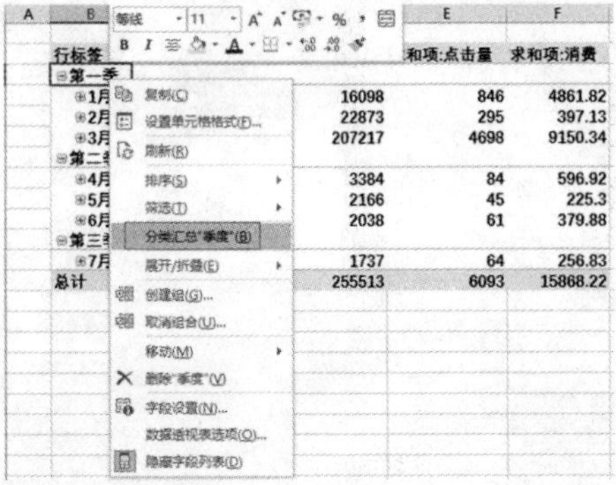

图 8-86

行标签	计数项:推广单元	求和项:展现量	求和项:点击量	求和项:消费
⊟第一季	195	246188	5839	14409.29
⊞1月	62	16098	846	4861.82
⊞2月	61	22873	295	397.13
⊞3月	72	207217	4698	9150.34
⊟第二季	91	7588	190	1202.1
⊞4月	30	3384	84	596.92
⊞5月	31	2166	45	225.3
⊞6月	30	2038	61	379.88
⊟第三季	31	1737	64	256.83
⊞7月	31	1737	64	256.83
总计	317	255513	6093	15868.22

图 8-87

案例 2

本节中案例 1 对数值型数据进行了分类，现在对文本型数据进行分类。如图 8-88 所示，将 A、B、C 分为重点计划，D、E 为非重点计划，步骤如下。

	A	B	C	D	E	F
1						
2		行标签	计数项:推广单元	求和项:展现量	求和项:点击量	求和项:消费
3		计划A	212	212238	5519	14890.14
4		计划B	71	3658	9	8.8
5		计划C	3	11505	229	548.27
6		计划D	3	21039	279	310.75
7		计划E	28	7073	57	110.26
8		总计	317	255513	6093	15868.22

图 8-88

① 选择计划 A、B、C 后单击鼠标右键，选择“创建组”命令，如图 8-89 所示。

② 数据组 1 创建完成，结果如图 8-90 所示。

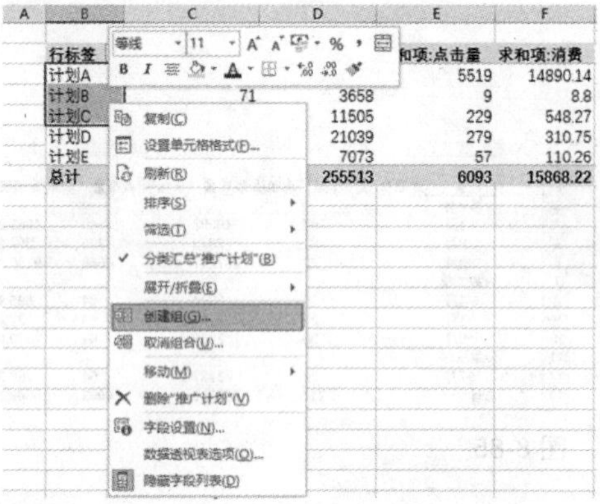

图 8-89

行标签	计数项:推广单元	求和项:展现量	求和项:点击量	求和项:消费
⊟数据组1				
计划A	212	212238	5519	14890.14
计划B	71	3658	9	8.8
计划C	3	11505	229	548.27
⊟计划D				
计划D	3	21039	279	310.75
⊟计划E				
计划E	28	7073	57	110.26
总计	317	255513	6093	15868.22

图 8-90

③ 框选计划 D、E 后单击鼠标右键，选择“创建组”命令，如图 8-91 所示。

④ 数据组分配完成，结果如图 8-92 所示。

图 8-91

行标签	计数项:推广单元	求和项:展现量	求和项:点击量	求和项:消费
⊟数据组1				
计划A	212	212238	5519	14890.14
计划B	71	3658	9	8.8
计划C	3	11505	229	548.27
⊟数据组2				
计划D	3	21039	279	310.75
计划E	28	7073	57	110.26
总计	317	255513	6093	15868.22

图 8-92

⑤ 汇总数据组数据，如图 8-93 所示。

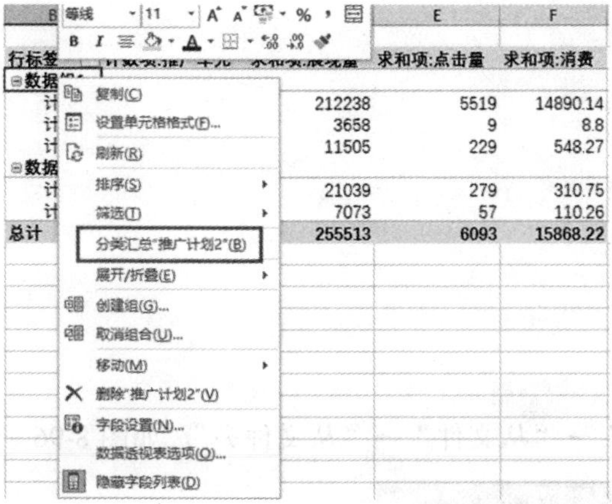

图 8-93

8.3　Power Query 大幅提高数据分析效率

8.3.1　CSV 文件夹汇总

Excel 中 Power Query 插件的功能非常强大，不仅能做 CSV 文件合并，还能够追加报表动态。本节会从基础开始，结合真实的广告投放数据表进行讲解。

案例 1

在工作中，我们经常需要把不同表中的账户粘贴汇总到一起，如图 8-94 所示，不同月份的账户报告，如果人工操作，就会很浪费时间。现在用 Power Query 来完成，并实现动态报表的追加。

首先，找到源文件，我们的源文件是从推广账户中直接下载的账户报告，其中的数据都被清理。操作如下：

图 8-94

① 新建一张 Excel 表，如图 8-95 所示。

图 8-95

② 单击“数据”→“新建查询”→“从文件”→“从文件夹”，如图 8-96 所示。

图 8-96

③ 找到文件夹，并单击“确定”按钮，如图 8-97 所示。

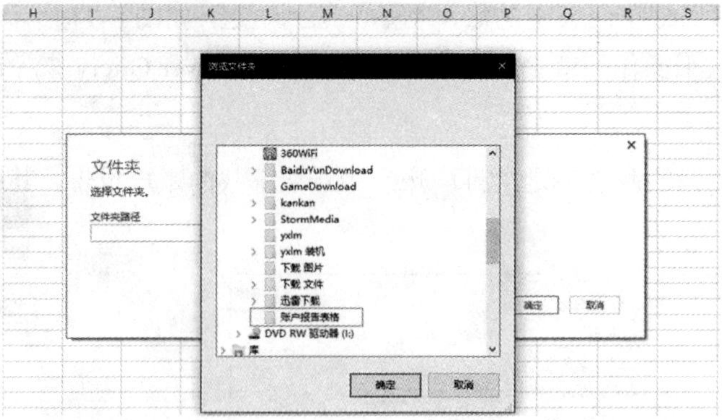

图 8-97

④ 在“文件夹”对话框中显示文件夹的路径，然后单击“确定”按钮，如图 8-98 所示。

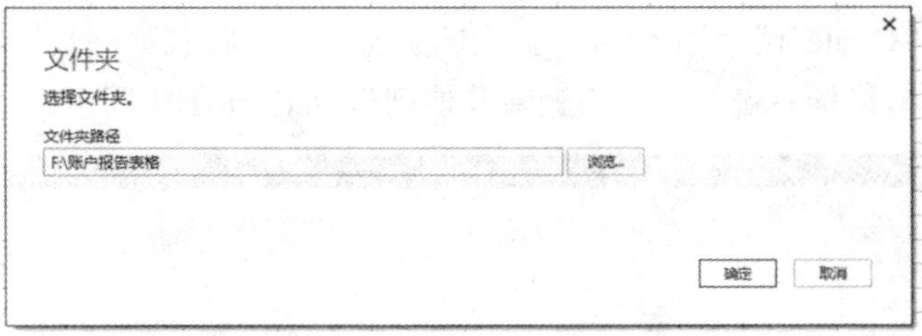

图 8-98

⑤ 跳转此界面，单击“编辑”，如图 8-99 所示。

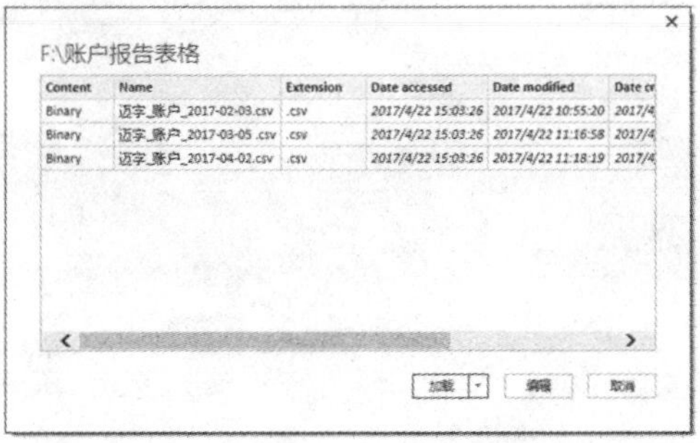

图 8-99

⑥ 现在就正式打开了 Power Query 界面，如图 8-100 所示。

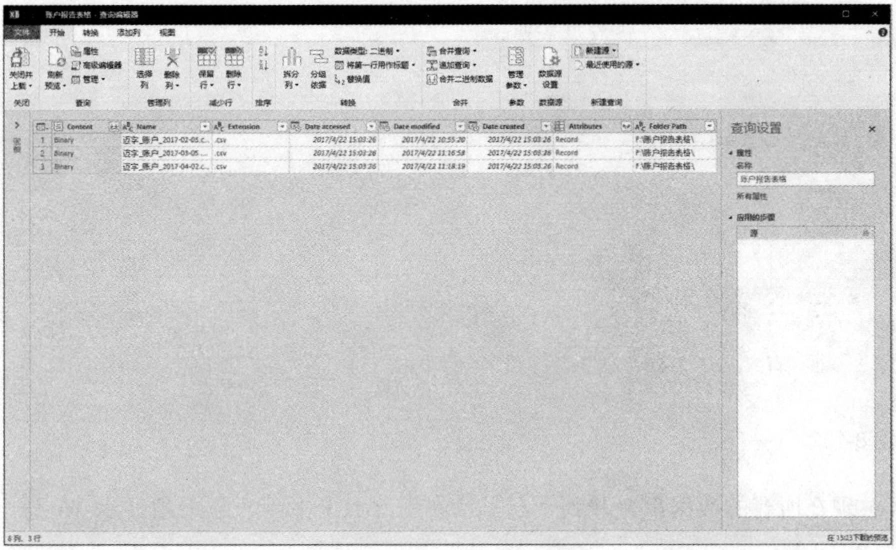

图 8-100

⑦ 在图 8-100 左侧“Content”列中包含其他列的所有信息，将其他列直接删除即可，在“Cantent”上单击鼠标右键，选择“删除其他列”，如图 8-101 所示。

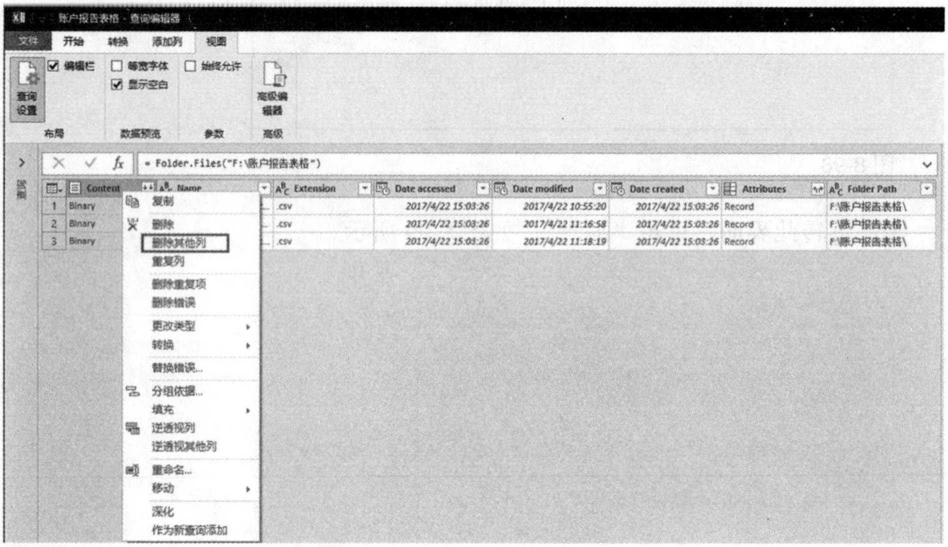

图 8-101

⑧ 单击如图 8-102 所示的箭头所指的键。

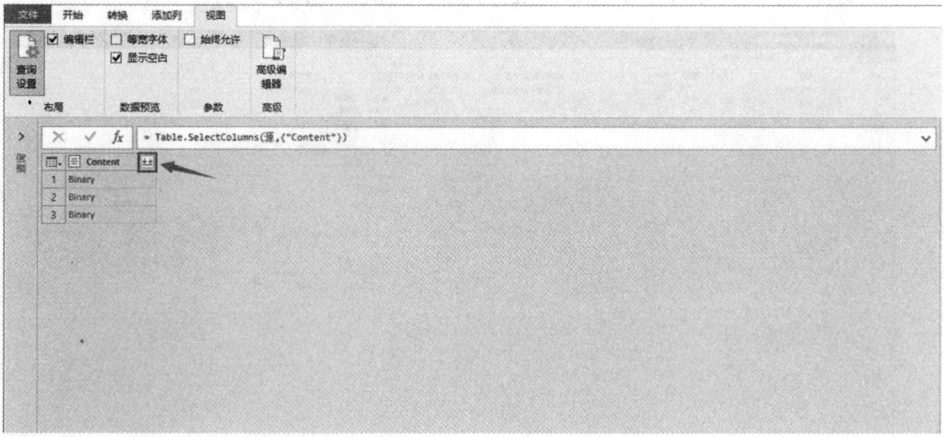

图 8-102

⑨ 现在所有的数据都合并到一起了，如图 8-103 所示，左下角显示 16 列、111 行。

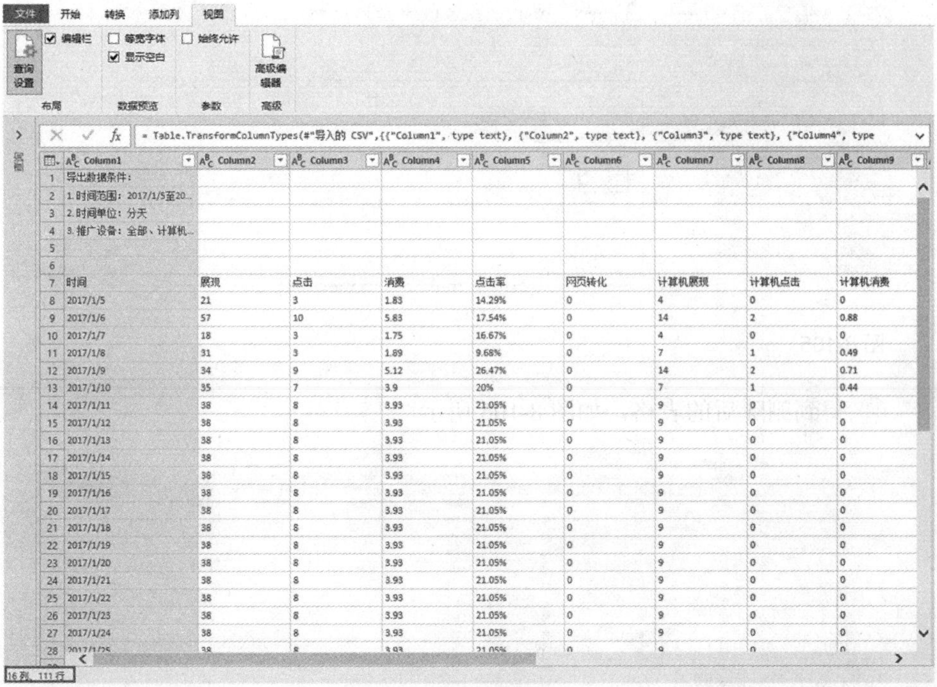

图 8-103

⑩ 删除不要的数据。在这张数据表中，前 6 行的数据都是无用的，单击“删除行”→“删除排在前列的行”，如图 8-104 所示。

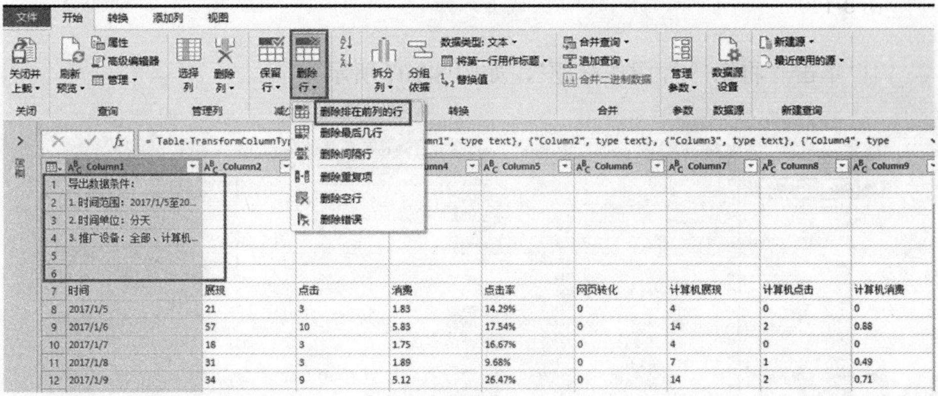

图 8-104

⑪ 输入要删除的行数，此表中是 6 行，单击“确定”按钮，如图 8-105 所示。

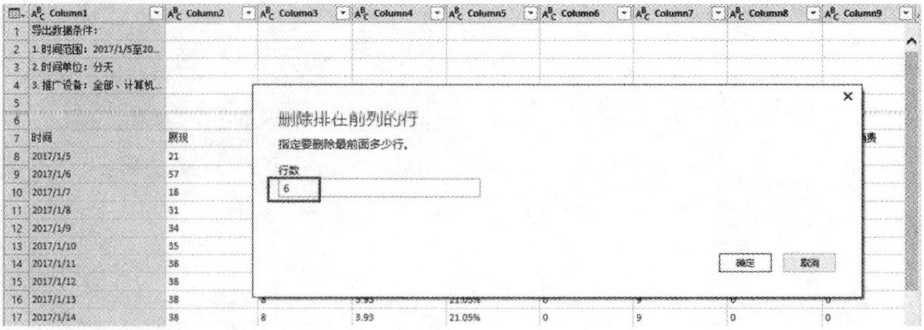

图 8-105

⑫ 得到删除后的表格，如图 8-106 所示。

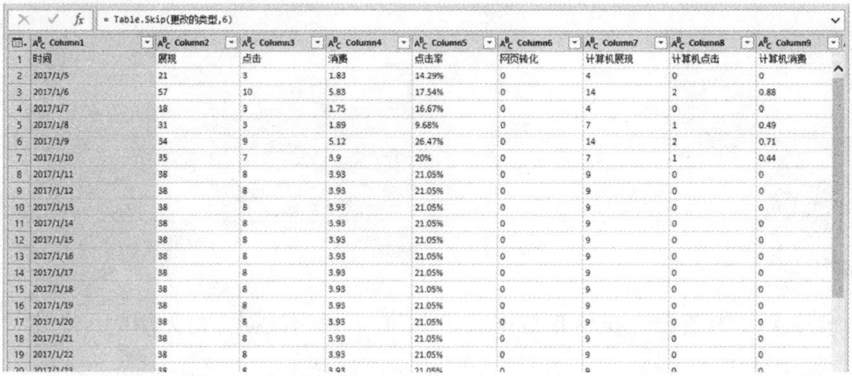

图 8-106

⑬ 单击“将第一行用作标题”，如图 8-107 所示。

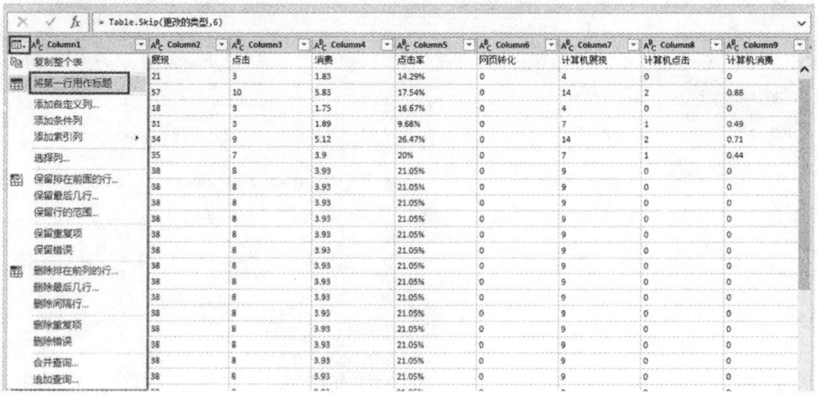

图 8-107

⑭ 得到表格，如图 8-108 所示。

	时间	展现	点击	消费	点击率	网页转...	计算机...	计算机...	计算机...	计算机点...	计
1	2017/1/5	21	3	1.83	14.29%	0	4	0	0	0%	0
2	2017/1/6	57	10	5.83	17.54%	0	14	2	0.88	14.29%	0
3	2017/1/7	18	3	1.75	16.67%	0	4	0	0	0%	0
4	2017/1/8	31	3	1.89	9.68%	0	7	1	0.49	14.29%	0
5	2017/1/9	34	9	5.12	26.47%	0	14	2	0.71	14.29%	0
6	2017/1/10	35	7	3.9	20%	0	7	1	0.44	14.29%	0
7	2017/1/11	38	8	3.93	21.05%	0	9	0	0	0%	0
8	2017/1/12	38	8	3.93	21.05%	0	9	0	0	0%	0
9	2017/1/13	38	8	3.93	21.05%	0	9	0	0	0%	0
10	2017/1/14	38	8	3.93	21.05%	0	9	0	0	0%	0
11	2017/1/15	38	8	3.93	21.05%	0	9	0	0	0%	0
12	2017/1/16	38	8	3.93	21.05%	0	9	0	0	0%	0
13	2017/1/17	38	8	3.93	21.05%	0	9	0	0	0%	0
14	2017/1/18	38	8	3.93	21.05%	0	9	0	0	0%	0
15	2017/1/19	38	8	3.93	21.05%	0	9	0	0	0%	0
16	2017/1/20	38	8	3.93	21.05%	0	9	0	0	0%	0
17	2017/1/21	38	8	3.93	21.05%	0	9	0	0	0%	0
18	2017/1/22	38	8	3.93	21.05%	0	9	0	0	0%	0
19	2017/1/23	38	8	3.93	21.05%	0	9	0	0	0%	0
20	2017/1/24	38	8	3.93	21.05%	0	9	0	0	0%	0

图 8-108

⑮ 设置表格格式。因为多张表格合并到一起总是会出现一些像空格、文本值等此类问题，这些问题需要我们清理掉。

以清理日期为例，操作步骤如下。

第一步：选中日期列，单击“开始”→“数据类型：日期”→“日期”，将数据转化为正确的日期格式，如图 8-109 所示。但是不能转化的怎么清理呢？

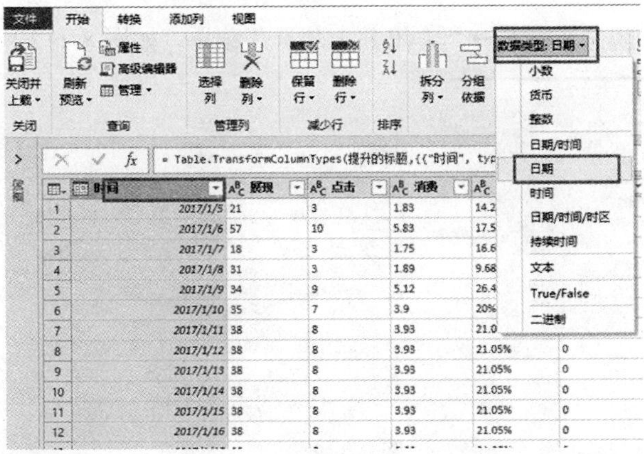

图 8-109

第二步：单击三角形按钮，可以看到报错显示“列表可能不完整”，如图 8-110 所示。

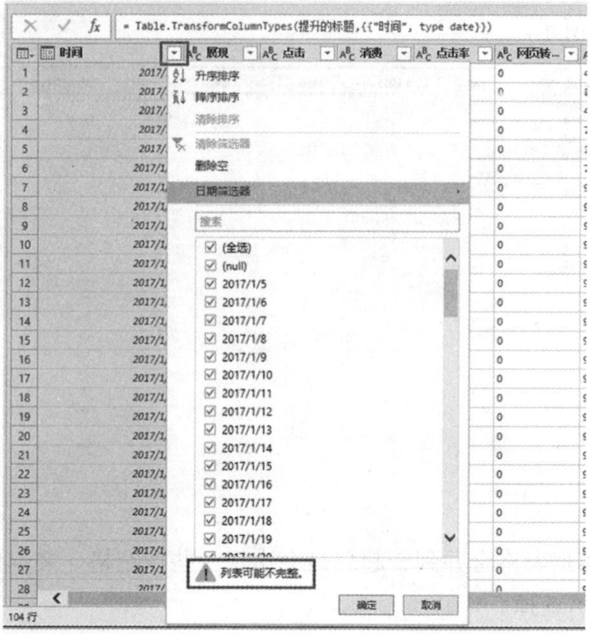

图 8-110

第三步：选中该列，单击“删除行”→“删除错误”，完成格式的删除，如图 8-111 所示。

⑯ 关闭并上载。单击“关闭并上载”→“关闭并上载至”菜单，如图 8-112 所示。

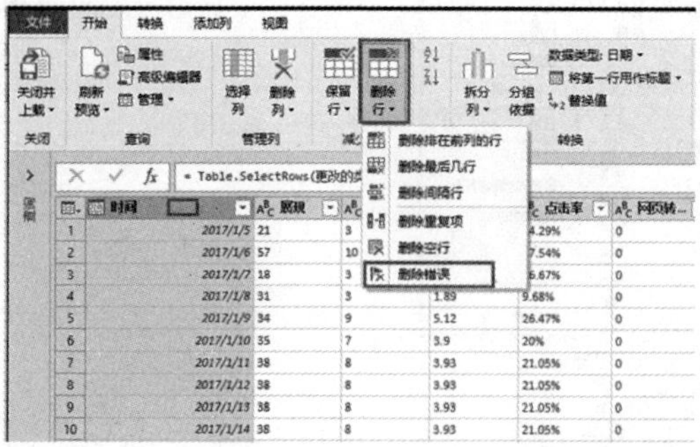

图 8-111

图 8-112

⑰ 此处选择加载到“现有工作表”，如图 8-113 所示。

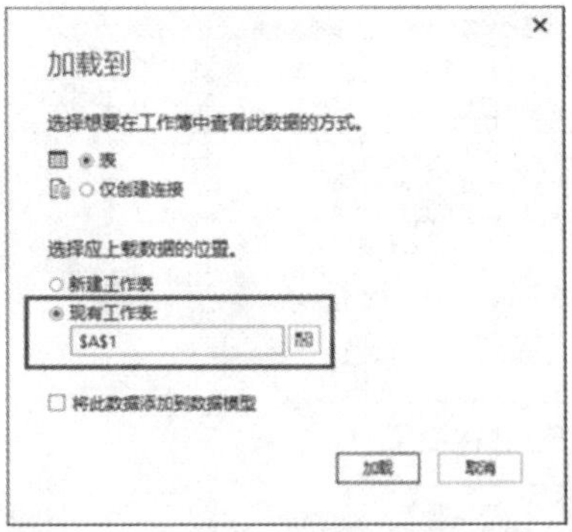

图 8-113

⑱ 现在就得到了整表，如图 8-114 所示。

	B	C	D	E	F	G	H	I	J	K	L	M	N	O
1	展现	点击	消费	点击率	网页转化	计算机展现	计算机点击	计算机消费	计算机点击率	计算机网页转化	移动展现	移动点击	移动消费	移动点击率
2	21	3	1.83	14.29%	0	4	0	0	0%	0	17	3	1.83	17.65%
3	57	10	5.83	17.54%	0	14	2	0.88	14.29%	0	43	8	4.95	18.60%
4	18	3	1.75	16.67%	0	4	0	0	0%	0	14	3	1.75	21.43%
5	31	3	1.89	9.68%	0	7	1	0.49	14.29%	0	24	2	1.4	8.33%
6	34	9	5.12	26.47%	0	14	2	0.71	14.29%	0	20	7	4.41	35%
7	35	7	3.9	20%	0	7	1	0.44	14.29%	0	28	6	3.46	21.43%
8	38	8	3.93	21.05%	0	9	0	0	0%	0	29	8	3.93	27.59%
9	38	8	3.93	21.05%	0	9	0	0	0%	0	29	8	3.93	27.59%
10	38	8	3.93	21.05%	0	9	0	0	0%	0	29	8	3.93	27.59%
11	38	8	3.93	21.05%	0	9	0	0	0%	0	29	8	3.93	27.59%
12	38	8	3.93	21.05%	0	9	0	0	0%	0	29	8	3.93	27.59%
13	38	8	3.93	21.05%	0	9	0	0	0%	0	29	8	3.93	27.59%
14	38	8	3.93	21.05%	0	9	0	0	0%	0	29	8	3.93	27.59%
15	38	8	3.93	21.05%	0	9	0	0	0%	0	29	8	3.93	27.59%
16	38	8	3.93	21.05%	0	9	0	0	0%	0	29	8	3.93	27.59%
17	38	8	3.93	21.05%	0	9	0	0	0%	0	29	8	3.93	27.59%

图 8-114

案例 2

接本节案例 1，已经得到了 2 月、3 月、4 月这 3 个月的账户合并报表，现在如果需要把 5 月的账户报表加入总汇表，如何操作？

① 直接将 5 月的账户报表加入到“账户报告表格”文件夹中，如图 8-115 所示。

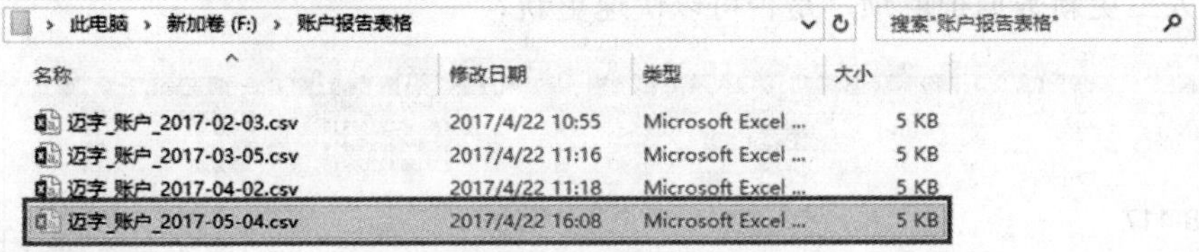

图 8-115

② 在总表中单击鼠标右键，选择“刷新”，合并完成，如图 8-116 所示。

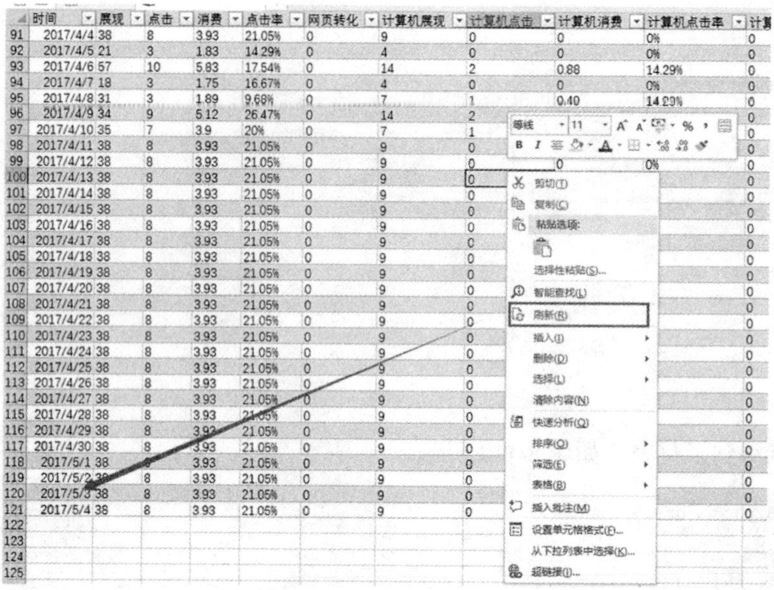

图 8-116

8.3.2 数据处理及追加合并

熟练掌握 Power Query 的追加合并功能后，能够大幅提高工作效率。具体如何用呢？下面通过案例形式来讲解。

图 8-117（即表 1）和图 8-118（即表 2）是两张从不同渠道回收的投放效果数据。面对不同渠道来源的数据，经常会遇到以下 3 个问题需要处理。

- 表中有些数据是重要的，有些数据不重要，是否可以只保留重要的数据？
- 两个渠道的数据分开查看很麻烦，可否整合到一起？
- 人工更新数据很麻烦，是否可以快速更新？

	A	B	C	D	E	F	G	H	I	J	K	L	M
1	对话类型	客人名称	客人电话	沟通发起页	访问来源	初始访问页面	关键词	搜索词	永久身份	ip地址	浏览器	当次接待客服	地域
2	a	--	999	***	123	url	***	gj	123456	123.589.12	360	迈迈	山东
3	a	--	999	***	123	url	***	gj	123456	123.589.13	360	迈迈	广东
4	b	--	999	***	123	url	***	gj	123456	123.589.14	360	迈迈	上海
5	b	--	999	***	123	url	***	gj	123456	123.589.15	360	迈迈	福建

图 8-117

	A	B	C	D	E	F	G	H	I	J	K	L
1	电话类型	媒体来源	电话	计划	单元	开始访问时间	结束时间	时长	发起页面	ip	ip归属地	设备
2	良好	***	119	A计划	B单元	12:30:16	16:01:16	3	***	123	山西	pc
3	良好	***	119	A计划	B单元	13:30:16	17:01:16	3	***	123	河北	pc
4	良好	***	119	A计划	B单元	14:30:16	18:01:16	3	***	123	上海	pc
5	良好	***	119	A计划	B单元	15:30:16	19:01:16	3	***	123	江苏	pc
6	良好	***	119	A计划	B单元	16:30:16	20:01:16	3	***	123	广东	pc

图 8-118

其实利用 Power Query 的追加查询功能就可以解决以上问题，步骤如下。

第一步：加载表格。

① 选中表格，单击“数据”→“从表格”，如图 8-119 所示。

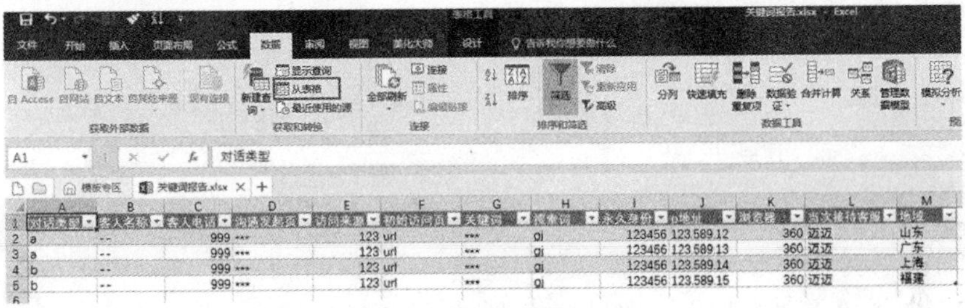

图 8-119

② 单击后得到加载的表 1，如图 8-120 所示。

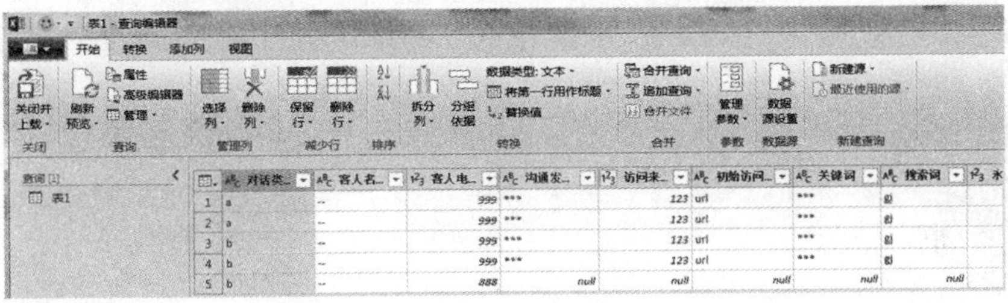

图 8-120

③ 单击“关闭并上载至”，如图 8-121 所示。

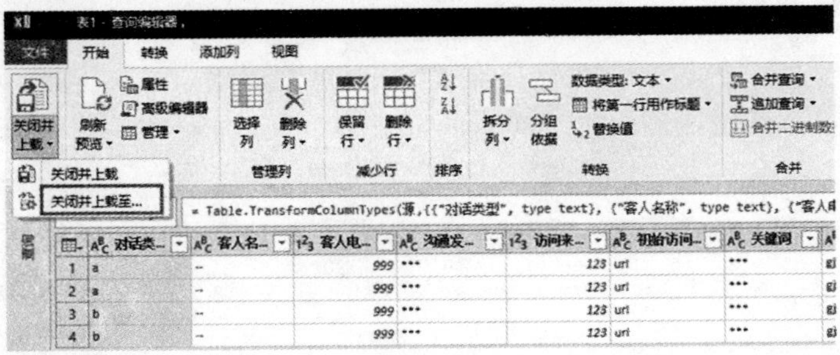

图 8-121

④ 选择“仅创建连接”，如图 8-122 所示。至此，我们已经把表 1 加载到 Power Query，下面加载表 2。

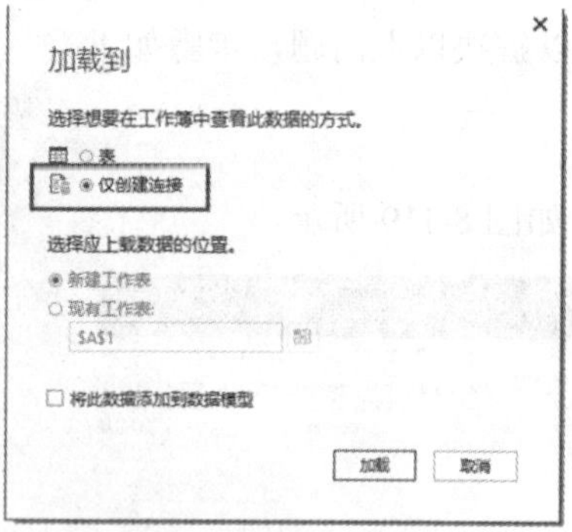

图 8-122

⑤ 在表 2 中单击“数据”→“从表格”，如图 8-123 所示。

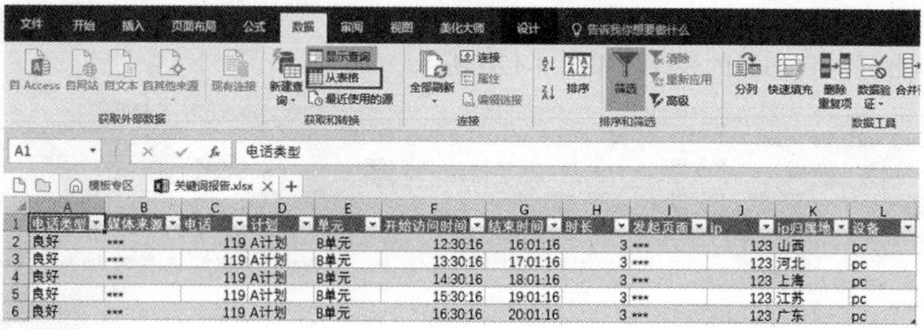

图 8-123

⑥ 现在可以看到，两张表都加载到了编辑器，如图 8-124 所示。

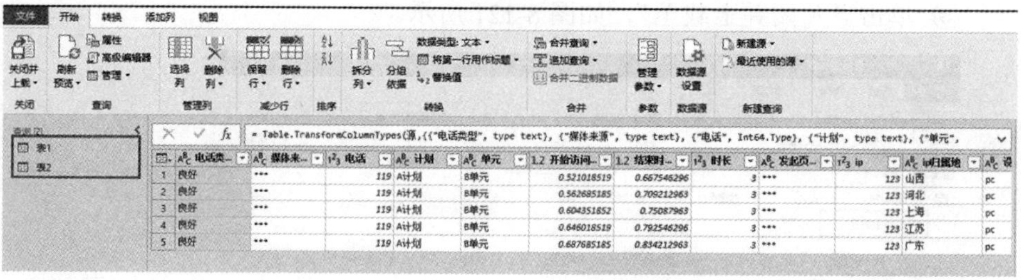

图 8-124

第二步：清理表格。

到这一步，如果将两张表进行合并，并不能得到正确的数据。为什么？因为是两张完全不一样的表，表头项不一致，即使同一事项，命名也不一致。

① 确认表头。

表 1：对话类型、客人名称、初始访问页、电话、关键词、搜索词。

表 2：电话类型、电话、发起页面。

这里将需要的重点数据选出，非重点数据清除。

删除表 1 中的非重点数据，如图 8-125 所示，得到如图 8-126 所示的数据。

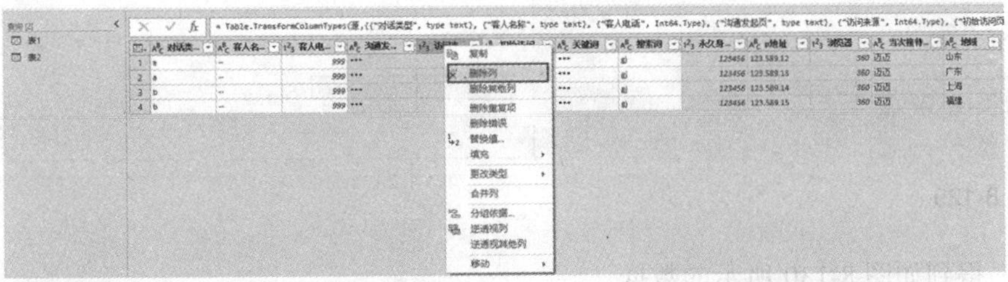

图 8-125

图 8-126

同上，删除表 2 中的非重点数据，得到图 8-127 所示的数据。

这样就选好了两张表格中的重点数据。可是表头名称不一致，例如，“联系方式”方面，表 1 叫客人电话，表 2 叫电话。这里统一成表 1 的名称：客人电话。双击鼠标更改，得到如图 8-128 所示的数据。

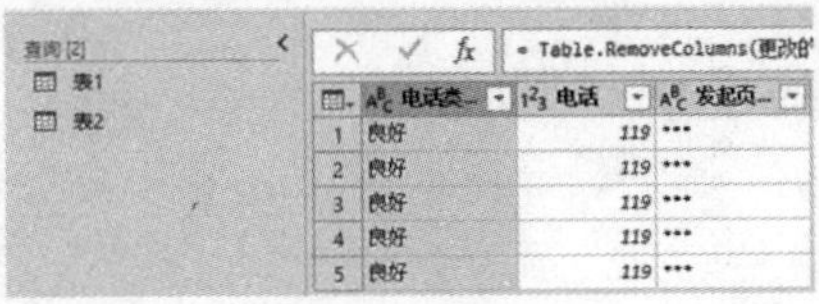

图 8-127

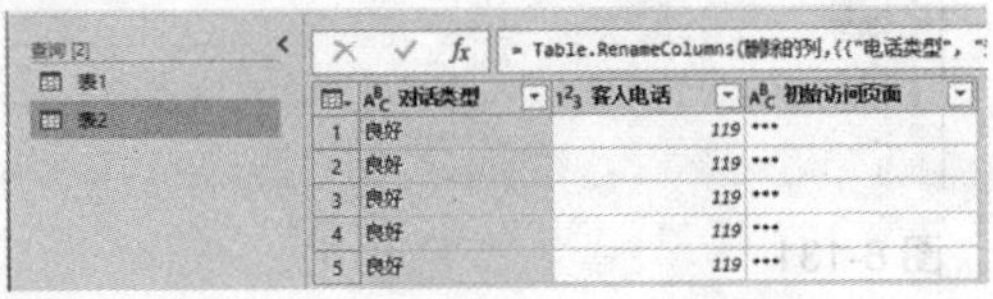

图 8-128

第三步：合并。

① 在表 1 的表格界面中单击“追加查询”→“表 2”，如图 8-129 所示。

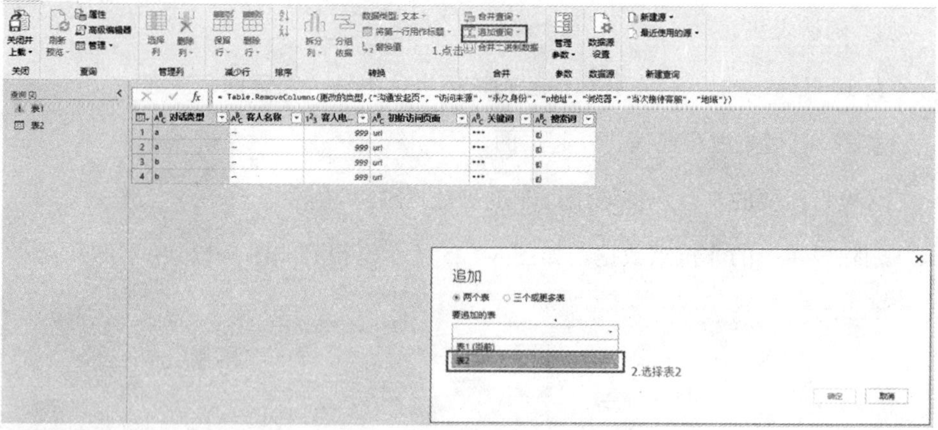

图 8-129

② 得到如图 8-130 所示的数据。

= Table.Combine({删除的列, 表2})

	对话类型	客人名称	客人电...	初始访问页面	关键词	搜索词
1	a	--	999	url	***	gj
2	a	--	999	url	***	gj
3	b	--	999	url	***	gj
4	b	--	999	url	***	gj
5	良好	null	119	***	null	null
6	良好	null	119	***	null	null
7	良好	null	119	***	null	null
8	良好	null	119	***	null	null
9	良好	null	119	***	null	null

图 8-130

③ 单击“关闭并上载至”→“新工作表”，得到如图 8-131 所示的数据。

	A	B	C	D	E	F
1	对话类型	客人电话	初始访问页面	客人名称	关键词	搜索词
2	良好	119	***			
3	良好	119	***			
4	良好	119	***			
5	良好	119	***			
6	良好	119	***			
7	a	999	url	--	***	gj
8	a	999	url	--	***	gj
9	b	999	url	--	***	gj
10	b	999	url	--	***	gj

图 8-131

③ 如果现在表 1 有新的数据，例如，客人电话是 888，我们可以直接在表 1 中添加新的数据，如图 8-132 所示。

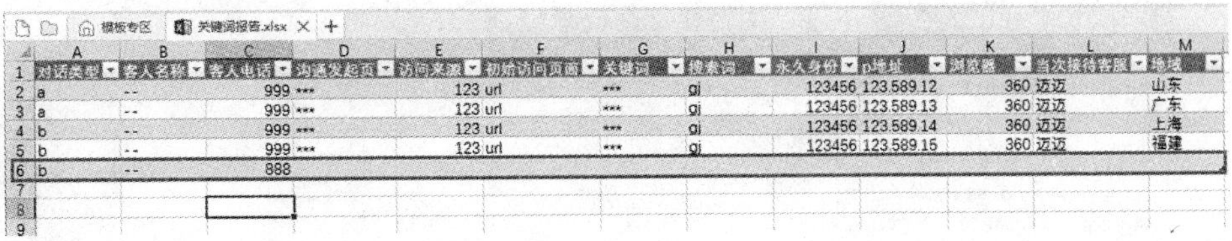

	A	B	C	D	E	F	G	H	I	J	K	L	M
1	对话类型	客人名称	客人电话	沟通发起页	访问来源	初始访问页面	关键词	搜索词	永久身份	p地址	浏览器	当次接待客服	地域
2	a	--	999	***	123	url	***	gj	123456	123.589.12	360	迈迈	山东
3	a	--	999	***	123	url	***	gj	123456	123.589.13	360	迈迈	广东
4	b	--	999	***	123	url	***	gj	123456	123.589.14	360	迈迈	上海
5	b	--	999	***	123	url	***	gj	123456	123.589.15	360	迈迈	福建
6	b	--	888										

图 8-132

④ 在合并表中刷新，可以看到新数据自动同步到总表，如图 8-133 所示。

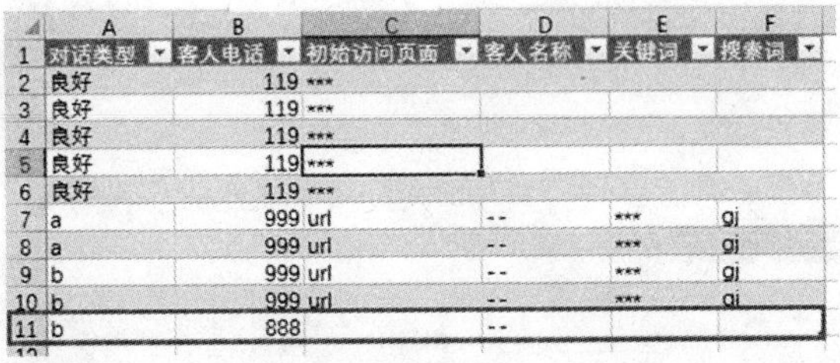

	A	B	C	D	E	F
1	对话类型	客人电话	初始访问页面	客人名称	关键词	搜索词
2	良好	119	***			
3	良好	119	***			
4	良好	119	***			
5	良好	119	***			
6	良好	119	***			
7	a	999	url	--	***	gj
8	a	999	url	--	***	gj
9	b	999	url	--	***	gj
10	b	999	url	--	***	gj
11	b	888		--		

图 8-133

8.3.3　XLSX 文件夹合并

前面介绍了 CSV 文件夹的合并，本节将会讲解 XLSX 文件的合并。下面以案例形式进行说明。

例如：将图 8-134 中 A、B、C 三个表进行合并，步骤如下。

名称	修改日期	类型	大小
A客服多维度数据表.xlsx	2017/4/24 14:01	Microsoft Excel ...	12 KB
B客服多维度数据表.xlsx	2017/4/24 14:03	Microsoft Excel ...	12 KB
C客服多维度数据表.xlsx	2017/4/24 14:03	Microsoft Excel ...	12 KB

图 8-134

① 新建 Excel 表格，并导入表格。单击“新建查询”→“从文件”→“从文件夹”菜单，如图 8-135 所示。

② 找到文件夹并单击“确定”按钮，如图 8-136 所示。

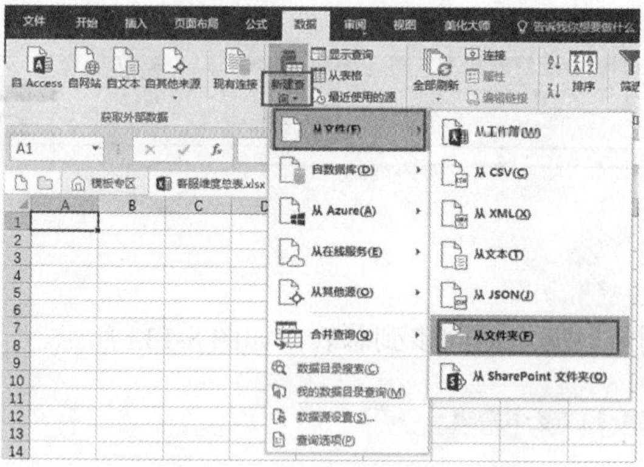

图 8-135

图 8-136

③ 单击“编辑”按钮，如图 8-137 所示。

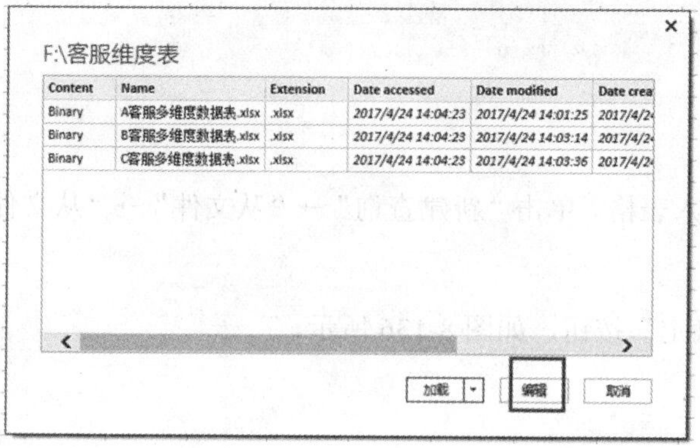

图 8-137

④ 得到编辑器，如图 8-138 所示。

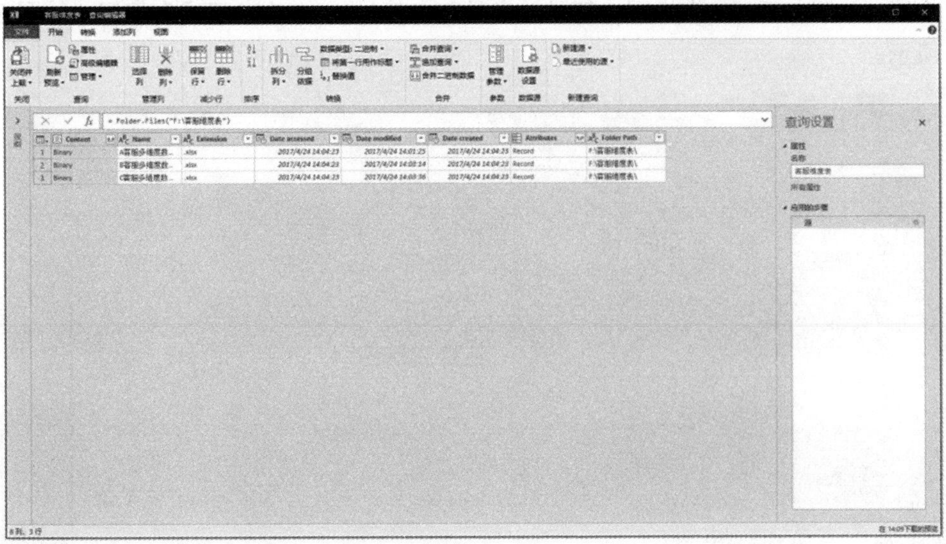

图 8-138

⑤ 保留“Content”和“Name”列，将其他列删除，如图 8-139 所示。

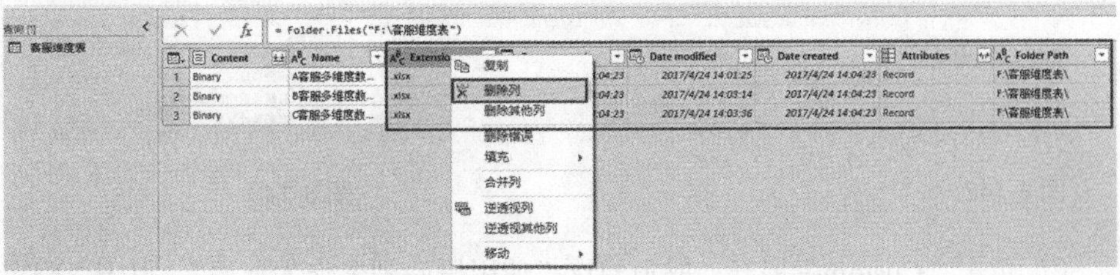

图 8-139

⑥ 得到如图 8-140 所示的表格。

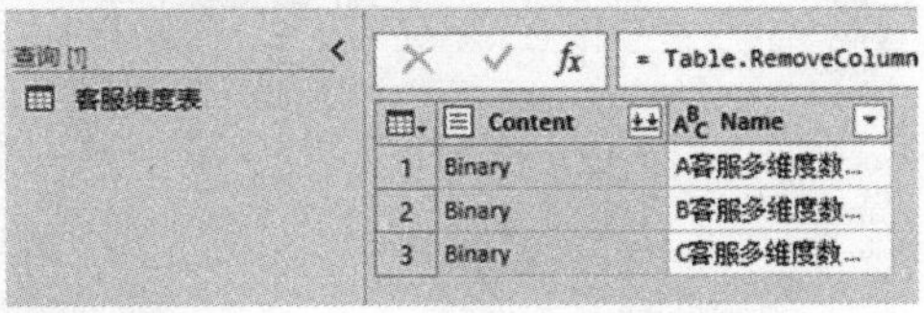

图 8-140

⑦ 单击“添加列”→“添加自定义列”，弹出“添加自定义列”对话框，如图 8-141

所示。输入“=Excel.Workbook([Content],true)”函数（注意：Power Query 严格区分大小写，这里 E 和 W 为大写，符号一定是英文符号），单击“确定”按钮，如图 8-141 所示。

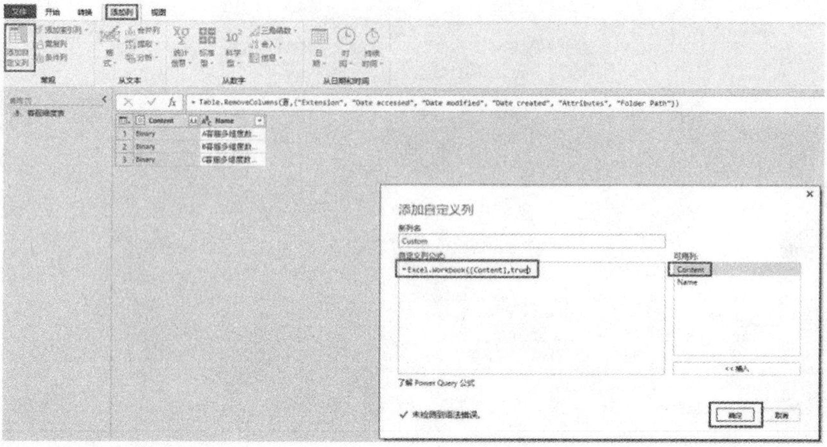

图 8-141

⑧ 得到表格，如图 8-142 所示。删除“Content”，得到如图 8-143 所示的表。

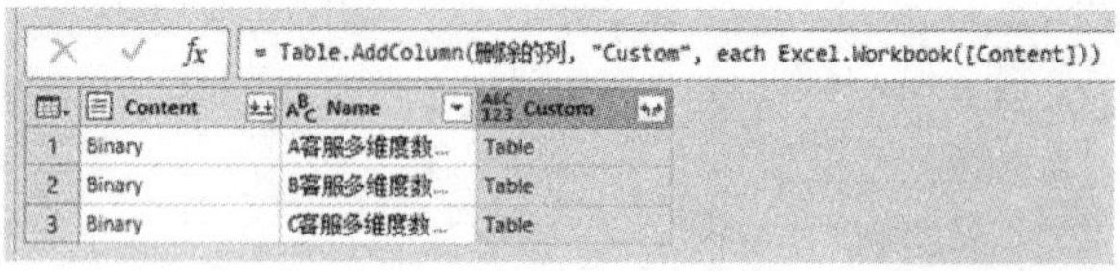

图 8-142

图 8-143

⑨ 单击“Custom”展开，取消勾选“使用原始列名作为前缀”，单击“确定”按钮，如图 8-144 所示。

⑩ 得到如图 8-145 所示的表格。

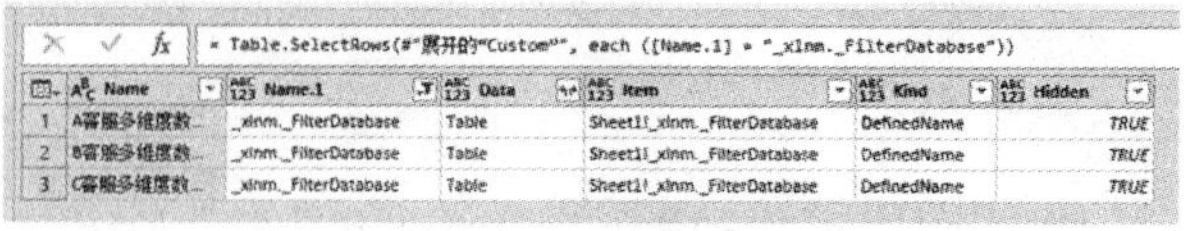

图 8-144

图 8-145

⑪ 保留“Name”和“Data”列，删除其他列，如图 8-146 所示。

⑫ 展开“Data”，如图 8-147 所示。

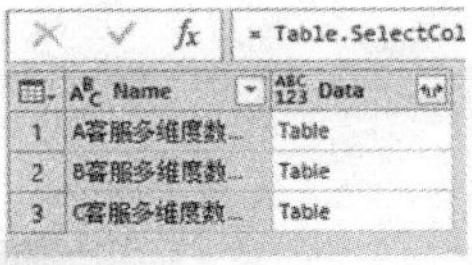

图 8-146

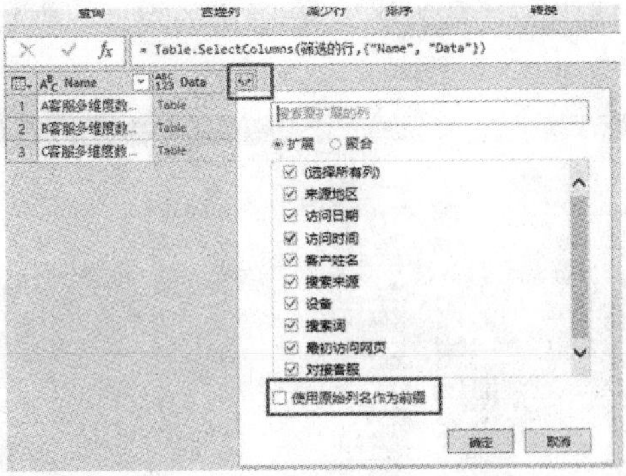

图 8-147

⑬ 得到展开后的表，单击“关闭并上载”，如图 8-148 所示。

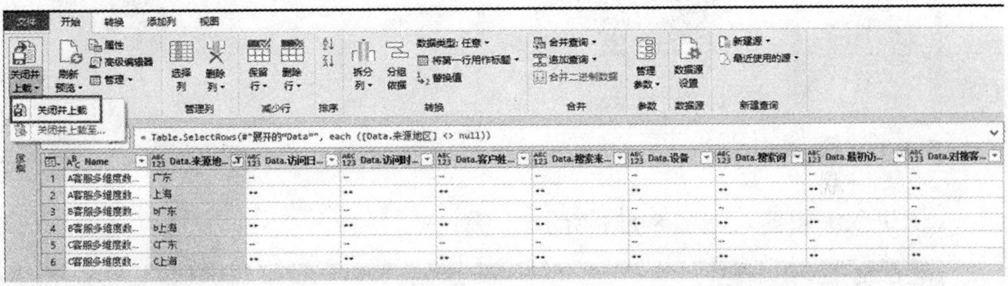

图 8-148

⑭ 现在就得到了合并报表，同样，如果更新源表，则总表同时更新，结果如图 8-149 所示。

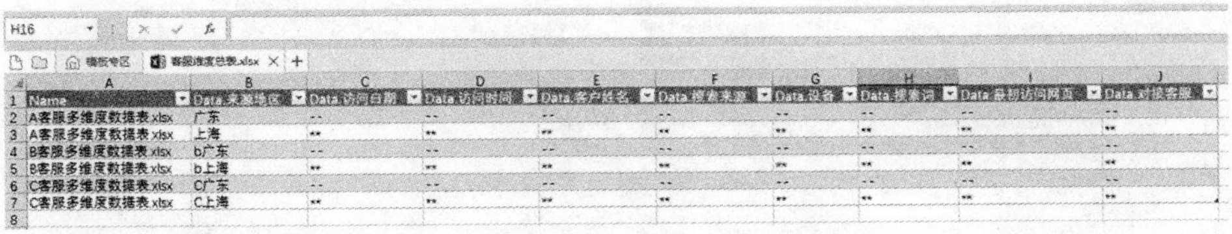

图 8-149

8.3.4　Power Query 分组汇总功能

Power Query 的分组汇总功能同样很强大，而且更加智能。下面举例说明。

现在有一份关键词报表，希望得到每个计划的展现量、点击量、消费、点击成本、点击率的汇总，步骤如下。

① 单击“数据”→“从表格”，在弹出的对话框中单击“确定”按钮，如图 8-150 所示。

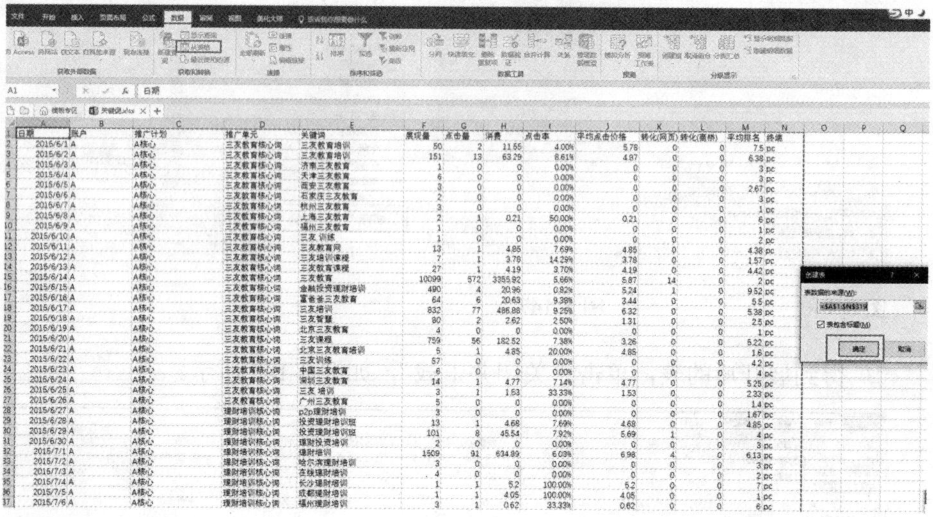

图 8-150

② 进入编辑器，如图 8-151 所示。

图 8-151

③ 单击“分组依据”，选择“推广计划”列，如图 8-152 所示。

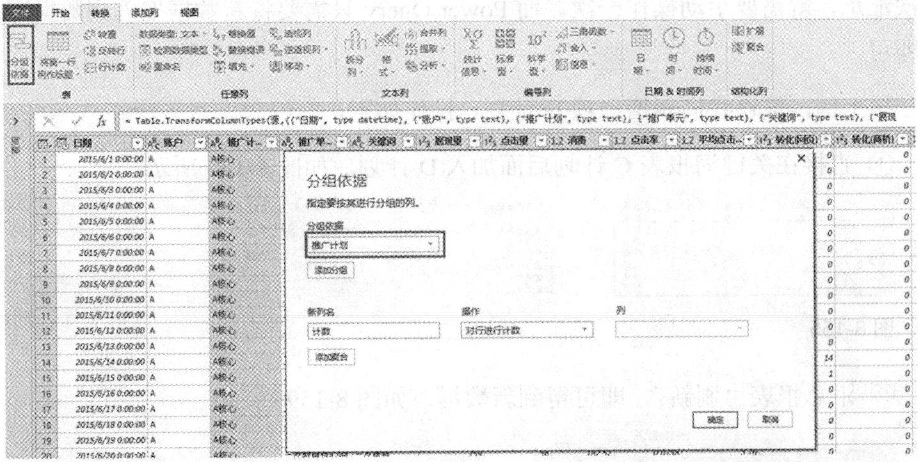

图 8-152

④ 添加“新列名”，即需要汇总的 5 项，单击“确定”按钮，如图 8-153 所示。

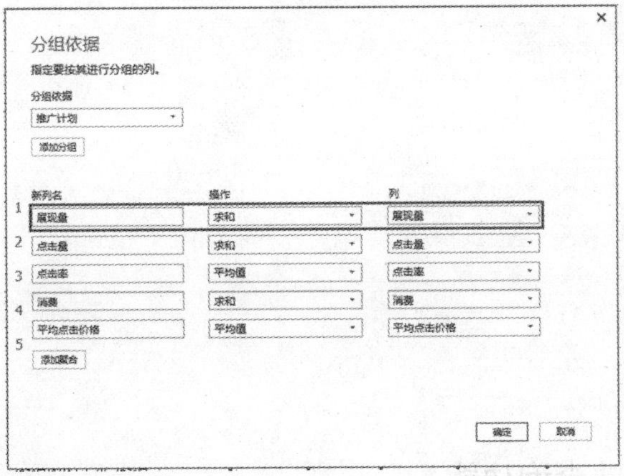

图 8-153

⑤ 得到数据的分类汇总，如图 8-154 所示。

= Table.TransformColumnTypes(分组的行,{{"点击率", type number}})

	推广计...	展现量	点击量	点击率	消费	平均点击...
1	A核心	14376	851	0.130585417	4921.74	2.475416667
2	B扩展	200974	4675	0.060426761	9976.56	1.5157277
3	C长尾	40189	570	0.024859649	977.43	0.859824561

图 8-154

Power Query 做数据分组汇总的优势是数据更新效率高。传统的数据透视表每做一次汇总，就需要手动操作一次。而 Power Query 只需要将新数据拖入到数据源报表中即可。

接上例，假设我们新增一项 D 计划，操作如下。

① 直接在关键词报表 C 计划后面加入 D 计划，如图 8-155 所示。

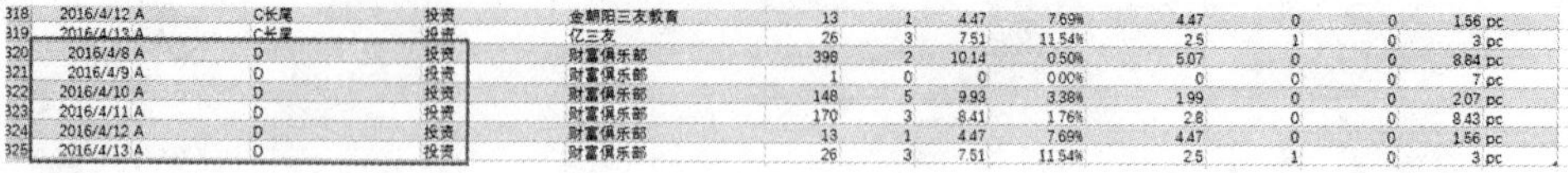

318	2016/4/12 A	C长尾	投资	金朝阳三友教育	13	1	4.47	7.69%	4.47	0	0	1.56 pc
319	2016/4/13 A	C长尾	投资	亿三友	26	3	7.51	11.54%	2.5	1	0	3 pc
320	2016/4/8 A	D	投资	财富俱乐部	398	2	10.14	0.50%	5.07	0	0	8.84 pc
321	2016/4/9 A	D	投资	财富俱乐部	1	0	0	0.00%	0	0	0	7 pc
322	2016/4/10 A	D	投资	财富俱乐部	148	5	9.93	3.38%	1.99	0	0	2.07 pc
323	2016/4/11 A	D	投资	财富俱乐部	170	3	8.41	1.76%	2.8	0	0	8.43 pc
324	2016/4/12 A	D	投资	财富俱乐部	13	1	4.47	7.69%	4.47	0	0	1.56 pc
325	2016/4/13 A	D	投资	财富俱乐部	26	3	7.51	11.54%	2.5	1	0	3 pc

图 8-155

② 汇总报表“刷新”，即可得到新数据，如图 8-159 所示。

图 8-156

8.3.5 Power Query 合并查询功能

Power Query 合并查询功能也很强大，希望大家认真学习，下面举例说明。

案例 1

现在有两张简化的表格（表 1、表 2），需要对其进行合并查询，如图 8-157 所示。

在图 8-157 中，表 1 是广告渠道 1~渠道 4 的汇总，表 2 是渠道 3 ~渠道 6 的汇总。我们要把这两张表进行汇总，先将表 1 和表 2 载入 Power Query。

步骤 1：加载表 1、表 2。

① 选择表 1，单击“数据”→“从表格”，如图 8-158 所示。

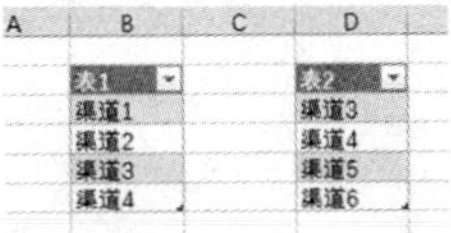

图 8-157

图 8-158

② 单击“关闭并上载至”，如图 8-159 所示。

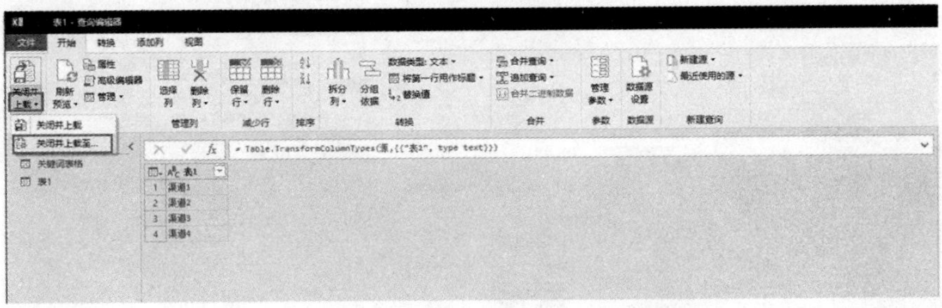

图 8-159

③ 单击“仅创建连接”单选项后，单击“加载”按钮，如图 8-160 所示。

④ 选择表 2，单击“数据”→“从表格”，如图 8-161 所示。

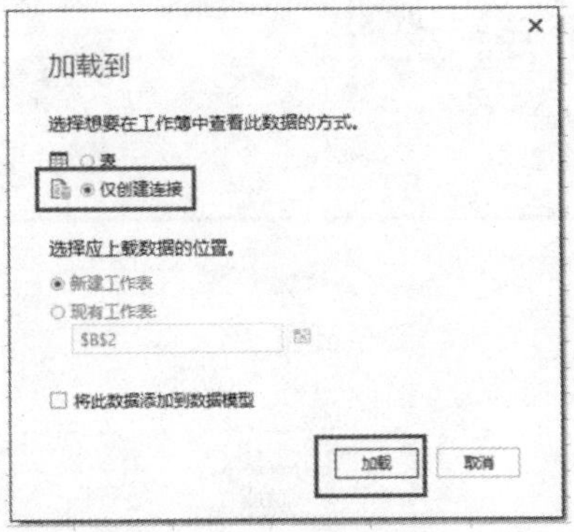

图 8-160

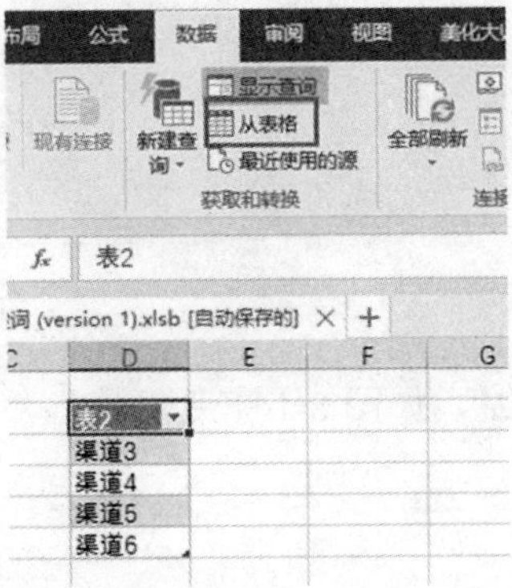

图 8-161

⑤ 加载完毕，如图 8-162 所示。

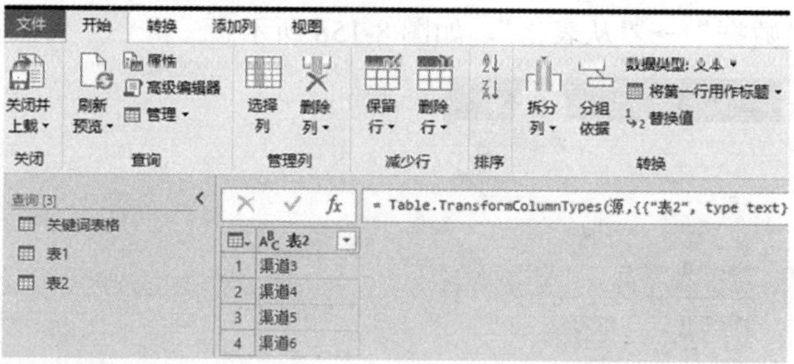

图 8-162

步骤 2：合并查询。

① 选择“表 1”，单击合并查询，弹出合并框，如图 8-163 所示。

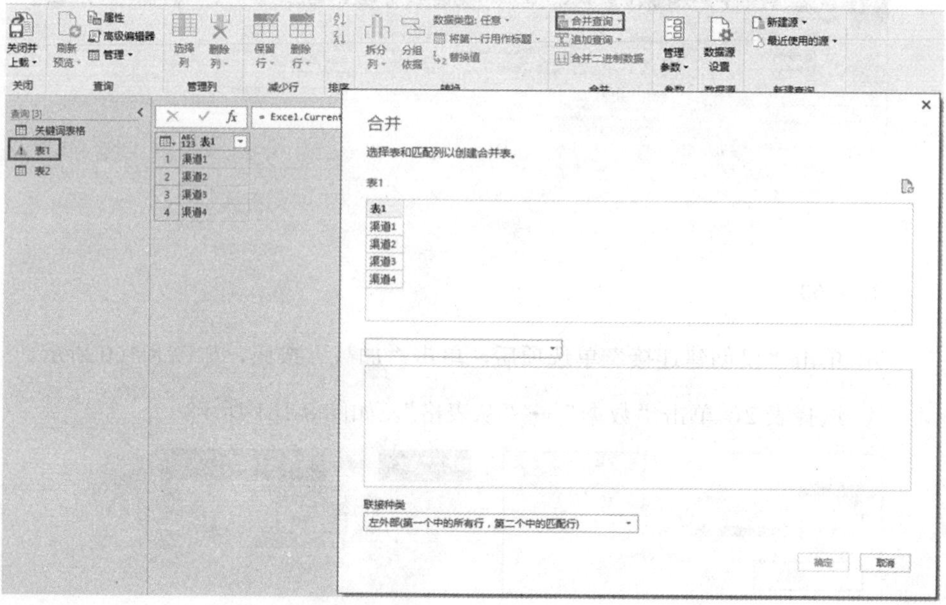

图 8-163

② 选择“表 2”，如图 8-164 所示。

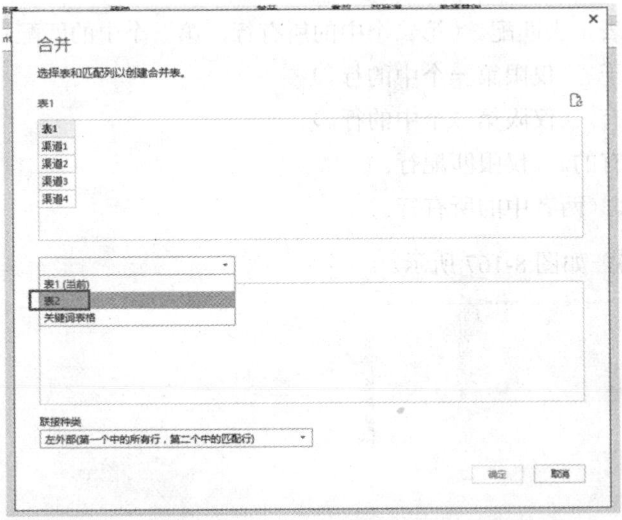

图 8-164

③ 分别单击表 1 和表 2，表格变为绿色，如图 8-165 所示。

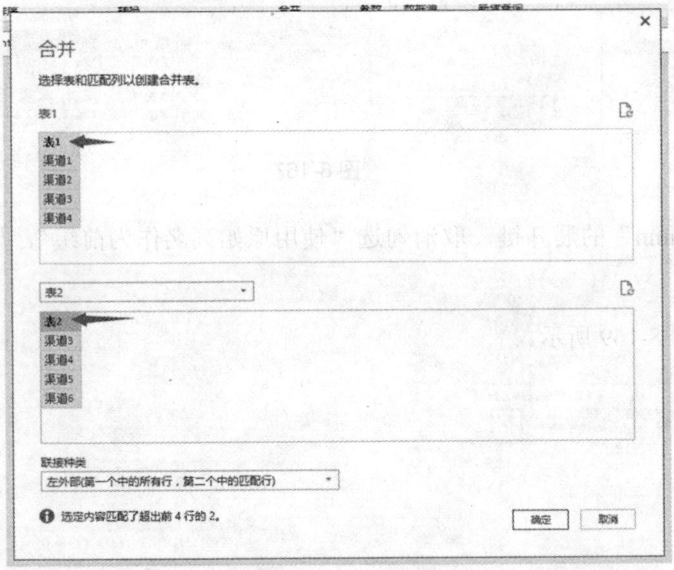

图 8-165

④ 选择“联接种类”，此处选择了左外部，如图 8-166 所示。

- 左外部：表 1 有，用表 2 去匹配。（第一个中的所有行，第二个中的匹配行。）

- 右外部：表 2 有，用表 1 去匹配。（第二个中的所有行，第一个中的匹配行。）
- 左反：表 1 有，表 2 无。（仅限第一个中的行。）
- 右反：表 1 无，表 2 有。（仅限第二个中的行。）
- 内部：表 1 和表 2 共有的。（仅限匹配行。）
- 完全外部：列出全部。（两者中的所有行。）

⑤ “左外部”得到表格，如图 8-167 所示。

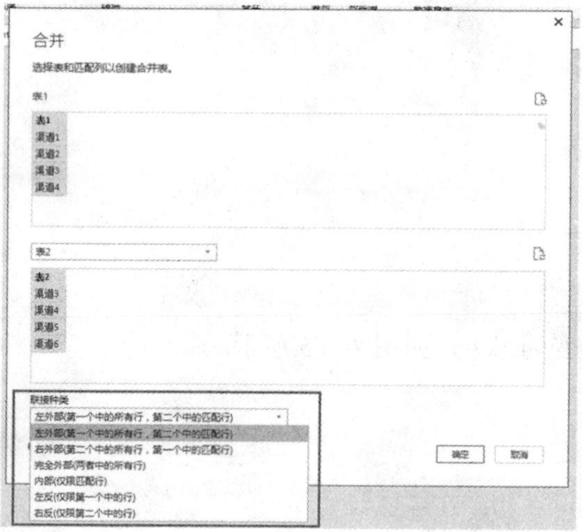

图 8-166

图 8-167

⑥ 单击“NewColumn”的展开键，取消勾选“使用原始列名作为前缀”，如图 8-168 所示。

⑦ 得到表格，如图 8-169 所示。

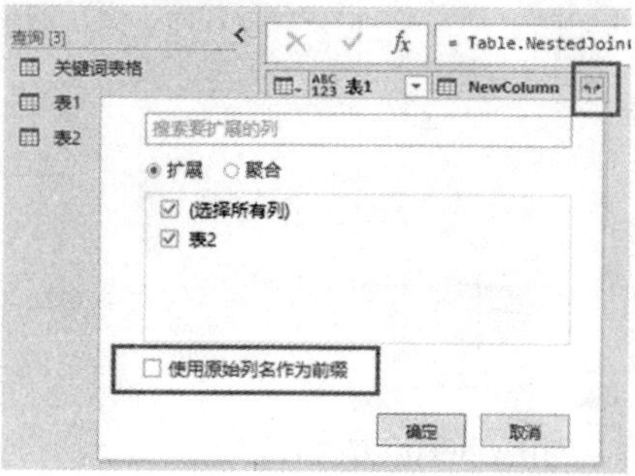

图 8-168

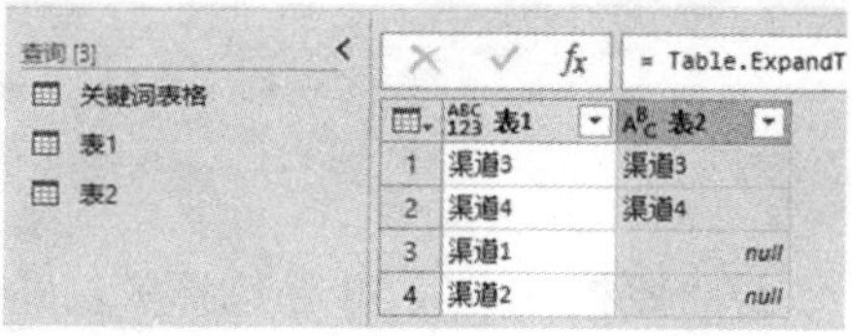

图 8-169

补充：

⑧ 为便于大家理解，将再用“左反”、“右反”、“内部”、“完全外部”来展示合并。

左反合并表如图 8-170 所示；右反合并表如图 8-171 所示；内部合并表如图 8-172 所示；完全外部合并表如图 8-173 所示。

= Table.Expa

	表1	表2
1	渠道1	null
2	渠道2	null

图 8-170

	表1	表2
1	null	渠道5
2	null	渠道6

图 8-171

= Table.Expa

	表1	表2
1	渠道3	渠道3
2	渠道4	渠道4

图 8-172

= Table.Expa

	表1	表2
1	渠道3	渠道3
2	渠道4	渠道4
3	null	渠道5
4	null	渠道6
5	渠道1	null
6	渠道2	null

图 8-173

案例 2

通过案例 1 我们了解了合并查询的操作和原理。下面来看一个稍复杂的案例。

如图 8-174 所示，左边表 1 是费用报表；右边表 2 是成交报表。现在对这两张表进行合并，步骤如下。

日期	计划	渠道	费用
2017/5/1	a	渠道1	6518
2017/5/2	a	渠道2	1534
2017/5/3	b	渠道3	1513
2017/5/4	a	渠道4	6897
2017/5/5	a	渠道5	6897
2017/5/6	a	渠道6	6897
2017/5/7	a	渠道7	6897
2017/5/8	a	渠道8	6897
2017/5/9	a	渠道9	6897
2017/5/10	a	渠道10	6897
2017/5/11	a	渠道11	6897
2017/5/12	a	渠道12	6897
2017/5/13	a	渠道13	6897
2017/5/14	a	渠道14	6897

日期	计划	渠道	成交
2017/5/1	a	渠道3	15487
2017/5/2	a	渠道4	11543
2017/5/3	b	渠道5	15421
2017/5/4	a	渠道6	22302
2017/5/5	a	渠道7	22302
2017/5/6	a	渠道8	22302
2017/5/7	a	渠道9	22302
2017/5/8	a	渠道10	22302
2017/5/9	a	渠道11	22302
2017/5/10	a	渠道12	22302
2017/5/11	a	渠道13	22302
2017/5/12	a	渠道14	22302
2017/5/13	a	渠道15	22302
2017/5/14	a	渠道16	22302

图 8-174

步骤 1：加载表格至编辑器。

本步骤与案例 1 一样，得到表格，如图 8-175 所示。

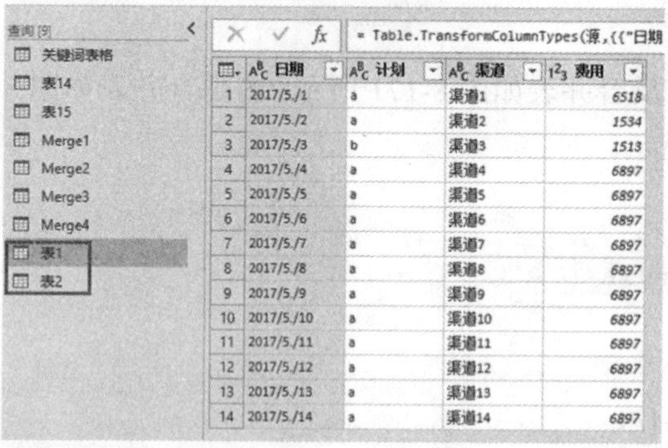

图 8-175

步骤 2：合并。

① 单击“合并查询”→“将查询合并为新查询”，于是生成了一张新的查询表，如图 8-176 所示。

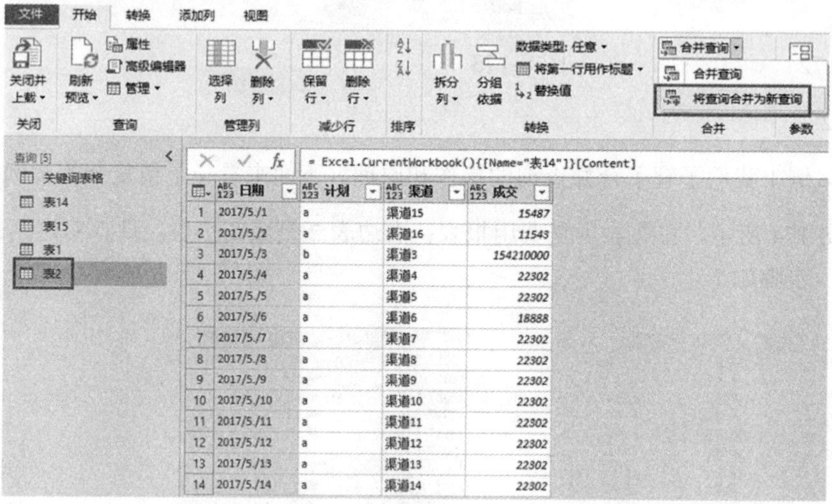

图 8-176

② 分别在表 1 和表 2 中选中“日期”、“计划”、“渠道”（多选时按住 Ctrl 键单击即可）三项内容，单击“左外部”，如图 8-177 所示。

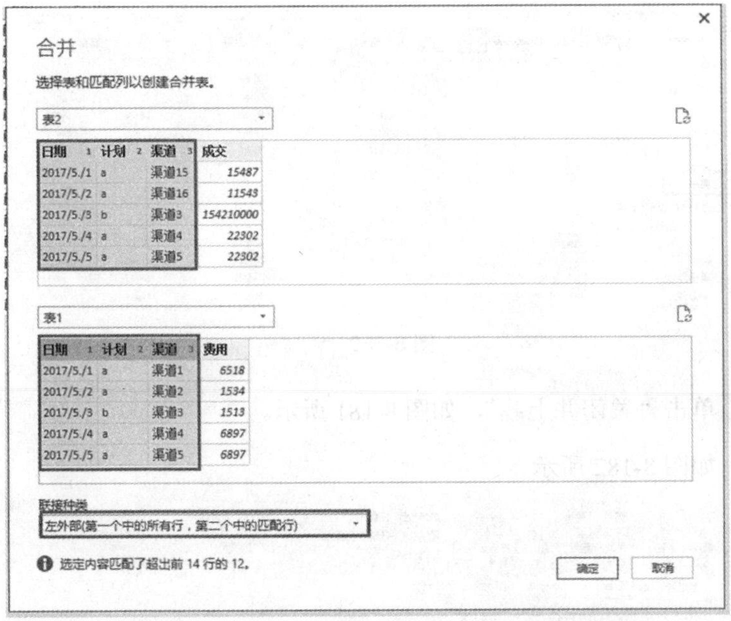

图 8-177

③ 生成新表，如图 8-178 所示。

图 8-178

④ 单击“NewColumn”展开键，只勾选“费用”，单击“确定”按钮，如图 8-179 所示。

⑤ 得到表格，如图 8-180 所示。

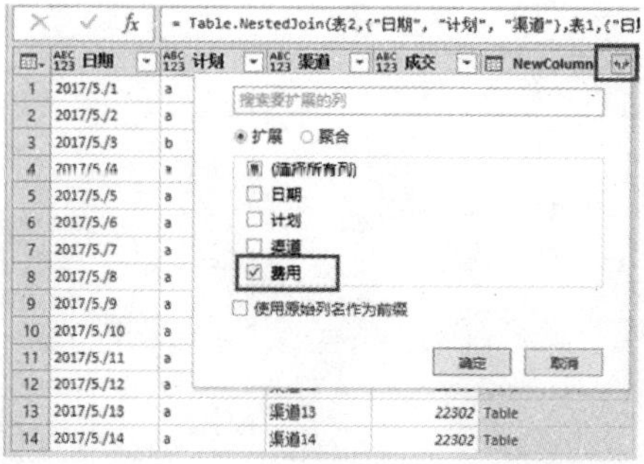

图 8-179

图 8-180

⑥ 生成报表。单击“关闭并上载”，如图 8-181 所示。

⑦ 得到表格，如图 8-182 所示。

图 8-181

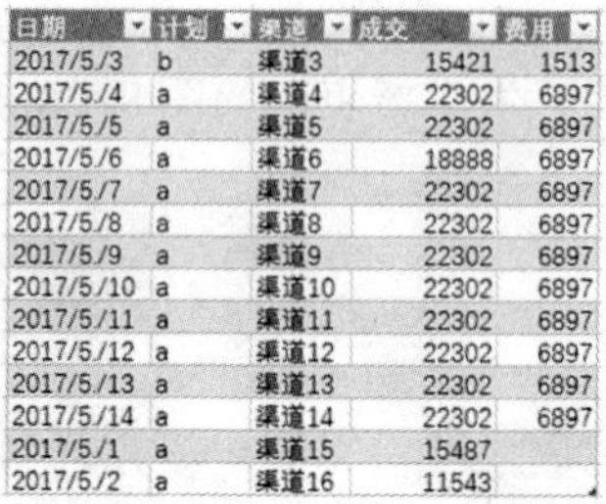

日期	计划	渠道	成交	费用
2017/5/3	b	渠道3	15421	1513
2017/5/4	a	渠道4	22302	6897
2017/5/5	a	渠道5	22302	6897
2017/5/6	a	渠道6	18888	6897
2017/5/7	a	渠道7	22302	6897
2017/5/8	a	渠道8	22302	6897
2017/5/9	a	渠道9	22302	6897
2017/5/10	a	渠道10	22302	6897
2017/5/11	a	渠道11	22302	6897
2017/5/12	a	渠道12	22302	6897
2017/5/13	a	渠道13	22302	6897
2017/5/14	a	渠道14	22302	6897
2017/5/1	a	渠道15	15487	
2017/5/2	a	渠道16	11543	

图 8-182

⑧ 这样汇总后，就可以制作数据透视表对表格进行分析，如图 8-183 所示。

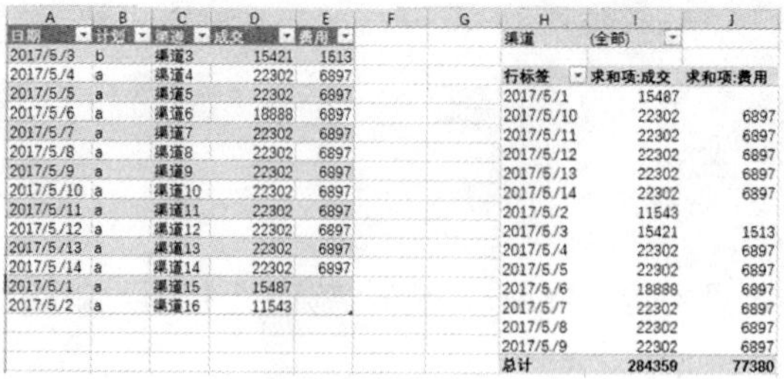

图 8-183

第 9 章

数据可视化

运营人员在做报告时，经常会遇到一个不可回避的问题，就是需要将数据可视化。但是实际工作中的一个普遍现象就是运营人员写的数据汇报（包括各种日报、周报、商品报告）都非常不规范，甚至有些人员在做报告的时候，直接将 Excel 报表进行复制/粘贴，没有可视化思维。相信大家在读完本章后，在数据可视化制作方面会更加规范。

9.1 表格图形化

本节将讲解表格图形化的几个技巧，利用这些技巧绘制的报表会更加清晰。

1. 用数据条长度表示数据大小

用数据条的长度代表数据的大小，数据条越长，数值越大。数据条不仅可以代表数据的大小，还可以辅助查看表中各单元格数值之间的对比关系。当数据量较多时，使用数据条就会显得特别有效。

案例：图 9-1 为原始表格；修改后的表如图 9-2 所示。

修改步骤如下。

① 选择数据区域，单击“开始”→“条件格式”→“数据条”→“渐变填充蓝色数据图”，如图 9-3 所示。

日期	花费
5月1日	1211
5月2日	3621
5月3日	5622
5月4日	1235
5月5日	8799
5月6日	3871
5月7日	1546
5月8日	1112
5月9日	3546.33
5月10日	2463.23
5月11日	1587.84
5月12日	6866.74
5月13日	6654
5月14日	6321
5月15日	7412
5月16日	2584
5月17日	2471
5月18日	3621
5月19日	3214
5月20日	2365
5月21日	2983
5月22日	2971
5月23日	3581
5月24日	2443
5月25日	2121
5月26日	3647
5月27日	3956
5月28日	5412

图 9-1

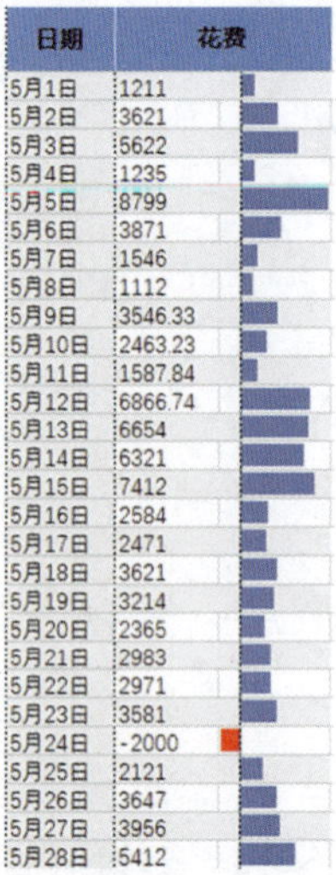

日期	花费
5月1日	1211
5月2日	3621
5月3日	5622
5月4日	1235
5月5日	8799
5月6日	3871
5月7日	1546
5月8日	1112
5月9日	3546.33
5月10日	2463.23
5月11日	1587.84
5月12日	6866.74
5月13日	6654
5月14日	6321
5月15日	7412
5月16日	2584
5月17日	2471
5月18日	3621
5月19日	3214
5月20日	2365
5月21日	2983
5月22日	2971
5月23日	3581
5月24日	-2000
5月25日	2121
5月26日	3647
5月27日	3956
5月28日	5412

图 9-2

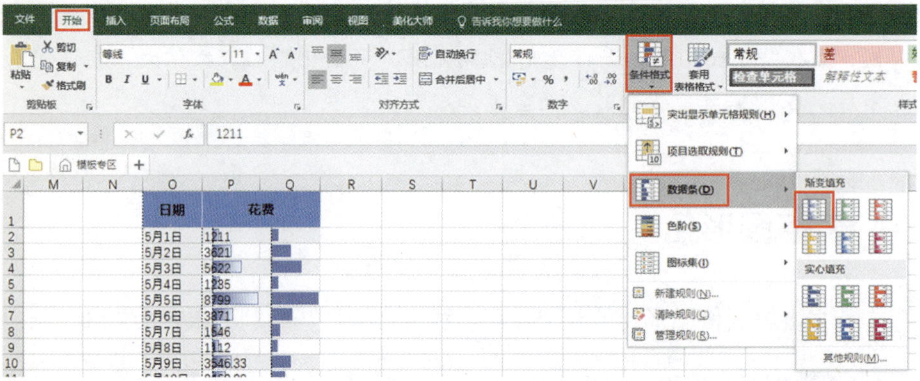

图 9-3

② 默认数据条是左右分开的，向左代表是负数，向右代表是正数。默认负数用红色数据条表示。数据条的最小默认值是 0，最大值为选择区域内数值的最大值。

③ 数据条内的信息可以通过“其他规则”修改，可以对样式、类型、外观等信息做个性化的修改。单击“其他规则”，如图 9-4 所示，弹出“新建格式规则”对话框，如图 9-5 所示。

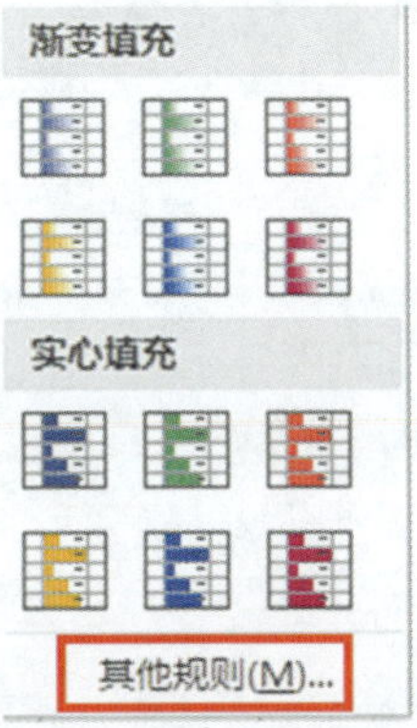

图 9-4

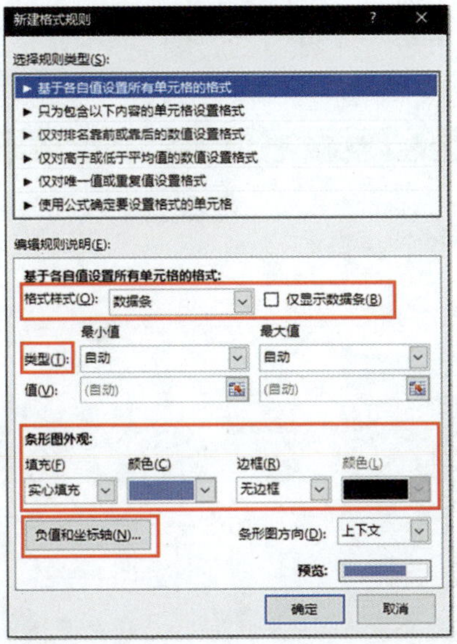

图 9-5

2. 用色阶区分不同范围内的数据

色阶是一种很直观的表现格式，它能够帮助阅读者快速了解数据情况。色阶分为双色刻度和三色刻度，我们可以根据不同的条件，自行设置色阶中的颜色来表达数据的大小。

案例：图 9-6 为原始表格；修改后的表格如图 9-7 所示。

日期	点击率
5月1日	0.85%
5月2日	1.50%
5月3日	0.65%
5月4日	2.50%
5月5日	1.12%
5月6日	0.93%
5月7日	1.63%
5月8日	1.32%
5月9日	0.66%
5月10日	0.76%
5月11日	0.85%
5月12日	0.96%
5月13日	0.36%
5月14日	0.54%

图 9-6

日期	点击率	
5月1日	0.85%	0.85%
5月2日	1.50%	1.50%
5月3日	0.65%	0.65%
5月4日	2.50%	2.50%
5月5日	1.12%	1.12%
5月6日	0.93%	0.93%
5月7日	1.63%	1.63%
5月8日	1.32%	1.32%
5月9日	0.66%	0.66%
5月10日	0.76%	0.76%
5月11日	0.85%	0.85%
5月12日	0.96%	0.96%
5月13日	0.36%	0.36%
5月14日	0.54%	0.54%

图 9-7

修改步骤如下。

① 选择数据区域，单击“开始”→“条件格式”→“色阶”，选择需要的色阶即可，如图9-8所示。

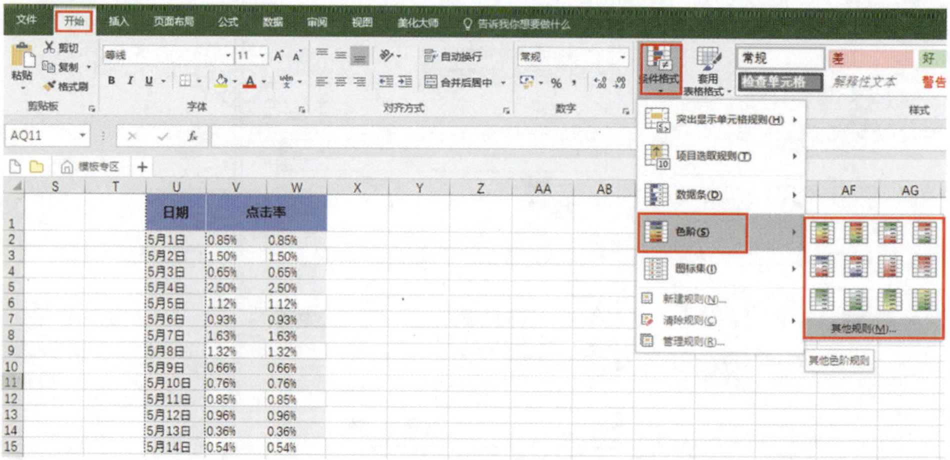

图 9-8

② 色阶样式、信息的选择可以通过单击“其他规则”，在弹出的“新建格式规则”对话框中调整，如图9-9所示。这里的“格式样式”选择“三色刻度”，最小值用红色，最大值用绿色，中间值用黄色。这样也是暗示低点击率的红色数据要重点关注。

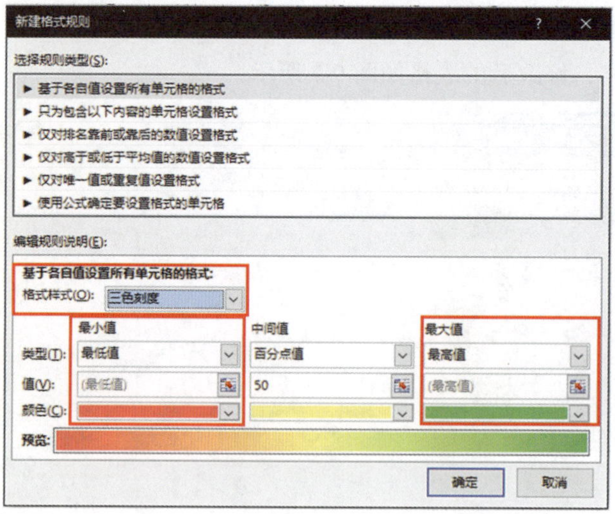

图 9-9

3. 用图标集让数据一目了然

图表集是将多样式图标汇集在一起表示不同范围内的数据。图标集可以按“方向”、“形状”、“标记”、“等级”四个类别划分，每一个类别也会有多种形式可供选择。

案例：图 9-10 为原始图表；修改后的表格如图 9-11 所示。

这里把小于 1%的点击率用红灯表示，大于或等于 1%且小于 1.5%的数据用黄灯表示，大于或等于 1.5%的数据用绿灯表示，现在就可以很清楚地了解到 5 月前两周的点击率达标情况。

修改步骤如下。

① 选择数据区域，单击“开始”→“条件格式”→“图标集”，打开“其他规则”，如图 9-12 所示。

日期	点击率
5月1日	0.85%
5月2日	1.50%
5月3日	0.65%
5月4日	2.50%
5月5日	1.12%
5月6日	0.93%
5月7日	1.63%
5月8日	1.32%
5月9日	0.66%
5月10日	0.76%
5月11日	0.85%
5月12日	0.96%
5月13日	0.36%
5月14日	0.54%

图 9-10

日期	点击率	
5月1日	0.85%	0.85%
5月2日	1.50%	1.50%
5月3日	0.65%	0.65%
5月4日	2.50%	2.50%
5月5日	1.12%	1.12%
5月6日	0.93%	0.93%
5月7日	1.63%	1.63%
5月8日	1.32%	1.32%
5月9日	0.66%	0.66%
5月10日	0.76%	0.76%
5月11日	0.85%	0.85%
5月12日	0.96%	0.96%
5月13日	0.36%	0.36%
5月14日	0.54%	0.54%

图 9-11

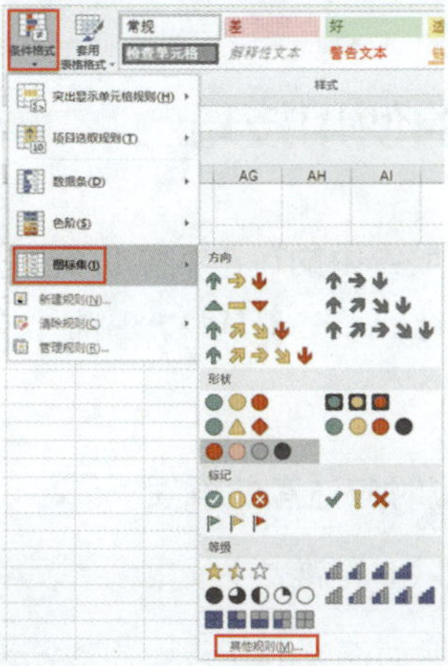

图 9-12

② 单击“其他规则”后弹出“新建格式规则”对话框，如图 9-13 所示，设置格式。

这里图标样式有“方向”、“形状”、“标记”、“等级”四个类别，你可以根据业务需要，尝试设置相应的表现形式。例如，方向可以表示增长或下降趋势等。

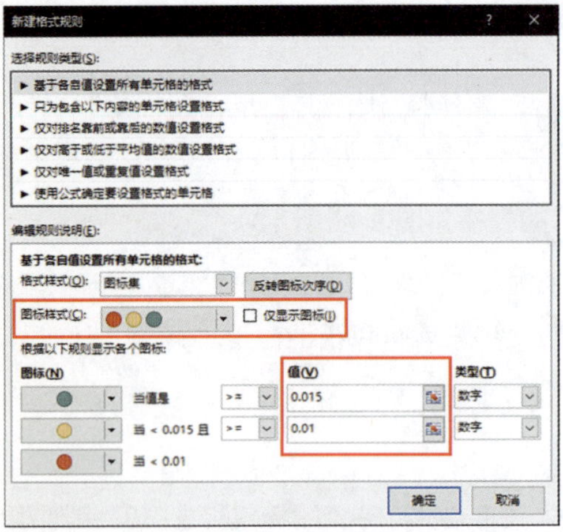

图 9-13

9.2 柱形图的使用技巧

柱形图在数据报告中的运用非常广泛，但是大部分人制作的柱形图要么不规范，要么图形表现力不够。本节将从柱形图制作过程中出现的问题以及制作技巧方面进行讲解。

1. 柱形图设置时应注意的事项

（1）柱形图应以 0 基准线为起点

案例：原始数据如图 9-14 所示。很多运营工作人员在制作柱形图时，为了体现末端数据的精准，提高基准线，这样的结果容易引人误读。如图 9-15 所示，当以 50000 作为基准线时，三星的销售额从图形中减半。

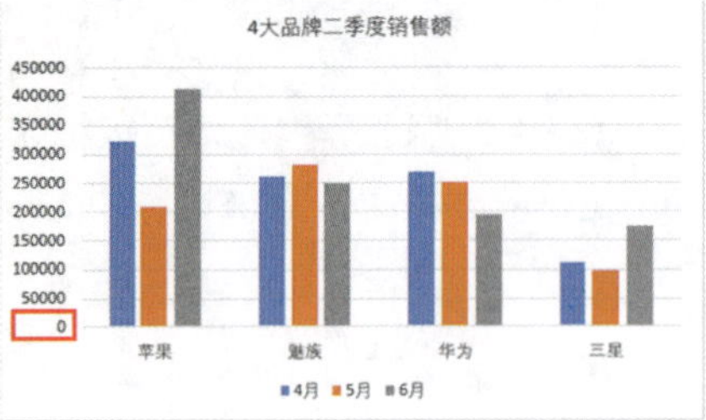

图 9-14

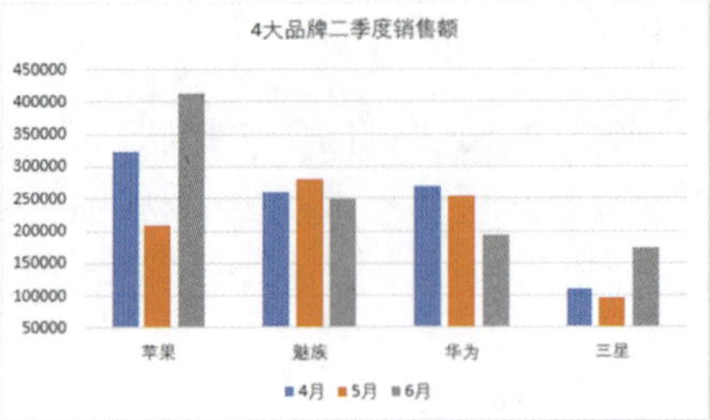

图 9-15

（2）柱形图按数值大小顺序依次排列

顺序混乱是制表过程中容易出现的问题，表中是什么顺序，就用什么顺序。例如，图 9-16 明显是按照销售总额由大到小的顺序进行排列的。

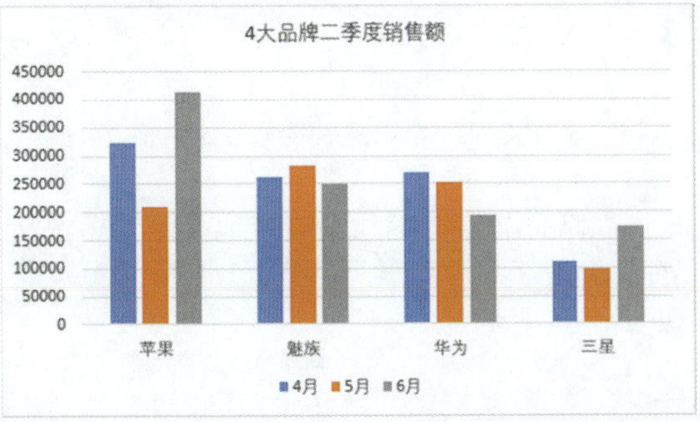

图 9-16

（3）慎用立体柱形图

有些人希望能做出高端、大气的效果。因此，特别偏爱立体柱形图，但是立体柱形图往往容易引起歧义，原因在于柱状图顶部的阴影效果，如图 9-17 所示。

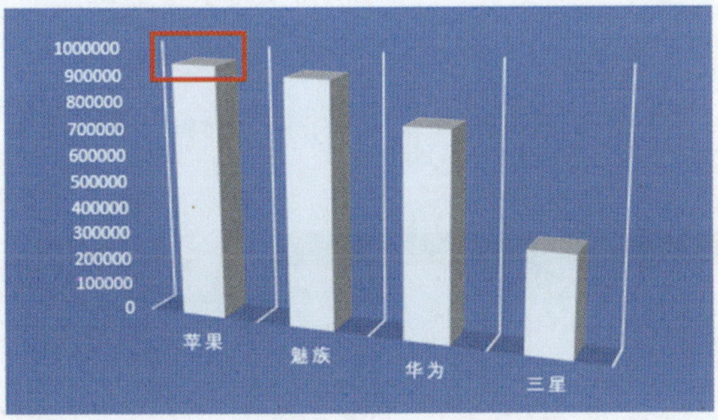

图 9-17

柱状图是明确图表中项目变化的图例，它的图形表现力很强。但是一味地追求图像展示效果，有时会舍本逐末。立体柱形图可以用，但要慎用。通常在一些对数字精准度要求不高的场合会用到立体柱形图。

2．用堆积柱形图表示百分数

柱形图按照数据组织类型分为簇状柱形图、堆积柱形图、百分比柱形图。簇状柱形图用来比较个别数值的大小，堆积柱形图用来显示单个项目与整体间的关系。

图 9-18 是苹果、魅族、华为和三星在第二季度的销售数据表。

品牌	4月	5月	6月
苹果	323946	209965	413931
魅族	261516	281122	249211
华为	268672	253125	193624
三星	109720	97904	173864

图 9-18

用堆积柱状图表现，可以明确 4 个品牌的销售情况，也清楚地显示了各品牌在第二季度中各月份的销售状况，如图 9-19 所示。

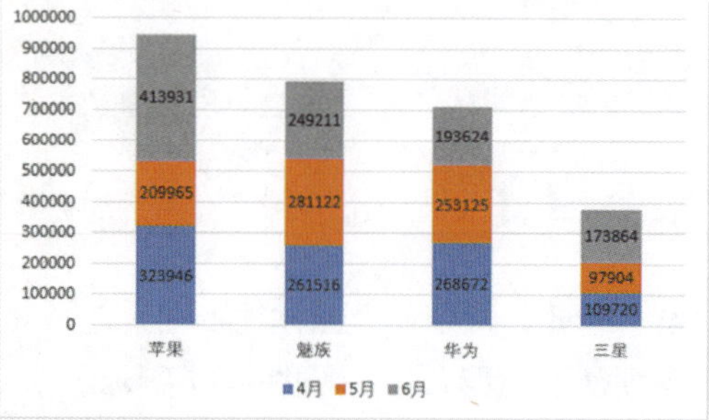

图 9-19

制作步骤为：选择数据区域后，打开“插入图表”对话框，选择“堆积柱形图”即可，如图 9-20 所示。

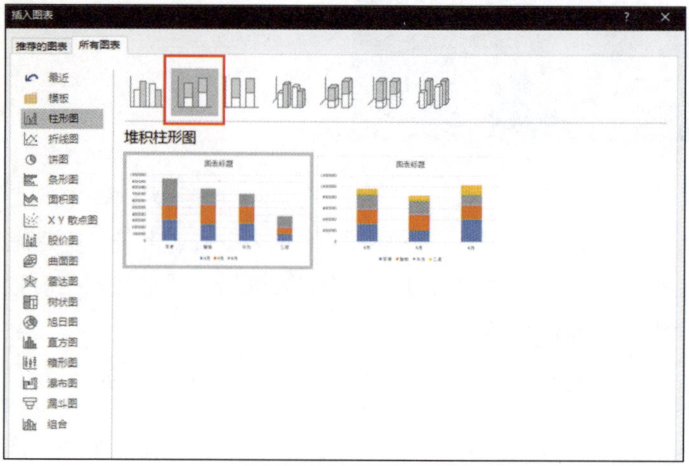

图 9-20

3．用颜色加强柱形图的展示效果

这里提到用颜色加强柱形图的展示效果，并不是要把颜色做得多么夸张、酷炫，花哨的颜色并不适合对比数据。这里用颜色强化效果，指的是有规律、清晰的颜色能够帮助读者更好地理解图片中的内容。

继续用上一个案例：堆积柱状图。我们可以用一组颜色的渐变来表现不同时间区间下数值的变化。这里用由浅入深的黄色分别表示第二季度 4、5、6 月的数据情况，如图 9-21 所示。

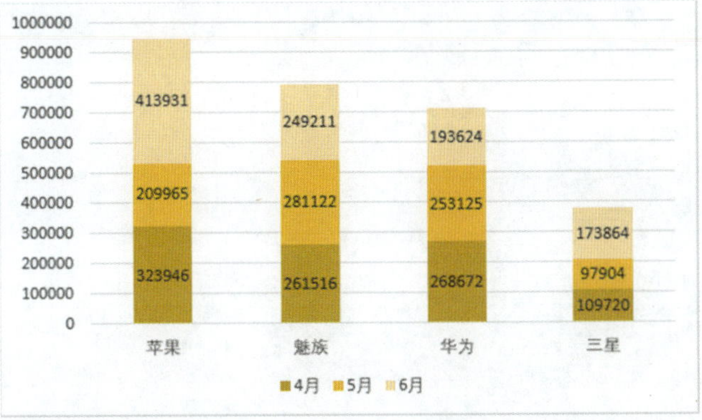

图 9-21

步骤为：单击“设计”→“更改颜色”，选择需要的颜色，如图 9-22 所示。

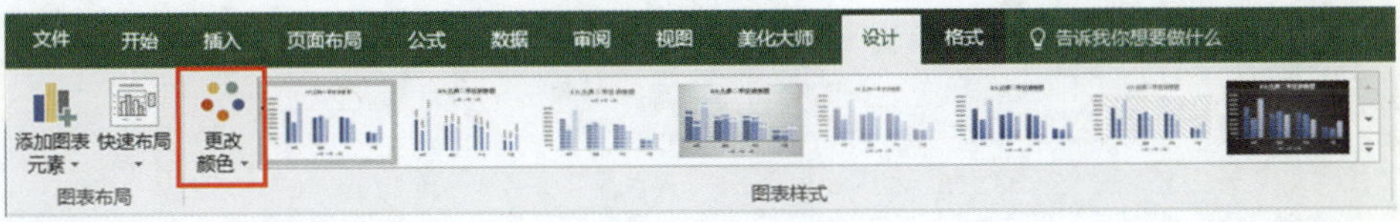

图 9-22

9.3　折线图的使用技巧

折线图的应用也非常广泛，可以显示随时间（根据常用比例设置）变化的连续数据。因此，非常适用于显示在相等的时间间隔下数据的变化趋势。在折线图中，类别数据沿水平轴均匀分布，所有值的数据沿垂直轴均匀分布。

1. 改变 y 轴数值增强波动效果

前面在讲解柱状图的时候，曾强调过需要从 0 基准线起设置图形。但是在折线图中，为了体现折线图的波动效果，往往需要更改 y 轴数值，以达到清晰、直观的视觉效果。

案例：图 9-23 是 5 月上旬的成交笔数折线图；修改后，如图 9-24 所示。

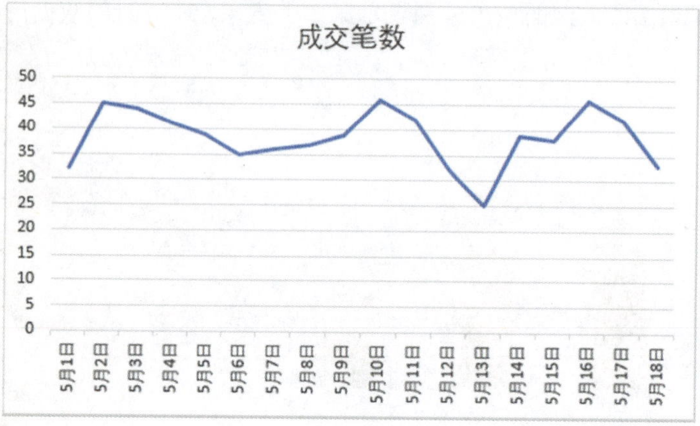

图 9-23

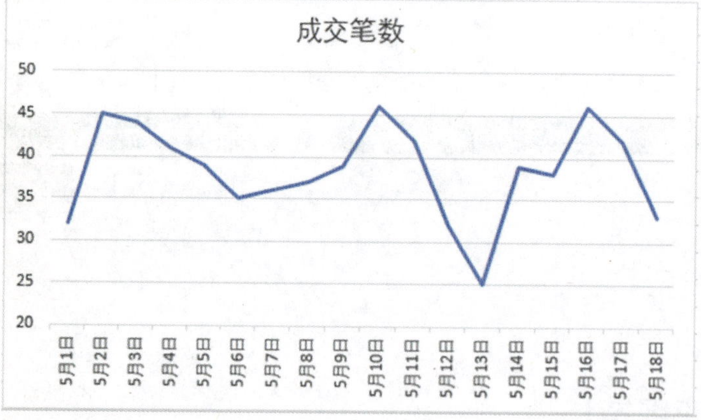

图 9-24

在修改前，y 轴是以 0 为最小值，修改后，以 20 为最小值，由于 y 轴刻度值的不同，可以观察到之前的折线图悬浮于图例偏上的位置，下部空，有效区域较少。修改后，折线区域较之前扩大，同时折线的波动更明显，表现力也更佳。

2．显示折线图中的转折数据点

折线图能够很好地表示某个项目的变动趋势。不同于柱形图的是，一般我们不会把数据标签显示在折线图上，因为折线图的数据点比较多，全部显示往往难以辨认，而且不美观。但是为了表示数据的变化，往往会将转折点标识出来。这也是人们经常容易忽略的地方。

案例：图 9-25 是之前做好的折线图；修改后，如图 9-26 所示。

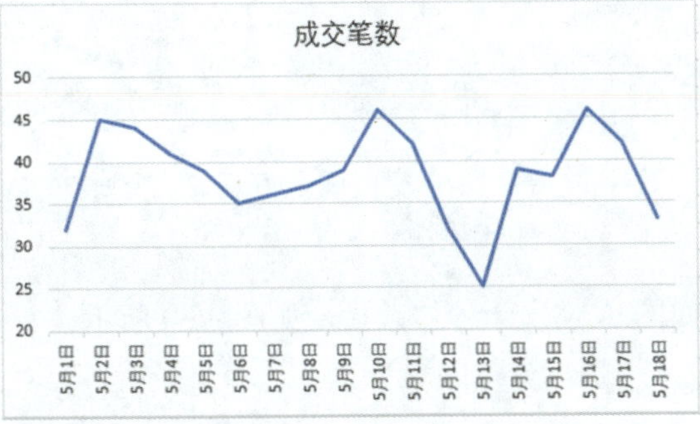

图 9-25

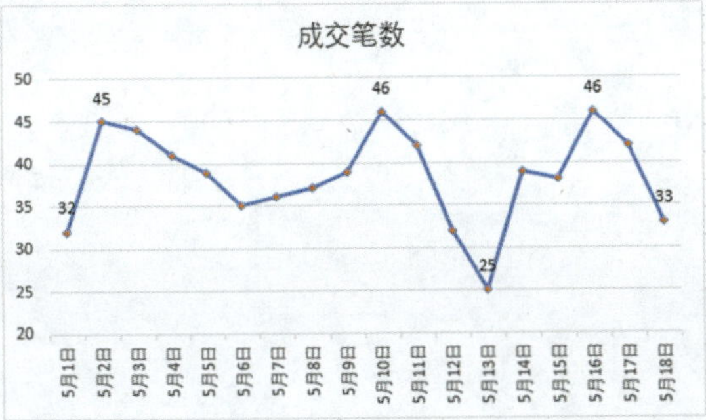

图 9-26

修改后的图表将每一个数据点用菱形形状标识出来，并且把每一次数据的转折点用数据标签标识出来，这样可以加深读者的理解。

步骤如下。

① 选中折线图，弹出“设置数据系列格式”框，切换到“标记”，按需求设置即可，如图 9-27 所示。

② 设置数据标签。单击“+”号按钮，勾选“数据标签”，如图 9-28 所示。

图 9-27

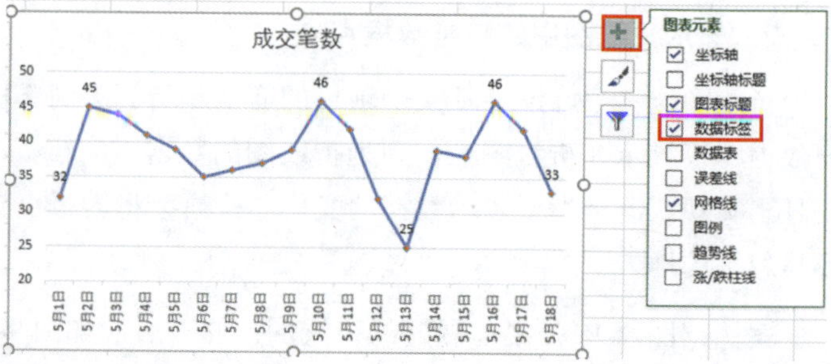

图 9-28

3．横坐标优化

横坐标一般是日期格式类常用的数字类型，如果没有规范好日期，图表就会显得不专业。

案例：依旧使用原来的表格，如图 9-29 所示；修改后，如图 9-30 所示。

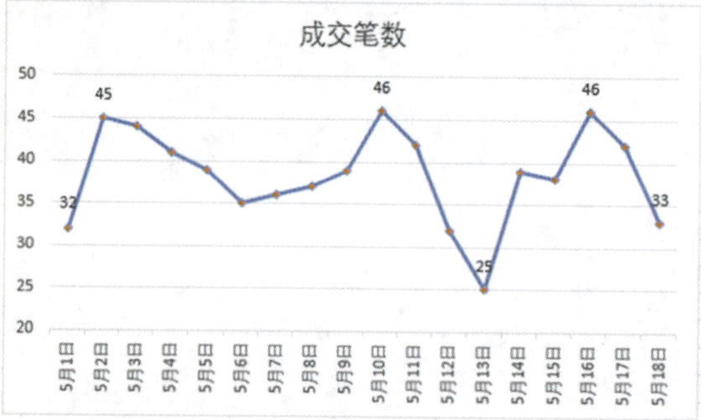

图 9-29

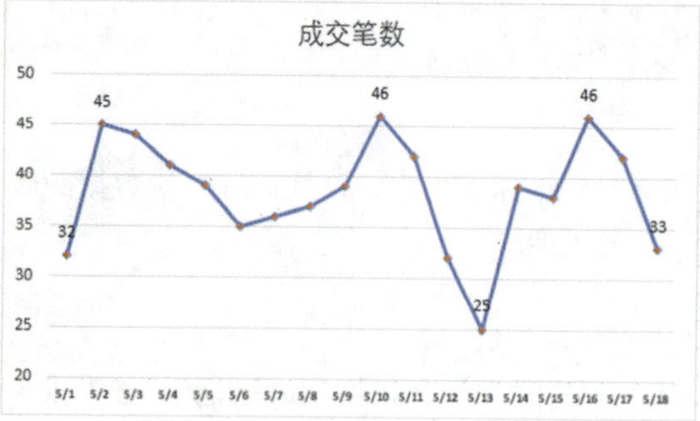

图 9-30

之前的日期是“×月×日”格式的，并且竖直放置，阅读体验不佳。修改后，日期改为“×/×”格式，更加简洁、规范。同时，日期行占图例的区域减小，折线图的有效区域增大，整张图表更加美观、清晰。

步骤为：单击图表中的日期行，弹出“设置坐标轴格式”框，打开“数字”，对“类别”和“类型”进行设置即可，如图 9-31 所示。

4. 折线图与柱形图结合展示

在工作中经常会将折线图与柱形图结合起来展示数据。这样能够起到对数据进行补充说明的作用。

案例：图 9-32 是初始表格；修改后，如图 9-33 所示。

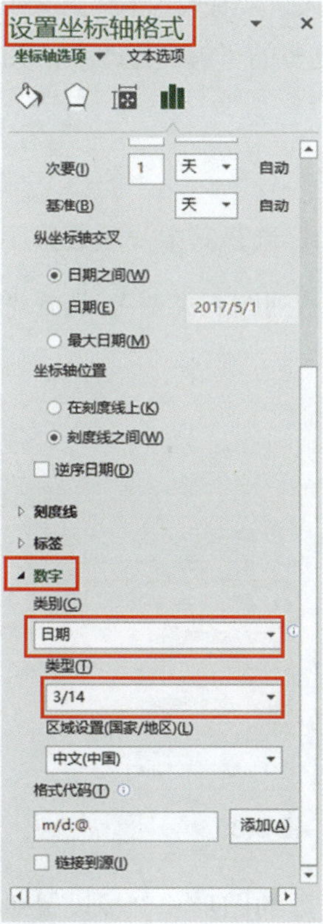

图 9-31

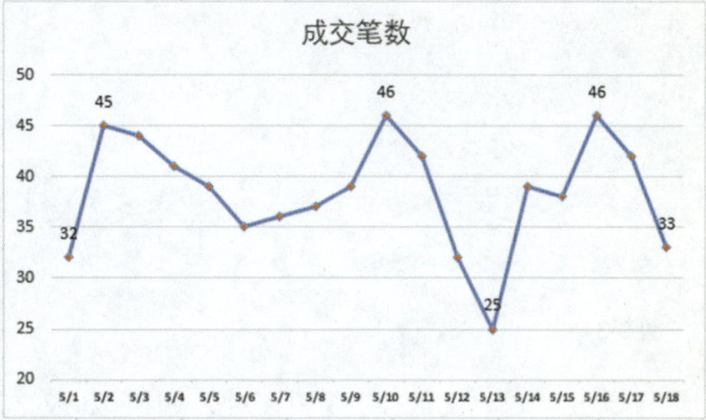

图 9-32

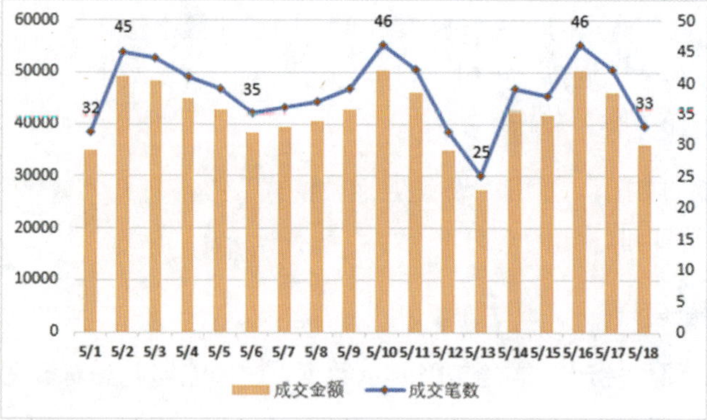

图 9-33

修改前的数据主要是“成交笔数”，修改后的数据加入了“成交金额”。这样我们在查看成交笔数的数据趋势时，也能对具体成交金额有更多的了解。修改后的图表显然更有助于读者对数据的认识。

步骤如下。

① 选择要展示的数据，生成折线图，如图 9-34 所示，选择其中一项数据。

② 单击鼠标右键，在弹出的快捷菜单中选择“更改系列图表类型”，选择“柱形图”，如图 9-35 所示。

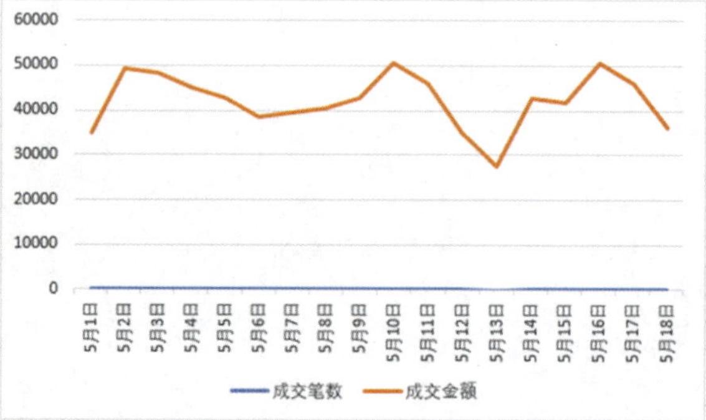

图 9-34

图 9-35

③ 弹出“自定义组合”窗口，对成交金额和成交笔数的图形和坐标设置即可，如图 9-36 所示。

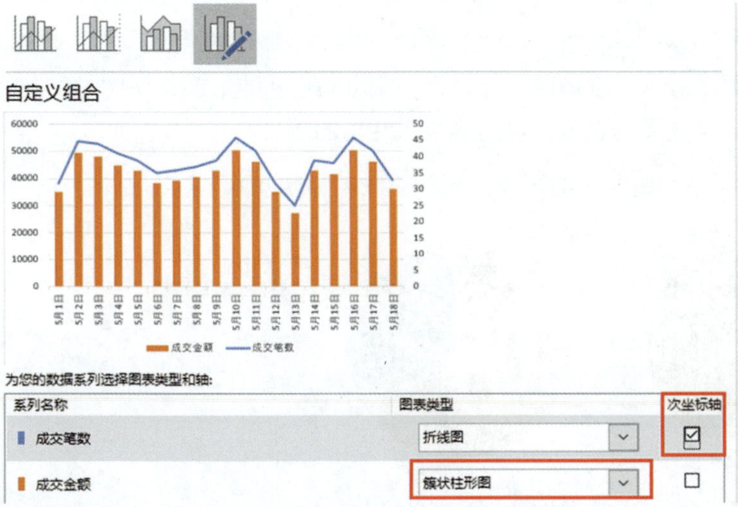

图 9-36

④ 生成图例，如图 9-37 所示。

图 9-37

⑤ 最后，根据前面对折线图优化的讲解，进行设置即可。

9.4　饼状图的使用技巧

饼图显示一个数据系列，表示各项数据大小与数据总和的比例关系，其中的数据点显示为整个饼图的百分比。工作中经常会用饼图表示数据部分与数据总体的比例关系。制作饼图有以下几个技巧。

1. 双色刻度显示饼图

饼图中百分比重较大的扇形区块是经常用来分析的重点。制作饼图时，合理的颜色分配可以让重点区域突出表现，以达到引人注意的效果。

案例：图 9-38 是初始饼状图；修改后的饼状图如图 9-39 所示。

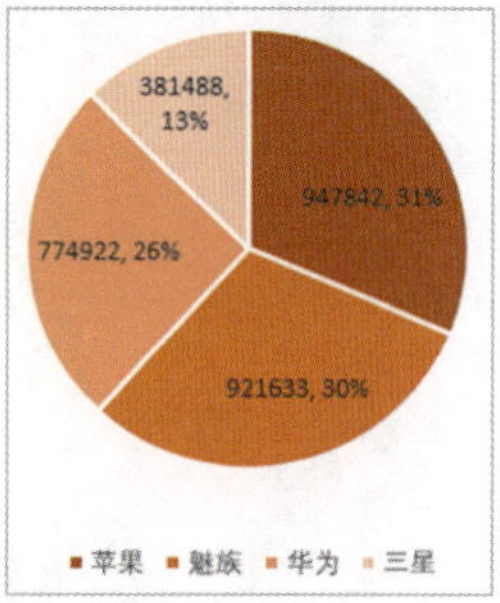

图 9-38

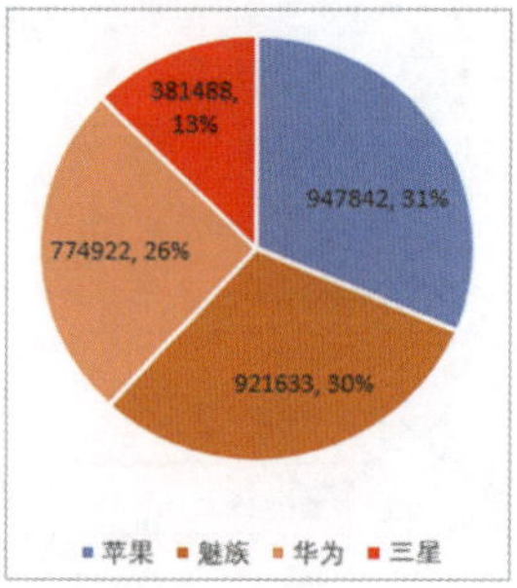

图 9-39

修改前的图片颜色由一组相近色填充，颜色随着数据由小到大逐渐加深，这对于数据中可能要强调的重点表达不够突出。修改后的饼图把最小值和最大值用不同的颜色重点突出，更容易引起人们注意。

对于需要重点突出的数据，在其他大部分的图例中都可以用颜色选项来区分重点和非重点。

步骤为：选中图表，双击选择需要更改颜色的扇形区域，在弹出的“设置数据点格式”框中勾选“按扇区着色”选项，调整即可，如图 9-40 所示。

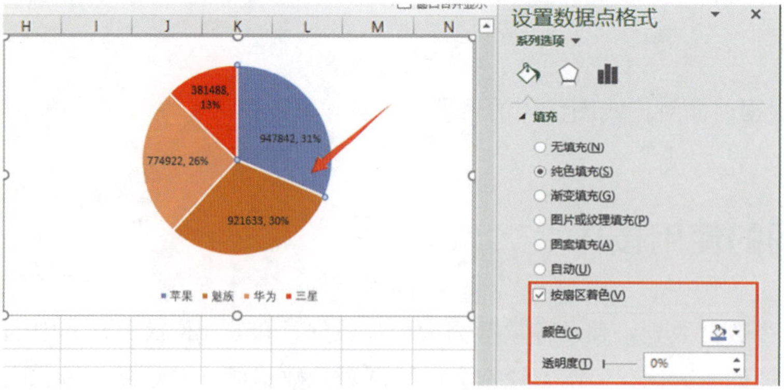

图 9-40

2. 分离扇形区域突出数据

前面介绍了用颜色来表达对重点数据的关注，这里再介绍另一种常用方式，就是用分离扇形区域的办法来突出核心数据。

案例：扇形图原图如图 9-41 所示；修改后，如图 9-42 所示。

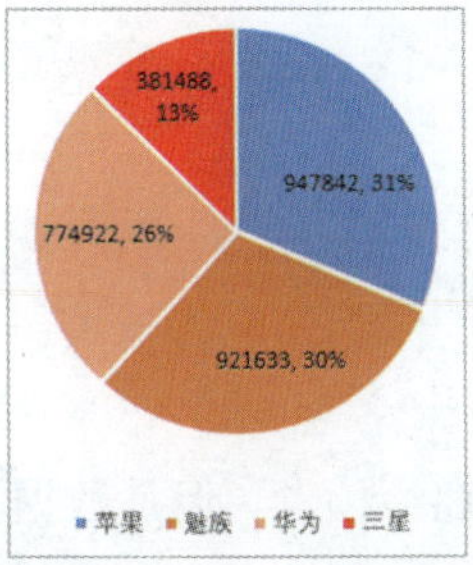

图 9-41

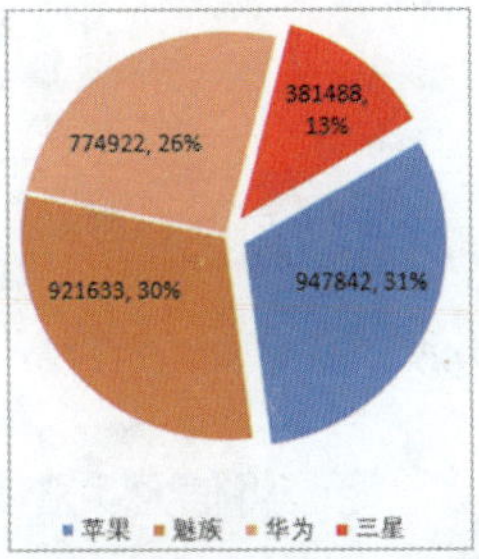

图 9-42

在原图中，我们将重点数据的扇形区域用不同的颜色来表示。修改后的饼图把重点数据代表的扇形区域从原图中分离出来，这样更能吸引读者注意。

步骤为：选择饼图，双击需要分离的扇形区域，弹出“设置数据点格式”框，在“第一扇区起始角度”选项下调整饼图的角度，在“点爆炸型”选项下调整分离长短，如图 9-43 所示。

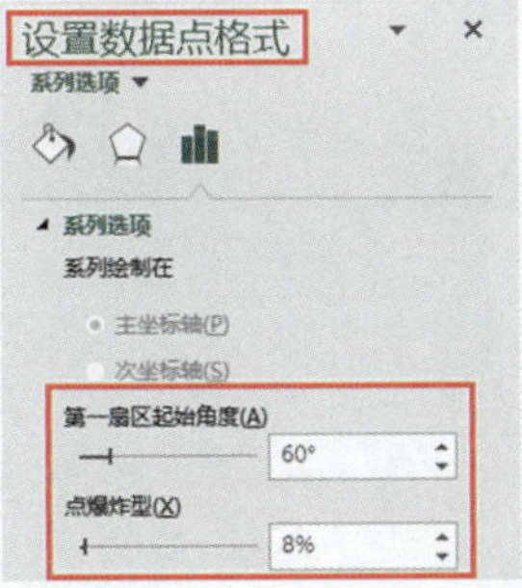

图 9-43

3. 半饼图让数据更鲜活

饼图往往是一个圆形，这样能够体现数据的完整性。但是在实际工作中，数据往往都没有那么完整。如何对饼图进行改造，让数据表达更有逻辑呢？这里介绍一种方法：半饼图。

案例：9-44 是第一季度 4 大品牌的销量；修改后，如图 9-45 所示。

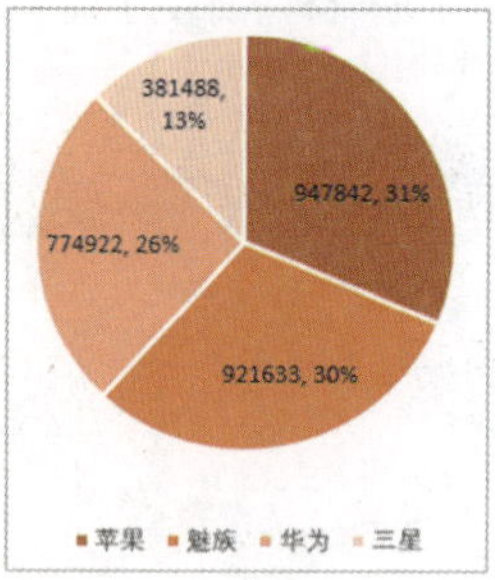

图 9-44

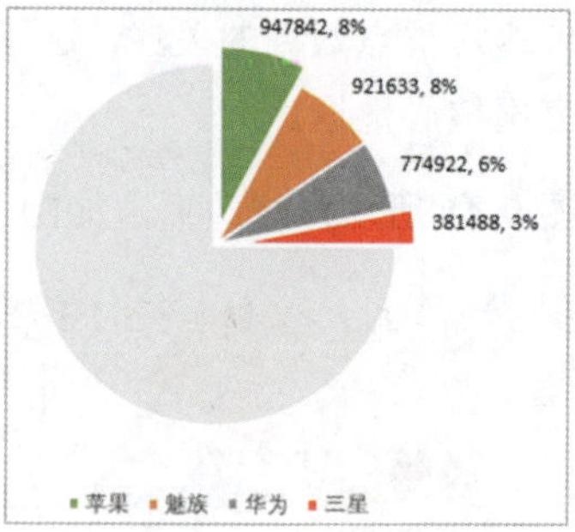

图 9-45

原图从数据的表现来看是准确的，能够将信息完整地传递给读者。但是数据源作为第一季度的逻辑表现不足。修改后，饼图的显示面积占整体的四分之一，其他用阴影显示。从图表上来说，四分之一饼图代表数据占全年的四分之一，即第一季度，是一个完整时期的（一年）的四分之一，相比使用一个饼图代表所有数据显得更符合原始数据的意义。

步骤如下。

① 在数据源表格中计入“第 5 项”，数值为其他 4 项总和的 3 倍，如图 9-46 所示。

② 生成图例后，在“设置数据点格式”框中对颜色和扇形分离做调整即可，如图 9-47 所示。

品牌	总计
苹果	947842
魅族	921633
华为	774922
三星	381488
第5项	9077655

图 9-46

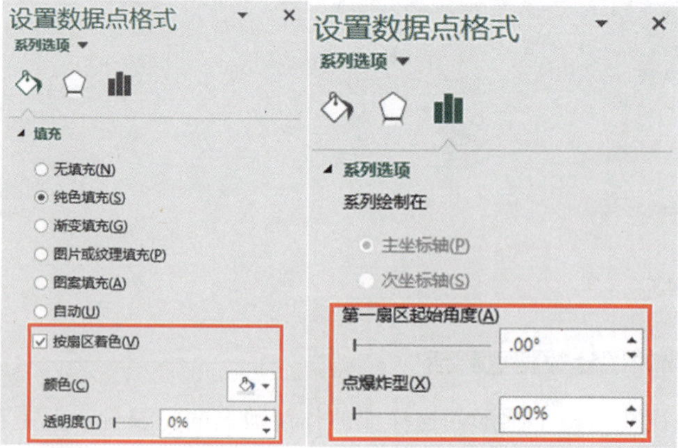

图 9-47